主控战略技术分析使用手册

(第二版)

(台湾)黄韦中　著

地震出版社
Seismological Press

图书在版编目(CIP)数据
主控战略技术分析使用手册 / 黄韦中著. —2 版. —北京:地震出版社，2017.4
ISBN 978-7-5028-4792-0
Ⅰ.①主… Ⅱ.①黄… Ⅲ.①股票交易—手册 Ⅳ.①F830.91-62
中国版本图书馆 CIP 数据核字(2016)第 288769 号

地震版 XM3892

著作权合同登记 图字：01-2014-3488

主控战略技术分析使用手册(第二版)

(台湾)黄韦中 著
责任编辑：薛广盈 吴桂洪
责任校对：庞娅萍

出版发行：地震出版社
北京市海淀区民族大学南路 9 号 邮编：100081
发行部：68423031 68467993 传真：88421706
门市部：68467991 传真：68467991
总编室：68462709 68423029 传真：68455221
证券图书事业部：68426052 68470332
http://www.dzpress.com.cn
E-mail:zqbj68426052@163.com
经销：全国各地新华书店
印刷：三河市嵩川印刷有限公司

版(印)次：2017 年 4 月第二版 2017 年 4 月第一次印刷
开本：787×1092 1/16
字数：252 千字
印张：21.75
书号：ISBN 978-7-5028-4792-0/F(5491)
定价：50.00 元

作者序

写本书以前，考虑了很久，甚至有打算放弃的念头。

书本开始的楔子，提到了一些与技术分析无正相关的概念，主要的目的是想要告诉投资人，任何在金融市场上使用的分析工具或者方法，本身并没有问题，出了问题的通常是使用的人，否则市场上讨论巴菲特成功的方法那么多，为什么我们无法像他一样？这是值得深思的问题，同时也是值得每个人深切检讨的问题，我相信，在思考过后，必然会发现问题出在自己身上，而非工具本身。

我们可以用心态这一个词汇来概括真正的症结所在。听起来像是陈腔滥调，然而事实却是如此。是什么影响了我们执行买卖的时间与价位？是什么让我们应该执行买进时裹足不前，而该执行卖出时却犹豫不决？是什么让我们懂得许多金融市场中的操作技巧之后，却仍然无法依照既定的操作原则去执行？是心态，就是它！

所以，我常在想，有没有必要再写更深入的技术分析技巧？如果投资人的心态不改、观念不改，这些技巧就如同生了锈的废铁，永远也没有办法上战场打仗。虽然我深信使用了正确的技术分析技巧，可以有效地调整一个人的操作心态，但那是一个漫长而又艰辛的过程，在这个功利主义与速成主义挂帅的市场中，有多少人可以坚持？

在前面几本书里，虽然在讨论技术分析的运用的同时，也会概略地提到一些心态与观念，但毕竟比例相当少，所以在将主控战略书系重点整理之前，也就是在本书的开端，写下一些与技术分析较不相关的想法，希望能给各位一些不同的思考方向。或许这些想法在各位投资人的眼里，是既笨拙又粗糙的，但总是一个小小的开端，如果一个崇尚技术分析的使用者 (就是笔者)，都会去思考这些浅显的问题，并且尝试去调整对市场的看法，那么各位投资人似乎也不能不去面对。

撰写本书之初，正值发生金融风暴之始，会拖延这么久才写完，除了文思窘迫、肚子内没有什么墨水之外，还有在取舍各书之重点，以及该如何重做阐述上过度计较所致。毕竟这一本书既称为使用手册，又号称是摘录主控战略书系 7 本之重点，如果太过敷衍了事，恐怕招致欺骗读者之嫌，如何能不谨慎行事？至于节录自各书之重点，是因为有再探讨之必要，而不是没有被摘录之章节就应该被忽视，这一点请各位投资人谅查。

其实，主控技术分析的范围很广，前 7 本书只是基石与概念，虽然本书尝试将其串连，让各位投资人能有更深入的了解，但仍是力有未怠，一本书的内容就像以管窥天，无法详细地道尽其中的变化，这一点要请大家谅解，若对于书中的内容产生疑惑，请移驾个人所架设的网站来进行讨论。

承蒙各位许多技术分析同行的抬爱，如果在网络个人日志、博客或是著作之中，转述了关于个人拙作中技术分析的观念，请基于学术上的尊重，只要说明引用之观念或字句是出自哪一本书即可，无需知会本人。

最后，感谢李进财教授与谢佳颖老师两位恩师，容许我放肆地写了这几本书，同时也感谢寰宇出版社，愿意让我这等无名小辈不断的写书，毫不考虑是否会导致亏损。在这一本书里，使用了大量的技术线线图档来说明，台湾的股票线图由股票分析软件《奇狐胜券》提供，该软件是大陆博庭信息(台湾代理商简爱洋行)所授权使用；大陆相关的线图由股票分析软件《飞狐交易师》提供，该软件是大陆博庭信息所授权使用，在此一并致谢。

主控战略中心

(Financial Market Tactic Information Center)

网址 http://www.fmtic.com

韦中 仅识

目　录

引　言

理论本身并不能防范风险，它的作用只是将风险降低而已。

——罗伯特·莫顿（Robert Merton）

错误的统计结果，导致成功的结论，只是一个巧合。

某君统计了女子头发长短与成绩表现优劣之间的关系，发现头发越长与较好的学业成绩之间呈现相关性，因此他下了一个结论，女子的头发越长，学业成绩的表现可以越好。当这样的统计数字被发表之后，造成了校园间留起长发的效应，但是学业成绩的表现依然与原本的分布情况相同，大部分的女生没有因为留起了长发而使成绩进步，反而因为花费在整理头发上的时间增长，导致学业成绩退步。

略有基本常识的人都知道，头发长度与知识高低、学业成绩优劣，根本牵扯不上关系，但如果集合的样本够多，然后将头发长度与成绩优劣纪录下来，加以强迫性回归，也会出现某种程度的关连性。这明明是错误的统计，可是其结论却被当成一种典范加以宣扬，所以我们可以说，只要是利用科学的方法但却是错误的统计，所得到看似合理的结论，是一种“伪科学”，不过是披着科学的糖衣迷惑众生的一种手段罢了。在金融市场，这种错误的观念实在不少，自然会造成投资人对市场的误判，永远也看不清楚市场的真相。

油价与股市涨跌的关连性，就是一种错误的模拟。不知道从什么时候或是哪一位专家开始，市场上便充斥着油价与股市指数成反比的看法，即油价上涨时，股市的主要指数将会下跌；反之，油价下跌时，股市的主要指数将会上涨。后来造成一股风潮，许多专家跟进这样的理论，并在媒体上大力宣扬这样的观念，部分投资人也就不经思索照单全收，其实这是犯了诉诸权威的错误，以为代表权威的媒体或是特定人士，他所传递的讯息是金科玉律。

油价涨跌与指数涨跌的关系是否成相关性，Ken Fisher 在新书《The Only Three Questions That Count》中指出，若根据相关系数(correlation coefficient)来分析 1970～2006 年间每月油价与标准普尔 500 指数走势间的关连，便会发现相关系数为 -0.11，证明油价与指数之间没有明显关系，而决定系数仅约 1%。我们可以将图 1 的轻原油周 K 线图与图 2 加权指数周线图做一个比对，便可以察觉油价与股市指数成反比的看法不必然正确。

另外一个与汽油价格会产生连动的理论是太阳能相关个股，因为油价高涨之故难免会寻求替代性能源，虽然太阳能现阶段的技术已经可以进入人类的生活之中，但是想要取代石油其技术还不成熟，甚至是不可能的任务，因此以油价高涨来推论太阳能的需求殷切，说穿了不过是炒作该类股的一种手段而已，或者说是另类的营销手法，目的是要让投资人产生憧憬，进而想“投资”这一类的股票，而汽油价格的上涨，只是一种推波助澜的因子，但却不是主要的因子。

图 1　轻原油 K 线图(资料来源 www.futuresource.com)

请投资人们注意，人类任何的行为都有其特定的动机与目的存在，请思索行为背后真正代表的含意。就股市中的操作而言，为什么要刻意释放利多消息，为什么公司的经营者会不断地上媒体宣扬公司前景如何美好……。思考可以协助我们适当地解读其行为真正之目的而不被蒙蔽，若再辅以技术分析中相对位置的分析，自然就容易规避不确定的风险。

请各位投资人不妨参阅图 3 太阳能股价的周线图，大部分的太阳能类股，其股价在 2007 年 7 月底形成高点转折，然而轻原油价格却在 2008 年 7 月中见到 147 美元的高点才转折，相差将近 1 年的时间。在轻原油看见 147 美元的高点时，当时太阳能的股价大多数已经呈现腰斩再腰斩的现象。

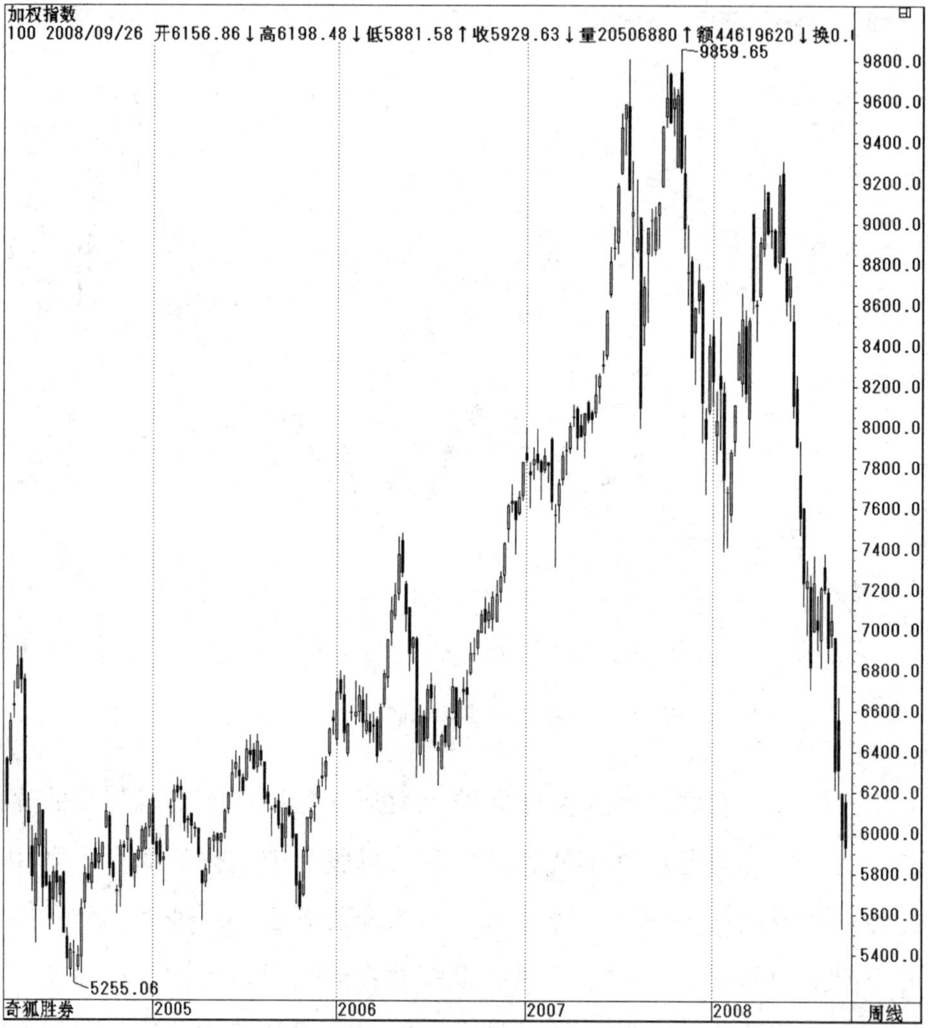

图 2　加权股价周线图(资料来源：奇狐胜券)

图 3 太阳能股价周线图(资料来源：奇狐胜券)

就在金融风暴的新闻方兴未艾之时，经济专栏作家葛罗斯(Daniel Gross)在2008年10月26日，于星期泰晤士报选文提出一套星巴克理论，声称一个国家的星巴克咖啡店数量越多，受到这波金融危机冲击的可能性就越高。这一套理论的根据，来自于星巴克与当地房地产及金融市场荣枯有关，例如，星巴克喜欢开在金融中心所在的区位，因为银行家、金融从业人员靠星巴克熬夜，葛罗斯还举出北欧国家没有星巴克，所以远离金融风暴当作例证。

这样的推论实在令人感到错愕。我们以1997年的金融风暴来进行比对，当时一样出现金融风暴，起点在俄罗斯，最后整个亚洲都陷入这一个风暴之中，当时可没有星巴克或是其他连锁饮食店在俄罗斯金融中心附近林立。这样的理论是相当不可靠的，因为我们无法在下一次以相同的理论去评估金融风暴是否发生，所以这种在事情发生后试图找出相关性的论调，不但过于牵强且不可信，顶多是事后诸葛的饭后闲谈罢了。下一次若有金融风暴发生，不知道主角会不会被换成咖哩饭或是牛肉面？

在金融市场中，也有一个古老的类似的论调，即景气好不好，看裙子的长度就可以知道，也就是说，经济景气越热络，女性的消费力越高，更会花钱打扮，因此在景气大好时，迷你短裙就会当道。时尚界就曾经针对这样的论调提出反驳说，现在所有的消费者越来越聪明，也越来越懂得选择，往往可以看见长裙同时与迷你裙流行，窄的同时跟宽的在流行……。因此这个理论是否可用，投资人们不妨自行观察一番。

以研究技术分析者的角度而言，单纯地观察K线图的波动，显然容易得许多。不管是采用什么理论进行观察，最后不都是以价格走势来决定一切？价格走势的变化呈现在K线图中，因此我们没有理由不关心价格的变化。但是，走势变化是要经过思考的，没有经过思考的操作行为，将具有相当高的风险，这不禁使我想到华尔街古老的操作名言："牛会赚钱，熊也会赚钱，至于猪，只好等着被宰"。

不必看隔壁的老王

老李与老王比邻而居，我们想要了解老李的为人，最好的方法就是与老李成为朋友，直接观察他的行为，而不是去看隔壁老王的行为表现。同样的道理，要在市场中观察指数的变化，直接观察指数的走势就可以，没有必要将观察的依据搞得太过于复杂。

市场行家或是专家常说，可以观察指标股来推论加权指数的变化。看似有理，其实充满了不确定性，在什么时间要拿什么股票来当成指标股，完全没有一个准则，有时候看台积电，有时候看联发科，甚至还有拿中橡当成指标股观察的，至于是什么理由则是说不清楚，就好像我们问算命先生，为什么会如此这般时，算命先生常会以"天机不可泄漏"来作为搪塞一样。

事实上，加权走势要出现明显的上涨，不是一两只股票可以决定的，往往是一个族群或是几个族群一起带动，如果要在盘中以某一只股票走势如何来推论加权可能的走势，不但缓不济急，连选择该看哪一只股票都众说纷纭，没有一个准则，那么如何能够奢望可以恰当地解读股价波动？直接观察加权指数的走势变化，不但简单方便也相对精确许多，投资人应该扬弃这种似是而非的论调，专注在所见的走势上分析。

任何神准的大师，都会有失误的时候

市场上总是充斥着许多的大师对市场进行预测分析，莫不让崇拜者奉为圭臬而遵循着，但是他们都是不败的吗？

葛兰碧(Joseph Granville)在1970年代末期都可以精准地预测行情走势，他在1981年9月的卖出指示，连带引出庞大卖压使股价重挫，几乎引起全球金融恐慌。但是在道琼工业指数上涨到800点时，他却告诉客户股市正在崩盘当中，结果道琼工业指数却无视这样的预测，持续攻坚并站上1200点，这样的结果让听信他的建议而去放空的信徒遭受到严重的损失。1984年，他再度警告：“多头市场只是一个泡沫假象，崩盘将至。”但是走势却进入1980年代的大多头市场。

布雷希特(Robert Prechter)在1984年崛起，并以“艾略特波浪理论”专家著称，因为他很早就断言行情将可以挑战3000点，所以当道琼工业指数向上突破1000点时，人们便开始崇拜这位大师。但是在1987年10月，他才刚刚发出卖出讯号不久，随即又告诉他的追随者买进，结果道琼工业指数暴跌500点。

近代最有名的投资大师，应该非沃伦·巴菲特(Warren Buffett)莫属，但是他在2005年放空美元，大亏302亿，虽然后来反亏为盈，但这种方式不像是投资大师该为，一般投资人也无能为力仿效这样的操作方法。2008年中，作家瓦汉·詹吉江(Vahan Janjigian)甚至出版了一本书《谁说巴菲特投资就不会出包？》，里面就举出了巴菲特在投资上所犯的错误，甚至为这些错误付出沉重的代价。这些错误不但证明他也只是凡人，同时也可以让我们体会到，天底下没有任何投资人能够保有完美的纪录。

市场中有句戏言：坏掉的钟，一天也会准两次。在金融市场中进行预测分析的人这么多，总有一次会被说中，或者是总有人会猜中某一次或多次市场重要的转折，然而我们获得的讯息却是纪录正确预测的那几次，往往有意或无意地忽略了预测不正确的次数，而这样的造神运动从没有在市场中停止过。

《漫步华尔街》作者墨基尔(Burton G. Malkiel)曾经说："听信股市大师预言的人，必抱憾以终"。如果投资人能够认清没有人可以永远正确这一项铁律，那么他的操作心态就起了化学变化，才会去思考如何面对操作错误的结果，甚至处理错误的仓位。因为是自己做的决定，不管是听了谁的建议或者是自作主张，到最后，仍然是要自己去面对、自己处理。做了错误的决策并不可怕，可怕的是没有实时地、诚实地去面对。

所以，巴菲特能够在市场中被推崇，除了他极大部分成功的操作之外，更重要的是他在犯了错误后可以从中找到解决的方法，并且降低操作上的损失。所以我们在看见别人错误和失败的同时，仍然是可以学习的。学习认识类似的风险，不要重蹈覆辙；学习解决错误的方法和态度，为下一步可能成功的结果垫下基石。

【后记】在这一本书完稿的前夕，正好出现一则新闻可以与这一个单元呼应，其中笔者的看法与美国纳罗夫经济顾问公司总裁纳罗夫的看法雷同，这也是绝大部分的投资人必须要学习的重要课题。

惨赔4025亿，巴菲特认错

误买石油和银行股，公开信“干了蠢事”

2009年03月02日苹果日报

【陈怡妏／综合外电报导】金融海啸席卷全球股市，就连向来以选股眼光精准闻名的美国“股神”巴菲特也难逃翻船命运。他前天在写给波克夏·海瑟威投资公司股东的年度信函中，坦承自己去年“干了蠢事”，因投资股票和衍生性金融商品失利，导致公司惨赔115亿美元(约4025亿元台币)，净利暴跌62%。

金融海啸效应

这是76岁的巴菲特（Warren Buffett）出任波克夏·海瑟威(Berkshire Hathaway Inc.）董事长兼执行长44年来最糟的成绩单，贵为美国股王的波克夏·海瑟威A股上周一以每股成交价7.35万美元（约257万元台币)创下5年低点，巴菲特估计波克夏去年股票账面价值缩水9.6%，是他接掌公司以来第二次下滑，也是最大跌幅。上次是2001年因理赔911恐怖攻击减少6.2%。

致使公司净利暴跌62%

他在年度致股东信中向投资人招认，他去年至少犯下一次投资大错，错估油价走势，在接近高点时大笔买进康菲石油(ConocoPhillips)股票，不料油价过去半年跌幅逾五成，致使公司惨赔数十亿美元。此外，他还花了2.44亿美元(约85.4亿元台币)买进两家看似便宜的爱尔兰银行股票，到年底已认赔89%，更惨的是这两支股票还在继续下跌。巴菲特信中套用网球术语表示，这些都是他的“非受迫性失误”。

波克夏·海瑟威去年第四季净利大跌96%，全年净利仅49.9亿美元(约1746亿元台币)，比前年减少62%。不过，巴菲特去年在投资方面仍有佳作，尽管旗下包括家具、珠宝在内的零售事业受到金融海啸重创，但公共事业和保险部门屡创佳绩，因为金融海啸当前，美国民众突然领悟到存钱的重要，纷纷捧着钱涌进保险公司。巴菲特相当看好这两个领域的前景。

在这封被《纽约时报》喻为“平民版经济国情咨文”的公开信中，巴菲特虽然看坏今年经济，认为经济很可能一路烂到明年，但他仍对美国前景抱持希望，因为美国曾碰过比这波金融海啸更糟的经济危机，例如两次世界大战和1930年代的经济大萧条，也都挺过来了。尽管他认为波克夏股价今年可能受到金融风暴拖累达不到应有的表现，但仍计划着在这波低档寻找其他投资标的，逢低买进。

“连股神都会跌跤”

美国纳罗夫经济顾问公司总裁纳罗夫 (Joel L. Naroff)表示，连巴菲特这样的股神都会在股市跌跤，不难窥见当今全球经济败坏的程度。他并称赞巴菲特勇敢认错是正确的决定，“我认为这是优良投资人的正确做法，认清自己所犯的错，然后试图纠正错误，继续向前迈进。”

股神大亏，巴菲特：我做了些蠢事

2009-03-02 中时电子报

面对百年一遇的金融海啸，即便是“股神”也神不起来！投资大师华伦·巴菲特2月28日在致全体股东的信中坦承，因“去年我在投资上做了些蠢事”，致使波克夏·海瑟威控股公司(Berkshire Hathaway Inc.)去年第四季净利骤减96%，去年每股账面价值更缩水9.6%，超越2001年网络泡沫化的6.2%，创下历年来最糟纪录。

波克夏·海瑟威28日公布去年财报，因投资衍生性金融商品大亏，去年第四季净利骤降到1.17亿美元，或每股获利76美元，较前年同期净利29.5亿美元，或每股获利1904美元，足足锐减96%，不仅连续第五季获利下滑，更创下过去17年来最长的衰退纪录。

此外，波克夏·海瑟威去年净利从前年的132亿美元暴跌至49.9亿美元，衰退幅度达62%，去年每股账面价值约下滑9.6%。不过，波克夏·海瑟威A股去年股价大跌32%，仍优于标准普尔500指数的下跌37%，并打败许多同业。

巴菲特向股东们致歉，坦承自己失算，例如，去年于石油和天然气价格接近高峰时，大量敲进康菲石油公司（ConocoPhillips)股票，导致数十亿美元的损失。此外，斥资2.44亿美元买进两家爱尔兰银行股票，亏损也达89%。

去年巴菲特趁低买进高盛、奇异优先股，市场信心一度大振，不过，随后这两家公司股价便大跌，迄已分别下跌27%和65%。去年10月17日，巴菲特更公开宣布以自有资金开始买进股票，然而自他登高一呼后，标准普尔500指数至今已下跌22%。

不过，现年78岁的巴菲特倒是信心不减，他说，虽投资组合价值缩水，但只要手中尚有银弹，不啻是逢低抢便宜大好良机，他强调："不论是袜子或股票，在大降价时，我只买有质量的商品"。

虽投资失准，外界仍关注他对美国经济前景的看法，他在信中说："我们确信，2009年美国经济将步履蹒跚(in shambles)，甚至持续更久……但此结论并无法告诉我们，股市会向上或向下走。"

对于美国政府的经济振兴措施，巴菲特警告，以前的经济药方是用杯子喝，最近却改用桶子灌，可能会引发不良的后续效应，例如通货膨胀。不过，他仍呼吁美国政府应采取更"强而有力的立即行动"，以避免经济"全面崩盘"。

黑天鹅事件

纳西姆•尼可拉斯•塔雷伯(Nassim Nicholas Taleb)提出了黑天鹅效应，所谓的黑天鹅效应，是指看似极不可能发生的事件，但他却发生了。它具三大特性：不可预测性、冲击力强大，以及一旦发生之后，我们会编造出某种解释，使它看起来不如实际上那么随机，而且更易于预测。

我们人生的各种大小事件，难免会遇见"黑天鹅"，就金融操作而言，往往以为是正确的操作观念与操作技巧，在获利与名声都达到高峰时，"黑天鹅"却悄悄地出现，给予当事人重击，并且告诉当事人说：你错了，这些成功不过是随机性的致富而已。

1997年诺贝尔经济学奖得主休斯(Myron Scholes)与莫顿(Robert Merton)，与所罗门兄弟公司前副董事长梅立威勒(John

Meriwether)创办了长期资本管理公司(Long Term Capital Management，简称LTCM)，LTCM 1993年成立以来，利用操作衍生性金融商品的杠杆作用，每年之报酬率皆超过40%。但就在1998年3月，俄罗斯发生金融危机导致卢布贬值，俄罗斯政府只好宣布停止支付国债利息，使得持有大量俄罗斯国债的LTCM损失惨重，资产从48亿美元迅速跌落到5亿美元。

此事件除了让索罗斯受伤退场外，也造成市场上股、债市巨幅重挫，引发极大的卖压，并使市场流动性呈现停滞，造成所谓的“流动性衰竭”。由于LTCM的资金来自世界各大银行，造成亏损的连锁效应使得全世界约有4000只避险基金、高达十兆美元的仓位岌岌可危，最后FED于1998年9月23日决定由16家债权银行共同注资36亿美元，接管LTCM。FED并配合在9月、10月及11月各降息1码(0.25%)，将联邦基金利率由5.50%降至4.75%的最低水平，这才平息LTCM濒临破产、俄罗斯偿债危机及亚洲金融危机所串成的全球危机。

然而此一事件并没有让华尔街金童与善于财务工程的专家重视金融市场中可能再度出现的“黑天鹅”，依然在金融市场上大量发行衍生性的金融商品。金融人士显然认为，这些倒霉的事情，或者是在历史重复不断发生的泡沫，应该不会发生在自己的身上，更忽略了经济学家欧文•费雪(Irving Fisher)在1920年曾经说过的警告：“低利与过度的借贷，会使股市过度成长，最后崩盘。”

命运的“黑天鹅”终究没有放过投机人士，在2007年引发了更大的金融危机。这一次危机的肇因，就是欧文•费雪的警告与许多金童贪婪的结晶。

2007年3月，美国第二大次级房贷公司New Century Financial Corp.遭调查非法放贷后下市，正式引爆了次级房贷的巨大风暴。接着在2007年8月，美国第五大投资银行贝尔斯登(Bear Stearns)旗下两只与次贷相关的基金倒闭，导致15亿美元的亏损，使贝尔斯登面临可能破产的窘境，此事件导致华尔街多家金融业者停止房屋抵押贷款，全美第十大抵押放款业者American Home Mortgage Investment Corp.濒临破产，同时引发德国、法国、美国金融市场的信用紧缩，最后在2008年3月，贝尔斯登以每股2美元出售给摩根大通。

在2008年7月初，雷曼兄弟(Lehman Brothers)研究报告看空全美最大房贷公司房利美与房地美，正式掀起二房财务危机。同年9月美国政府只好接管房利美与房地美，以防金融危机持续扩大。但是“黑天鹅”持续出现在华尔街，空气中弥漫着诡谲不安的气氛，终于在2008年9月15日，全球第四大投资银行雷曼兄弟申请破产保护；全球最大的保险集团AIG因筹资案失败，转向Fed求助400亿美元，并决定进行企业重整；而全球最具规模的证券公司美林证券被美国银行以500亿美元并购。

其中以雷曼兄弟破产造成的冲击最大，因为雷曼兄弟是具有158年悠久历史的投资银行，属于作风保守的金融机构，但仍然玩起金钱游戏，尤其是将房贷变成债券(衍生性金融商品)，精致地包装后转售到各金融市场中，在台湾即是所谓的“连动债”，预估全世界约有1281亿美元的债券型商品将可能变成废纸，就连台湾的投资人与金融机构也灾情严重。讽刺的是，在2007年，雷曼兄弟还被《财富》(Fortune)选为“最被羡慕的公司”第一名。

类似的“黑天鹅”事件，或是类型完全不同的“黑天鹅”事件，会不会再度发生？而属于个人操作生涯中的“黑天鹅”事件，会不会也悄悄地靠近我们的身边？会的，非常肯定。我们永远无法避开忽然现身的“黑天鹅”，因此在操作过程中，除了要吸取历史的教训，更要谨慎面对每一次操作。

有人说，既然熟悉了技术分析，应该在市场中大开大阖地操作，怎么还在强调要保守地操作？原因相当简单，我们并没有比华尔街的金童聪明，也没有诺贝尔经济奖的光环加持，更不清楚哪一个时候的操作会导致损失，最重要的是，我们的损失不会有其他金融机构伸出援手来进行拯救，而且操作的是自己的血汗钱，请问，能够不对“黑天鹅”持有敬畏之心吗？

千万别相信所有的泡沫都是属于稀有事件。再怎么稀有的事件，相较于人类时间的长河都将是一个定数，过去的历史已经重复太多次的泡沫了。在市场中活得久总比活得灿烂好。各位投资者朋友，你想选择哪一种？

勿迷失于专家的定锚效应

著名的心理学家史洛维克与李生斯坦提出了定锚效应(anchoring effect)，运用在执行各种理财决策的时候，意思是指人们容易有先入为主的想法，此即所谓的经验法则。这种主观性的估计，其实非常容易受到额外信息的干扰，导致人们对原先主观性的估计加以修正，使其经验法则产生偏误，而经验法则的偏误即为定锚效应。

举个例子来说，在消费市场中某一项产品的原始定价为1000

元，此定价本来就包含一定的利润在内，但是经过包装与宣传的铺陈之后，我们可以将这一项产品的定价卷标撕下，换成价格是2000元的卷标，成为放在陈列架上的定价。当消费者接受或者是习惯了这样的定价之后，卖方便可以开始抛出诱饵，比如趁着周年庆时提出7折的优惠。因为消费者已经被价格定锚，立刻会产生比价的效应，心想：此时只要花费1400元就可以买到原本2000元的产品，实在是太划算了。所以消费者莫不纷纷掏钱购买，事实上，卖方仍然多赚取了400元的额外利润，这一项东西还是很贵。

在金融市场中，我们是不是也被定了锚而毫无所觉？甚至造成我们错误的决策而不自知？

最常见的定锚效应是市盈率的迷思。所谓的市盈率(price/earnings ratio)，又称PE值，计算方法是以每股市价除以每股盈余。投资专家常说，要投资低市盈率的股票，事实上市盈率的高低难以界定，因为每一项产业，在每一个不同的时空背景，所得到的市场认同度将会不同，因此可以被接受的市盈率高低也会产生极大的差异。假使某一只股票的前景为投资人看好，便容易成为市场中人气聚焦所在，投资人愿意以较高价格买进，那么他将可以享受较高的市盈率。

而不被市场中大多数的人所认同的股票，纵使当时市盈率如何的低，股价的起伏仍然像是一滩死水，在多头中如果无法吸引投资人的注意，这种股票在时空背景转入空头时，将会有领先下跌的效应。如何评估市盈率的高低？不如抛开以市盈率为优先选股的条件，先以价格的摆动为优先考虑，如此就不会被低市盈率所惑，出现买在低市盈率的价格后出现更低价，不敢买高市盈率的股票却看见他屡屡创高。同时，利用价格的摆动来观察，也可以规避高的泡沫在被戳破以前，能够有所警觉而先行退出。

在主控战略中心网站中，个股游戏专区里的讨论正巧有一个这样的实例。在 2007/10/29 与 2007/11/05 两天分别有网友提出，亚光(代号 3019)前三季的获利是 6.5 元，为什么股价没有上涨呢？笔者当时提出的观点是：

(1)若以基本面来探讨，市盈率约在 17.18～10.73 之间震荡，而其他同业市盈率平均值约在 45 左右，该股会这么低，代表市场认同度不足。

(2)就技术面而言，长线趋势走空，短线在进行扭转，是否能够成功，请观察会不会再破 105 新低。

但另外一位网友在 2007/11/08 对该股有不同意见，他说：“风水轮流转，只要公司基本面在，市盈率低的时候正是投资的好机会，等你发现市场都认同了，通常股价也涨到高点了。你是要那时再去追高还是趁低档买进等待呢？”当时我的看法仍然没有改变，故在同一时间与之讨论时认为：“就技术面而言，股价又破底，代表尚未出现讯号，亦即没有‘特定人士’对它有兴趣，……，以个人经验而来看，当基本面真正好转时，技术面就会呈现出特定的走势。”

技术面既然没有出现可以值得进场的讯号，就不需进场。在这里不是要宣扬个人的技术分析能力强弱，而是要告诉投资朋友，如果可以嗅出一点危险，就不要轻易去冒险。其实分析的道理非常简单，专业的投资机构，他们的专业评估，难道会落后我们一般的投资人？大股东与业内人士，对于公司的前景或是利多消息，难道不会比我们早些时候知道？如果是这么值得持有的公司，以这样的获利与相对的低市盈率，法人与大股东早就争相购入，此时股价的波动就会呈现出值得进场的讯号了，哪里是这种要死不活的K线走势呢？

保持警觉的好处是万一忧虑成真，将可以避开股价不幸下挫的风险，如果是因为过度警觉而错失进场的时机，损失的仅止于一次获利的机会，荷包可不会缩水。图4是亚光股价的周线图，各位投资人不妨可以观察历史的走势图。

另外一个常见的定锚效应发生在对价格高低的认知上，请投资人参阅图5的走势图思考这样的问题。我们往往可以听见专家说，现在的股价已经够便宜了，可以逢低买进布局、撷取大波段利润。这样说法的不确定因素太高，尤其是在明显的空头走势中，我们认为已经很低的价格其实还会更低。举例来说，某股从100元下跌到20元，股价已经打了2折，相对于100元的高价来说，是非常便宜的价格，但是如果在没有任何可以介入的技术讯号出现以前，便抢着去逢低布局，仍然是冒着极大的风险，因为股价不幸再从20元跌到10元，相对于100元虽然只是再少了1成的幅度，对于20元进场的投资人而言，股价可是腰斩。

使用基本分析的操作者，往往会参考股票殖利率的高低。曾看过国外的著作中提到：股票殖利率低于3%，股价偏高，股票殖利率高于6%，股价偏低。这种化繁为简的通论，其实会让不了解基本分析真实内涵的投资人陷入错误的认知，这也是另外一种定锚效应所产生的严重迷思。

殖利率为判别投资收益的参考标的之一。所谓殖利率是＝每股股利÷收盘价×100%，其中每股股利＝该公司每股配发之现金股利＋盈余转增资股票股利。如果以殖利率和银行利息相比，当殖利率比银行存款利息还要高时，则表示该股属于值得投资的股票。比如说：某股股利为2元，现在股价为20元，其殖利率等于10%，相较于银行一般的定存利息高出甚多，我们就可以比较出两者投资的效益高低，对于长期投资者是相对有利的。

图4　亚光股价周线图(资料来源：奇狐胜券)

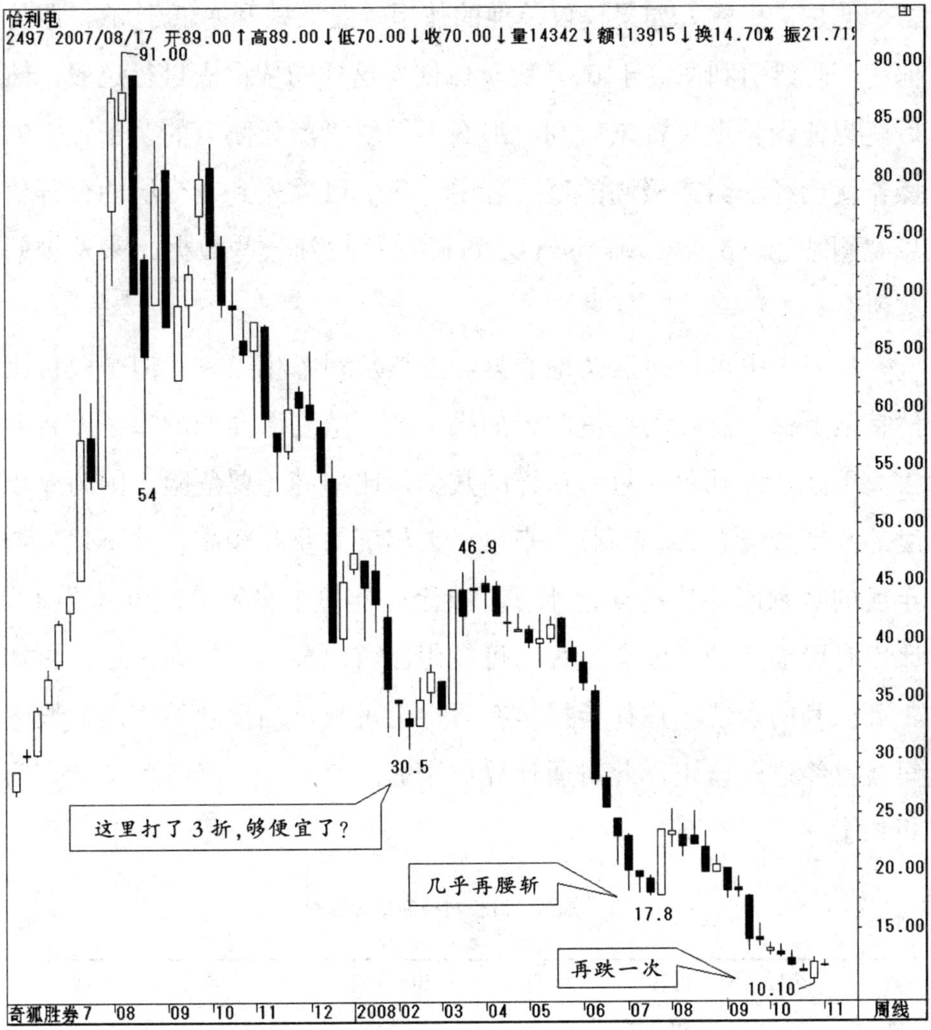

图5 怡利电股价周线图(资料来源：奇狐胜券)

但是，投资人如果仅仅单纯的使用“股票殖利率低于3%，股价偏高，股票殖利率高于6%，股价偏低”这样的依据去进行选股，然后就想依赖长期投资来获利，那么不需要“黑天鹅”的袭击，你的操作就已经暴露在极高的风险之中。我们可以先到证交所的公开信息观测站(http://newmops.tse.com.tw/)找到一些数据，来发掘问题所在。

从表1中可以很清楚地看见，虽然殖利率相当高，但是股价仍然持续下探，意味着买进时机如果不对，殖利率高低的参考度将会大大下降。尤其单纯只看这样的数据，比猜谜还要危险，因为今年度的高现金股息(或股利)，来自于去年度的获利较高，并不代表今年度的获利能够维持如此水平，甚至今年度的获利在明年配发时，比率有可能变动，或者是公司可能想保留现金作为扩充营运，再加上高获利的表现，往往会提早在股价上反映，当反映结束之后股价早就已经进入修正，此时所计算出来的高殖利率，参考度就会有所折扣了。

表1　股价与殖利率关系表

个股代号与名称	2408 南科	2852 第一保
2007年7月27日个股殖利率	13.58%	10.54%
2007年7月27日收盘价	26.5元	18.5元
2008年3月21日个股殖利率	19.83%	12.38%
2008年3月21日收盘价	17.5元	15.5元
2008年11月7日个股殖利率	未揭示	16.08%
2008年11月7日收盘价	5.35元	6.22元

所以想要选择高殖利率进场的投资人，必须要先回归到真实基本面去评估公司的本质，思考未来获利的能力及稳定度，并且搭配

股价的走势选择恰当的进场时机，时机如果不对(如股价早已经反映结束)，往往会赚了股息却赔了更多价差。同时，也请投资人注意，对于部分书籍中所描述的基本分析，可能过于简略或者是似是而非，在阅读时必须慎思明辨，避免被误导。

基本分析的学问其实非常深奥，光是针对产业面的了解与研读财务报表，就不是一般投资人能够一窥门径的。真正熟稔基本分析的研究者，与真正对技术分析了解的人是一样的，在采用某一种方法或是理论进行分析市场时，都会针对不同的参考点，取用不同的投资策略或是技巧，绝对不像教科书上所写的那么死板。假设投资人可以理解一般书上所写的技术分析技巧，如 KD 黄金交叉就是买进讯号，并不必然是可靠的，那么更没有理由轻易地相信，如果股票殖利率高于 6%，股价属于偏低应该进场投资这样的推论。

也就是说，基本分析在运用时，仍然脱离不了股价当时相对位置的分析，在可靠的位置，不管投资人使用了什么样的方法或是理由进场，都容易成功。各位投资朋友，你已经找到如何分析可靠位置的方法了吗?

天天进行的交易，与掷铜板无异

许多人在接触金融市场之后，就急着想从市场中赚到钱。想赚到钱和真的赚到钱是两码事，没有准备好的人，没有资格在市场中赚钱，就算有暂时性的获利，但只要他在市场中待的时间够久，那么不但会将原本的获利吐回去，还会侵蚀掉老本。

急着想致富的人，通常会选择杠杆倍数高的商品进行操作，如期货、选择权之类的衍生性商品。就个人的观念而言，相对安全的股票如果没有能力操作好，选择杠杆倍数更高的期货或选择权这一类的商品，是非常危险的举动。想要跳过股票这一商品的操作，直接进入期货或选择权操作这一领域，不是单纯的策略、心态就可以，还需要一套非常严谨的操作系统，这一操作系统的根源仍然来自技术分析，而且使用者的努力程度一定要够多、够深。

可惜的是，在市场中看见大多数想要使用技术分析的投资人，大多数是想速成，不但没有耐心构建好属于自己的交易系统与策略，心态也不够健全，甚至任何一个波动都想参与，却万万没有想到，越急着想要赚到钱，钱将会离我们更远这一句谚语。这时候，如果市场中正好有人宣扬使用了神奇的操作法，或者是某某人利用选择权赚了大钱的消息，就让急着要赚钱的人更焦虑了起来，心情就更不容易平静了。以这样的心情进入市场，再加上根本没有准备好，又选择超短线操作，那么下场就是等着被宰，从市场中毕业将是早晚的事。

请不要忘记，在市场中，永远是赔钱的人比想赚钱的人多上许多。

在这里，我们以纳西姆·尼可拉斯·塔雷伯(Nassim Nicholas Taleb)所著《随机的致富陷阱》(Fooled by Randomness)这一本书中，曾经提过在不同时间尺度下赚钱的机率，供投资人参考。

从表2中我们可以看见，当买卖的交易周期拉长到一年时，赚钱的机率相对较高，而交易周期若在一天以下，赚钱的机率其实与掷铜板无异，输赢各1/2。也就是说，交易的周期越短，其成功机率与猜谜无异。虽然我们相信，利用技术分析的技巧，比如潮汐、波浪理论、K线与指针等等来进行图表分析，有助于方向的拟定，但是因为交易周期实在太短，在超短线或是极短线的走势图中，常常会出现许多难以辨识的走势，或者分析的方向虽然是正确的，但却因为振荡幅度过大，导致触及停损机制而出场，也就是说，在超短线或是极短线的行情中，比较容易出现混沌现象，亦即针对下一步走势可以进行的情况假设较多，而显得不容易辨识。

表 2　不同时间尺度下赚钱的机率

时间尺度	赚钱的机率
一年	93%
一季	77%
一个月	67%
一天	54%
一个小时	51.3%
一分钟	50.17%
一秒钟	50.02%

所以，建议投资人在研究技术分析时，要把观察的周期拉大；在进入市场操作时，也要把操作周期拉大。格局有多大，成功的机率也就会有多大。

不要相信市场会善待你

股市谚语说：当人们奢华铺张地展示在市场中拥有的一切时，泡沫就要来临了。或许我们没有机会看见这些行为，但是当媒体开始大幅报导投资人获利如何容易，某某人经由投资理财赚了多少钱，而这些人是完全没有任何投资背景，或者是只读了几本理财书，或者是忙到根本没有时间规划理财的人，就告诉我们要检视当时的行情是否接近尾端，泡沫即将要被戳破。

曾经有人做过统计，美国前500强企业平均寿命是40～50年，美国每年平均新生50万家企业，10年后仅剩4%。而日本比较强一点，创业后存活10年的企业为18.3%。从这些简单的数据来看，热情的美国人与严谨的日本人，一样在这世界上遵循着二八法则，适者生存、不适者淘汰。有时候，我们反躬自省，有没有具备美国人的热情？有没有日本人的严谨？这些正向的心理情绪，如果不是我们特质，加上进入市场的准备又不够充分，如何让市场善待你？

在金融海啸的袭击下，受到最多抱怨的往往是政府机构，从没有听见当事人检讨自己的贪婪。其实，金融市场中的“黑天鹅”事件，在历史的洪流中实在不胜枚举，1637年荷兰发生世界第一起郁金香球根的泡沫经济事件，1720年法国的南海泡沫事件(South Sea Bubble)，近期则有1929年美国经济萧条、1989年日本泡沫、1997年亚洲金融危机、2000年美国因特网泡沫经济。但就是有许多人认为，这一次是不一样的，或者是认为我不会这么倒霉，结果过度地乐观与期待，导致错误的决策，进而忽视走势已经改变的事实。

而个股的泡沫也是层出不穷，并且没有国家的分野。比如说美国无线电公司(Radio Corporation of America，简称RCA)在1929年创下600美元天价后崩盘，10年后只剩5美元；1970年，K-TEL国际公司从3美元上涨到34美元，之后再下跌到17美分；2002年微策略公司(Micro Strategy)从350美元跌到1.5美元；台湾兴柜的达康公司，到美国上市的计划失败，盘价从410元变成0元；国泰(代号2882)历史高点是1975元，目前最低是28.1元；威盛(代号2388) 历史高点是629元，目前最低是4.89元；禾申堂(代号

3026）历史高点是999元，目前最低是16.05元；益通（代号3452）历史高点是1205元，目前最低是71元。

其他一些投机股更不用谈了，当走势结束并开始强烈修正时，出现对分属于常态，修正到最高点的3折或是1折也不必感到意外，请不要忘记从10元上涨到20元是要乘以2，但从20元回到10元只要乘以0.5就可以了。

另外，投资市场中总是充斥着内线消息。到目前为止，笔者一直都很怀疑这些消息的真实性，因为放出消息者自己也要赚钱，在这个充满血腥气息的金融市场，每个掠夺者都像是嗜血的鲨鱼，这些掠夺者为什么会有一附好心肠，与我们分享市场上的利润？

谨慎，并随时注意风险，千万不要当被宰杀的散户。

在进入市场前，别忘记先想想自己准备好了没有。永远记得只操作自己能够负担的行情，赚自己能力以内的钱，别妄想在高难度的行情走势中表演技术分析或是操作技巧，运气好在这样的行情赚了点钱，是上帝的眷顾，万一有个闪失，所持的仓位将会惨遭无情的炸毁。而计算机屏幕上所揭示的价位，也不一定成交，交易也不必锱铢计较差那几文钱的成交价位。市场中，没有任何人可以保护散户，包含政府机构，赔了钱也不要怪别人，只能怪自己没有准备好就妄想在市场中赚钱，投资人必须培养并恰当地运用自身的判断力，而且要非常保守，以防范忽然袭击的“黑天鹅”。

更何况，技术分析不是操作的全部，操作不是生活的全部。生活中可以享受的美好事物太多了，别天天沉浸在交易当中，让交易折磨着我们，与其等待市场善待我们，不如自己先善待自己。

魔鬼的诱惑

市场中的诱惑，不断地吸引着投资人将金钱投入市场。近期，笔者也承受了两次魔鬼的诱惑，很想将资金再度投入市场中。第一次发生在 2007 年 7 月间。在当时盘后贴图与解析中，长线观点不断地强调："以长线推浪观察，满足目标后的当月(6 月)或是下一个月(7 月)往往是波段高点，又月线格局中推浪目标的最大期望值已经被穿越满足，因此应该要注意日线止涨讯号的出现。然没有止涨以前，股价仍会继续向上攻坚。……当股价已经推高到满足区者，宜注意获利了结的点位。而刚刚才要发动潮汐的股票，切入时宜注意其风险性与投机性。"

当时的加权走势是喷出的，虽然到达满足区的股票已经出脱，但是看见加权走势依然如此强劲，各电视媒体、网络讨论区均热烈地期待着万点目标来临，使得笔者也想再积极进场，以免错失这一段热闹的行情。但是技术分析与操作经验告诉笔者，高点就快要来临了，风险已经很高，可是笔者仍然无法全然不受干扰，那阵子不断地起心动念，想要积极地进场操作。说实话，心里面真的难熬又挣扎。而在 2007/07/25 那天的盘后贴图与解析写道："在日线架构上，没有出现落尾以前，短线多头架构无虞(维持超强)。跌破 9473，则代表多头止涨(确定转弱)……"结果，在 2007/07/26 当天形成长黑母线，随后完成多头止涨转弱的条件，加权也从此正式进入修正。事后回想起来，觉得命运之神似乎是站在自己这一边，如果不是笔者的操作态度保守，当时进场的仓位必遭无情的炸毁，线图请参阅图6。

第二次的诱惑是发生在2008年5月中旬。加权指数从2008/05/13起涨，根本不在预期的规划之中，也是就说，当时笔者假设的走势不过是反弹而已，没有想到实际走势却是相当强劲，K线形态以连续日出的攻击盘态向上挺升，每天都有高开的缺口，此时让我不禁有点怀疑：难道开始向上攻击了吗？当然，那时候市场与媒体的分析一片看好，又让笔者的信心开始动摇，甚至一度想要积极进场操作，不过实在是挑不到适合切入的股票而作罢，然而心情却随着指数的上涨而渐渐沮丧：我是不是看错了？

在2008/05/19那天下午的盘后贴图与解析中，一如往常以实际走势推演技术分析可能的走势之后，并写下这样的评论："……因为对走势存有疑虑，当跌破观察价使多头转弱时(个股则为停利点)，则无须留情。……若跌破9197，短多有转弱疑虑，跌破9171确认转弱。……在中线轮廓，笔者仍倾向真正多头行情应该会落在下半年以后。对于这一波是否开始走多仍有所怀疑。……"2008/05/20开高后走低，形成长黑母线跌破9197、9171的支撑观察点，正式进入下跌走势，线图请参阅图7。

后续下探的过程中，在笔者网站上也出现多空看法激烈的讨论，也有人质疑笔者的看法是否太过于悲观。但笔者的观念是，保守的操作总比过度乐观好，前者最大的损失是没有操作，而后者的损失却难以估计。更何况实际走势符合既定的假设，再加上多头迟迟没有表态，不能以多头上攻来进行推论，这是利用技术分析进行分析后所得到的依据，尤其是走势是属于明朗化的方向。但在此处要与各位投资人分享的是，无论对技术分析多么有把握，仍然免不了受到市场气氛的迷惑，所以在技术分析之外，仍然有许多事项是需要学习与修练的，而且永无止境。

图6　加权股价指数走势图之一(资料来源：奇狐胜券)

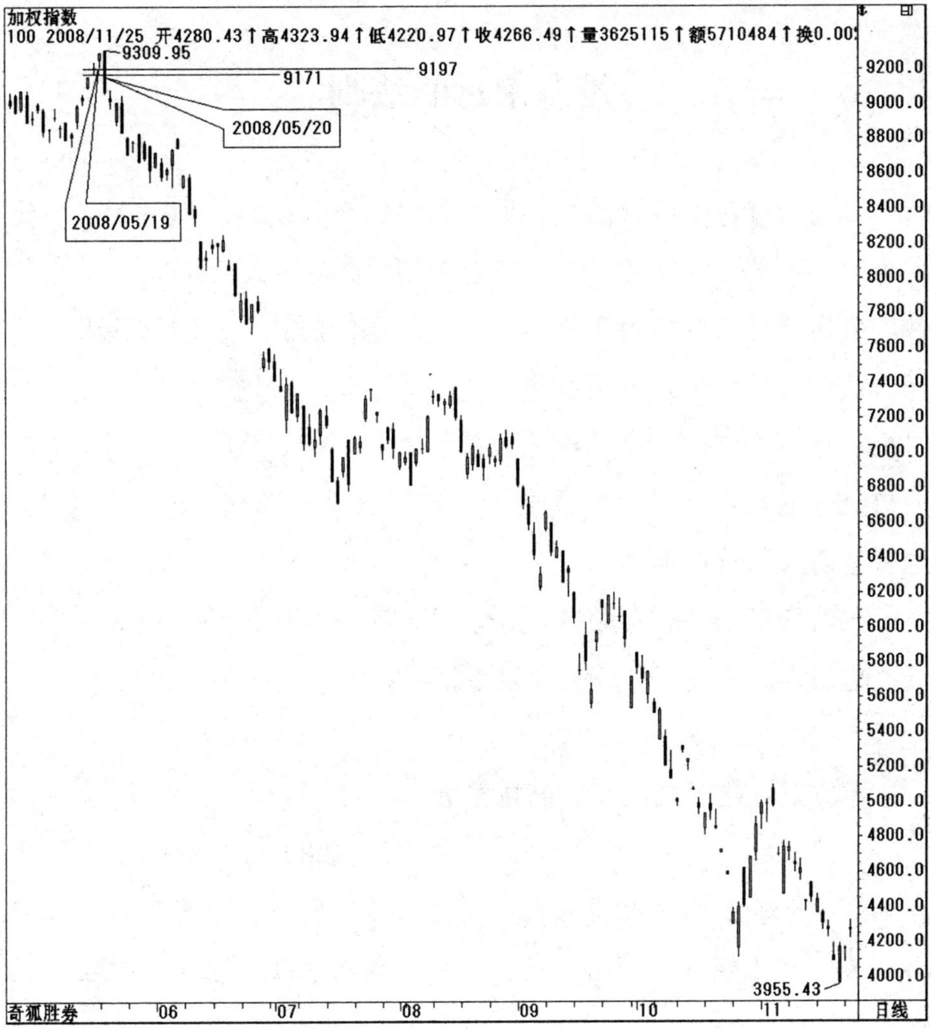

图 7　加权股价指数走势图之二(资料来源：奇狐胜券)

没有永远的法则

市场中有许多成功的人，他们的成就令人羡慕，但是不代表我们可以和他们一样。甚至，给这些已经成功的人士相同的起始条件，请他们重头开始也不必然会出现相同的成就。虽然这些人士的操作技巧已经更纯熟、人脉更广、消息面也更灵通，但因为切入的时机点已经不同，产生的结论可能就大为不同。我们不能否认，在万事具备的情形下，仍然需要一点点运气推波助澜。所谓的运气，也就是切入的时机点。

在这里可以举个简单的例子，这一次的金融风暴，投资人听过几次危机入市的建议？请先看以下报导。

罗杰斯：陆股触底了，赶快买进

【2008-04-28/经济日报】

尽管大陆股市是今年来表现最糟的市场之一，投资大师罗杰斯却认为陆股已触底而开始买进，尤其聚焦在农业、旅游、航空与教育类股。

与索罗斯共同创立量子避险基金、并正确预测到1999年商品大多头的罗杰斯，26日在北京一场研讨会上说：“我的新投资全都在商品与中国。”

罗杰斯说：“整个惊慌状态看来就像是底部。过去4~5周我已经进场。”今年卖出陆股将是大错特错，他说：“我从未卖掉任何一张中国股票。”并表示也已买进新加坡、台湾与香港的股票。

罗杰斯说，他买进旅游与教育类股，因为这两个产业“在中国将继续占主要地位”，其他投资标的包括航空、水与农产品业者。他说：“中国农业的问题很大。政府正竭尽所能复兴农业。”……

相关线图请参阅图8。虽然罗杰斯开始进场布局时，上证指数已经下跌超过51.2%，但是随后却再下跌了56%。此处不是要批评罗杰斯的做法，而是要提醒各位投资人，这些国际知名的操作者，他们的财力不是我们一般投资人能够望其项背的，他们的投资方法也不是我们可以学习的，因为我们没有多余的资金可以向下摊平与逢低承接，甚至利用另一大笔资金进行避险操作，采用他们的模式，是不自量力且风险极高的，当我们诉诸权威，采用他们的建议时，各位有没有想过，他们在背后作了多少评估、准备了多少子弹，以及做了多少仓位的避险？所以千万不要单纯地解读眼见的讯息，这些论调不一定为真，就算是真的，也不是我们可以做的事。

危机可能真的很危险，因为真正的危机所带来的伤害如万丈深渊，难以评估。2008年金融危机不仅只有罗杰斯在短线踢到铁板，索罗斯在2008年第二季时大量增加持有雷曼兄弟股票，有人评估如果他以较高价位买进，而且至今尚未脱手的话，损失最高可能达到新台币121.6亿元。

又根据NOWnews在2008/10/29的新闻报导，巴菲特的投资公司波克夏股价，跌到2007年2月以来的最低价位，投资不到一个月的奇异和高盛，股价更是大跌超过25%，即巴菲特从17日到27日这10天，身价缩水200亿美金，相当于6400亿元新台币。在2008/09/23巴菲特花了50亿美元买进高盛，2008/10/01再砸30

图8 上证指数走势图(资料来源：奇狐胜券)

亿买进奇异，但最后股价双双大跌超过25%，损失将近200亿美元，如果再加上波克夏持股组合可口可乐、富国银行以及波克夏投资股价都大跌近20%，损失超过104亿美元。

巴菲特与索罗斯都是世界上知名的操作者，而且都非常成功，但是与罗杰斯一样，他们在当时所采用的方法并不适合一般普罗大众，因为我们没有那么多金钱去入市与摊平。请想想，一个有500亿资产的人，万一只剩下1/100(即5亿元)，他仍然可以过很好的生活，如果我们只有1000万元，不幸也只剩下1/100(即10万元)，下场是非常悲惨的。因此，基金有基金的操作方法，他们的法则不一定完全适合我们使用，就算想要布局，仍要参考到价位与走势，这些讯息利用技术分析的确可以有效提供参考信息。

巴菲特是班杰明•葛拉汉(Benjamin Graham)的信徒，当代著名的基金经理人如华伦•巴菲特(Warren Buffett)、约翰•奈夫(John Neff)、汤姆•芮普(Tom Knapp)等皆是葛拉汉的学生，华尔街只要是标榜价值投资法的基金经理人，也都是葛拉汉的徒子徒孙。但是我们却发现，班杰明•葛拉汉众多的学生之中，也只出了一个巴菲特，其他人则被远远地抛在后面。各位有没有思考过，既然巴菲特的理论大家都已经很清楚，但是为什么世界上只有一位巴菲特？他的成功模式为什么没有人可以完全成功地复制？

这是因为每个人都有属于他自己的人格特质与生命流程，即所谓的个性与命运，这些个别化的差异，无法以某一个理论或是某一个法则来完整弥补，因此世界上没有永远的法则，也没有绝对的理论，就如同技术分析的研究已经很透彻，但是在操作上依然会产生使用上的差异。这些个别化的差异，同时也包含了人性中所有的弱点，在使用任何一项法则或是理论进入市场时，如果只是照本宣科没有经过内化的程序，操作上必然产生许多的错误。

也就是说，就算是采用危机入市的这一个法则作为操作的依据，仍然需要进行实际的评估，而不是盲目地跟从。首先，我们要先认识危机入市的本质：赌的是最低点。但是真正的危机来临时，低点之后还有更低点，所以请先想想自己的口袋有多深，再想想危机发生在什么位置，如果是多头走势尚未完结所发生的危机，通常是短期性的利空，那么这样的法则可以大胆地运用，至于多头走势尚未完结的评估，技术分析(图表分析)可以适当地帮忙，经过实际验证，潮汐推动理论在这方面的运用成效相当良好。

如果是多头走势已经完结所发生的危机，那么最好等待扩底结束讯号出现后再进场，毕竟危机之后可能还有危机，也不要用法人或是基金的操作手法操作自己有限的资金，这些不是我们可以做的事。而危机到底结束了没有，这个讯号仍然是可以依赖技术分析来做判断，当我们发现黎明真的到来，价格的讯号已经被确定之后再进场不迟。这时候，投资大师的选股法则就会相当有用，所以学习别人的方法，也要知道如何能够恰当地使用。

结　语

最后引用安德烈·科斯托兰尼(Andre Kostolany)曾经说过的几句话来做为本引言的脚注：

※投机是种艺术，而不是科学。

※固执的投机者需具备四种要素：金钱，想法，耐心，还有运气。

※崩盘通常以暴涨为前导，而暴涨都以崩盘收尾，循环往复。

上述几句话在笔者的观念中目前仍然是属于无须改变的法则，而且值得分享。

注：文中所描述的关于金融风暴与相关轶事，部分是参考了网络上分享的资源，特此致谢。但也为无法一一溯及原始来源而深感抱歉。

第一章　测量系统

技术分析研究者通常在假设股价走势的方向之后，同时会设定一个可能完成的走势目标，此即为目标测量。所以，目标测量是一种顺势的分析，其目的是作为停利、操作风险评估与攻击强弱程度的参考。因此当技术分析研究者方向分析错误时，所进行目标测量就完全没有意义，除此之外，就算是方向分析正确，预测的目标点位也不一定会满足。假如走势满足目标，我们便可以根据满足的幅度定位走势的强度，没有满足基本目标，就代表该方向走势属于弱势，这时候停利或是退出观望与否等对应的操作策略就可以因应而生。而评估风险的观念，在《股价波动原理与箱形理论》这一本书中有较为详细的论述，请各位投资人参阅。

测量方法

就金融市场中惯用的测量方法，大致上可以分成三大系统，分别为：翘翘板原理；杠杆原理，又称“N”形测量，空间分割。前两类是属于攻击或调整走势时进行的目标评估，最后一种则是针对在某特定空间内走势强弱的评估。

请看图 1-1，所谓的翘翘板计算原理，是指股价在多头时从 P 上涨到 Q，再从 Q 回落到 R，此时多头如果持续攻击并且攻击走势获得确认，则翘翘板目标＝Q×2－P，或 Q×2－R。而股价在空头时从 P 下跌到 Q，再从 Q 反弹到 R，此时空头如果持续攻击并且攻击走势获得确认，则翘翘板目标＝Q×2－P，或 Q×2－R。

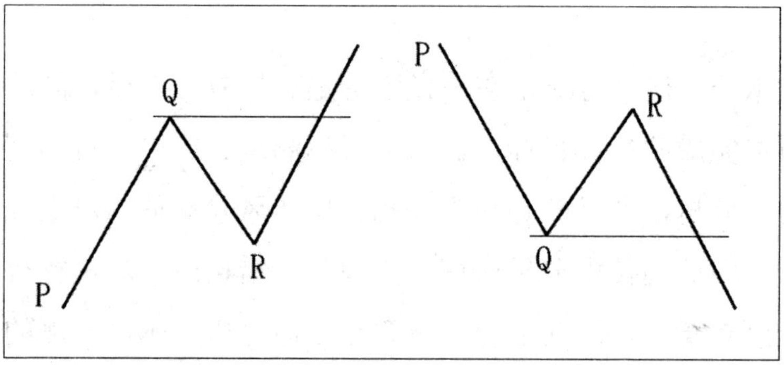

图 1-1　测量的基础方法

所谓的杠杆计算原理，是指股价在多头时从 P 上涨到 Q，再从 Q 回落到 R，此时多头如果持续攻击并且攻击走势获得确认，则杠杆目标＝Q＋R－P。若股价在空头时从 P 下跌到 Q，再从 Q 反弹到 R，此时空头如果持续攻击并且攻击走势获得确认，则杠杆目标＝R＋Q－P。

至于空间分割，是指走势针对某一个段落，进行反弹或是回落幅度的评估，常采用的方法有三分法、四分法、六分法与黄金比例法。无论是使用哪一种方法，其重点不是精准地捉到股价的落点，而是根据实际走势的波动分辨其强弱程度，因此在进行空间的切割时，上述方法只要择其一使用即可。关于空间分割探讨，将于后续的单元再进行讨论。

通常杠杆原理是运用在形态与修正浪潮的目标计算，而翘翘板原理是运用在酒田K线形态、趋势K线形态、道氏形态与攻击浪潮的目标计算，并且从这个观念衍生出黄金螺旋的计算方法，黄金螺旋的讨论，请详见《主控战略移动平均线》与《股价波动原理与箱型理论》这两本书。在使用上我们往往会发现，使用不同的原理、或是不同的波段进行测量时，会有目标重叠的现象产生，这种产生交集的现象若再配合实际的支撑、压力关卡，通常可以有效地提高其参考度。

范例

请看图1-2，福懋股价从27.5元开始上涨，直到32.7元之后才出现明显的拉回修正。如果投资人根据当时的走势，分析该股当时的波动以反弹走势的机率较高，那么在进行目标测量时，宜采用较为保守的工具或是黄金螺旋比例较低的测幅。若以“N”形理论进行评估，那么股价从29.7元再度向上弹升，目标应＝29.7＋32.7－27.5＝34.9元，若以黄金螺旋最起码的攻击幅度来评估，则目标＝(32.7－27.5)×1.618＋27.5＝35.91元。上述计算的两个目标极为接近，实际股价也在36.15元出现反转，此走势以测量学的角度而言，是属于正常的股价波动。

请看图1-3香港恒生股价月线图，从P点上涨到Q点，再从Q点回档到R点，并在标示R之后出现攻击走势，评估目标的模式若以翘翘板进行测量，那么未来目标有机会在Q×2－P满足，即在标示A的位置之后，股价就进入修正走势。

请看图1-4道琼工业指数周线图，从P点上涨到Q点，再从Q

点回落到 R 点，并在标示 R 之后出现攻击走势，此处评估目标的模式若以底部形态进行翘翘板的测量，那么计算的基础应该取第二只脚来进行计算，即未来目标有机会在 Q×2－R 满足，也就是在标示 A 的位置。

图 1-2　杠杆测量的范例(数据来源：奇狐胜券)

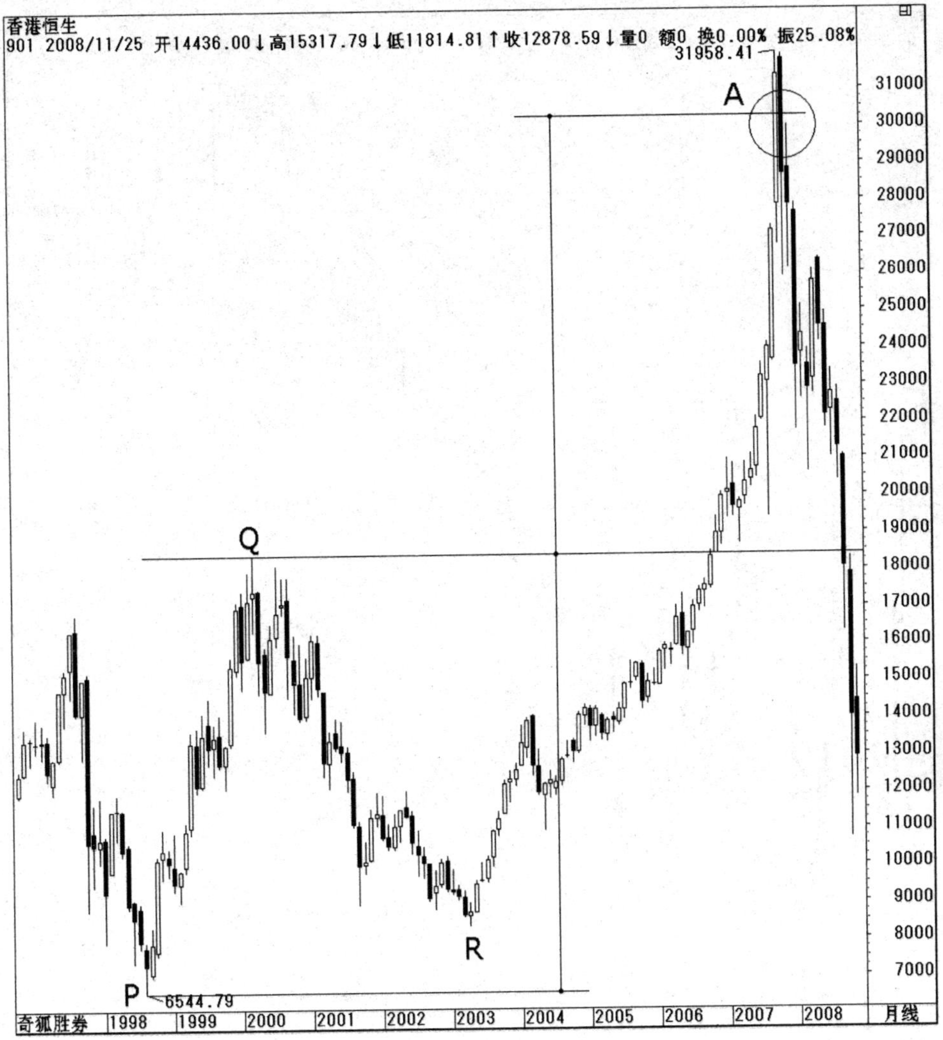

图 1-3　翘翘板测量的范例之一(数据来源：奇狐胜券)

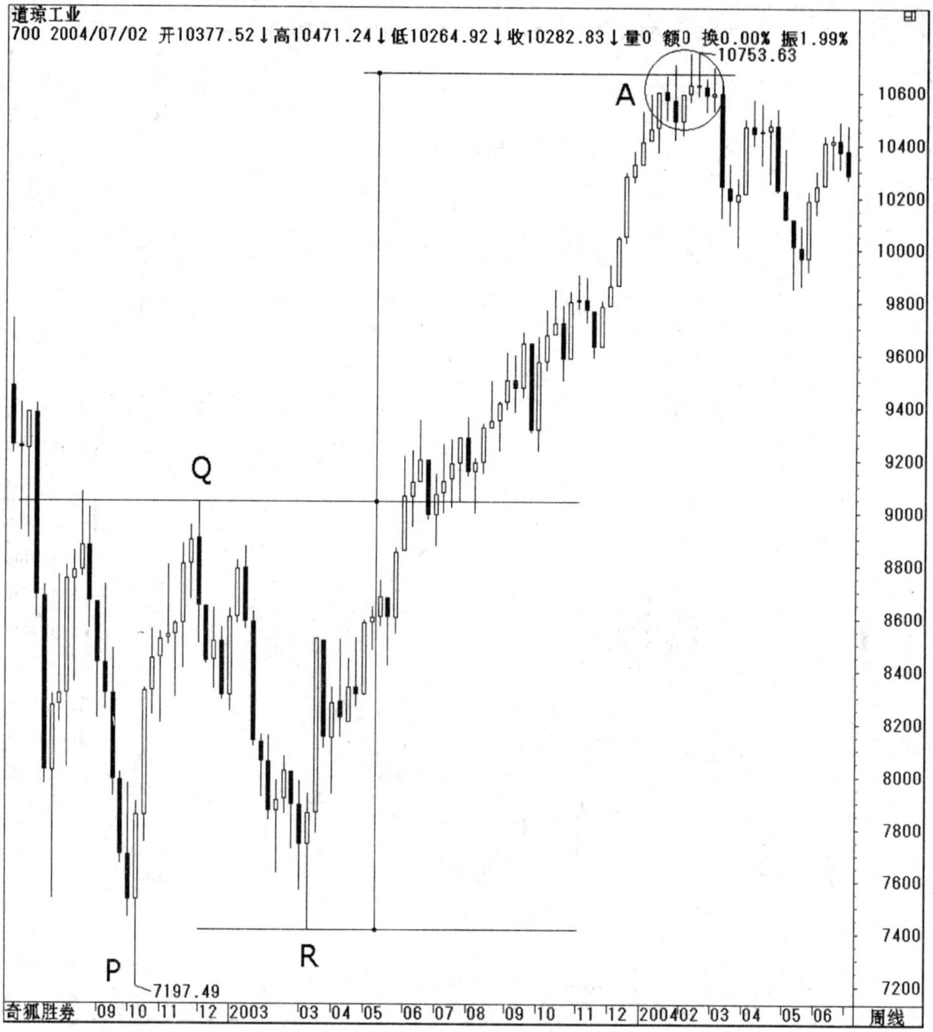

图 1-4　翘翘板测量的范例之二(数据来源：奇狐胜券)

至于这几个图例，到底要采用哪一种模式或是哪一个黄金螺旋比例数据进行测量？决定的主要因素除了对潮汐与波浪的规划外，还需要一点实战诀窍与经验值的累积。

K线形态的测量

酒田K线中关于两笔K线的形态组合，可以简单地区分出日出、日落、收敛与发散这四种组合，相关的讨论请参阅《主控战略K线》、《主控战略实时盘态》这两本书。这些组合中，收敛与发散可以直接套用形态的测量方法，比如说当出现母子线的组合时，我们可以直接使用母线的高低点计算一倍幅，这是因为这两种组合有变盘、转折的意味，与形态学中的底部、头部有些类似，故可以套用相同的计算方法。

但是对日出与日落的组合，使用的方法就不太一样。我们回顾这两种组合的定义：日出线为极短线多头攻击讯号；日落线为极短线空头攻击讯号。既然是属于攻击讯号，那么使用测量攻击幅度的工具将会相对恰当，因此可以采用黄金螺旋的计算方法，又因为日出日落在K线中是属于短线的涵义，因此计算时仅评估短线的攻击幅度，既然如此，使用的黄金比例便采用1.236、1.382、1.618与2倍幅即可。同时要特别注意，在接近波段满足区时，其可靠度将会逐渐降低。

利用日出、日落的K线进行操作是短线客的天堂，请特别注意操作周期愈短，风险将会越高；切入时的股价距离波段目标越远，风险将会较低。接着请看图1-5，如果在多头走势的初期或是中期出现日出线且为中长红收高格局，我们可以定位短线多头攻击有力，那么近期短线目标应该利用黄金螺旋的公式，计算出 1.236、1.382、1.618 与 2 倍的参考值，如果 3 天内仅攻击到 1.382 倍的目标，走势将被定位为弱势攻击；如果 3 天内攻击到 1.618 倍的目标，走势将被定位为正常攻击；如果 3 天内攻击到 2 倍的目标，走势将被定位为强势攻击。

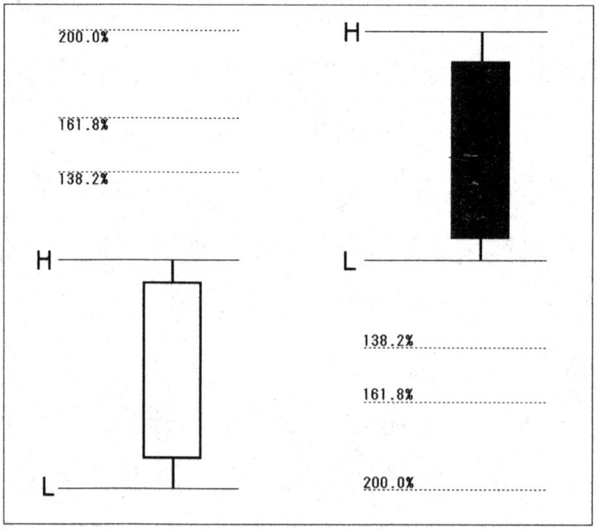

图 1-5　日出日落 K 线短线攻击示意图

如果在空头走势的初期或是中期出现日落线且为中长黑收低格局，我们可以定位短线空头攻击有力，那么近期短线目标应该利用黄金螺旋的公式计算出 1.236、1.382、1.618 与 2 倍的参考值，如果 3 天内仅攻击到 1.382 倍的目标，走势将被定位为弱势攻击；如果 3 天内攻击到 1.618 倍的目标，走势将被定位为正常攻击；如果 3 天内攻击到 2 倍的目标，走势将被定位为强势攻击。

虽然我们是观察 3 天内的走势是否能够完成目标，但是完成目标的天数越少，则代表趋势的强度较高，比如说仅用一天就满足1.618倍幅会比用两天完成1.618倍幅还要强。另外，当出现日出、日落的组合进行测量时，连弱势的1.382倍幅都无法满足时，代表趋势的力道减弱，如果已经届临波段目标区，那么就需要注意是否会出现波段反转点。

范例

请看图1-6，上证指数从2007年6月开始的周线图，振荡后开始上攻，若以单笔K线强弱程度进行短线目标预估，则可以取明显的日出红K做为测量的基础，亦即投资人在发觉趋势明显向上时，仍可利用这样的思维撷取短线的操作利润。图中标示A这一笔便是属于明显的中长红日出格局，因此利用该笔的高低点带入黄金螺旋的公式计算，隔一笔便攻击到1.618倍的幅度，是属于正常的攻击走势。

当然，在标示A的隔一笔与隔两笔，依然是红K日出，因此可以持续进行这样的计算，且1.618的幅度都在隔日满足，投资人可以据此判断，攻击走势是强劲的，并维持一定的攻击力道。

接着在标示B这一笔也是明显的中长红日出，计算后所得的1.618倍幅却在隔两天后才满足，虽然符合在3日内满足的基本条件，但是相较于前几周的表现，却已经有力道转弱的迹象。在波段目标上未满足的前提下，力道转弱的讯号是提醒投资人要提高警觉，操作的策略要开始转趋于保守。

而中长期趋势的目标测量，在标示C这一笔被满足，意思是短线即将很容易出现转折的技术现象，因此这一笔跳空长红日出K线将被技术分析者怀疑是否有力竭的疑虑。再利用日出K线进行短线攻击测量，结果走势仅满足1.382倍的幅度后，K线即呈现收黑(可以转到日线观察)，在相对位置可能已经满足中长期的目标，且又满足弱势攻击并呈现力竭的现象，不得不令人怀疑短线的止涨讯号已经出现。

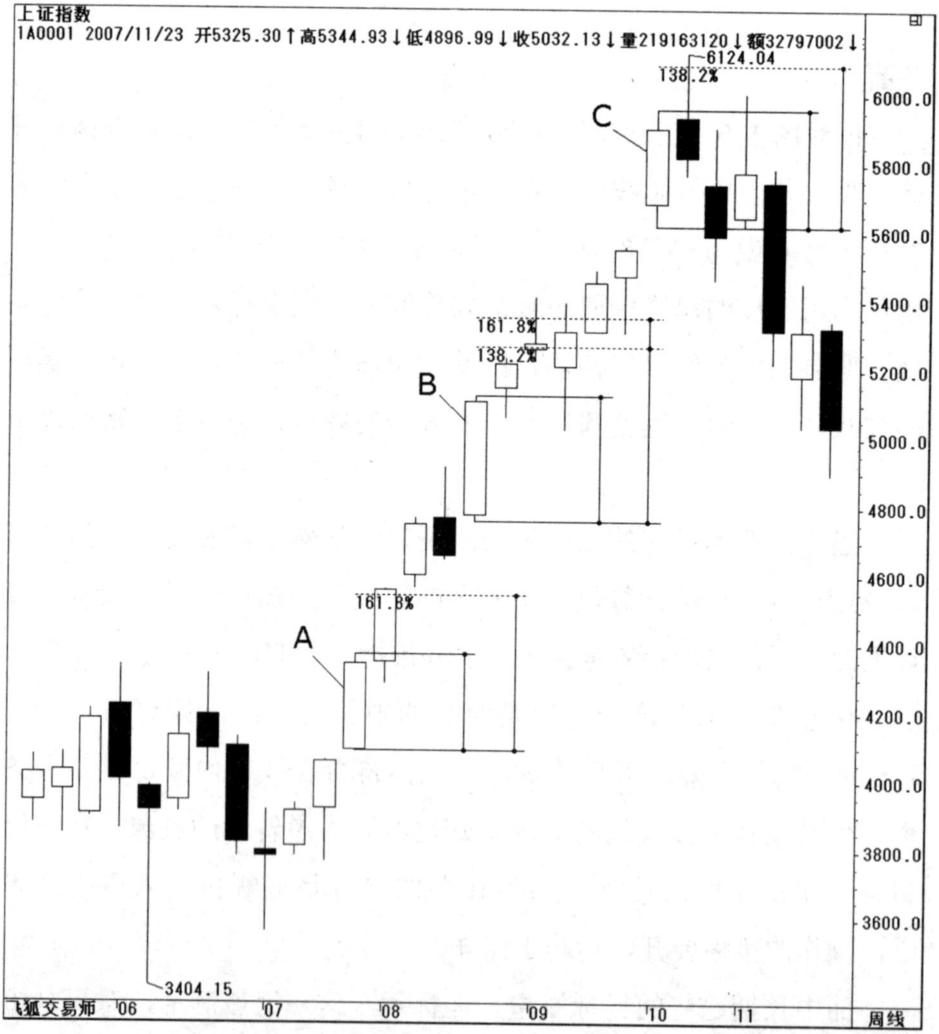

图1-6　日出K线短线攻击测量的范例(数据来源：飞狐交易师)

请看图 1-7，当加权指数周线图已经确立从 9859.65 到7384.61 为初跌段之后，自 7384.61 点开始的上涨自然要定位为中线反弹格局。当反弹结束、趋势再度向下时，可以先用简单的“N”形理论，评估可能的满足点，但不宜直接在这一层线图使用黄金螺旋的测量。因此其下文件目标被规划在：7384.61＋9309.95－9859.65＝6834.91。

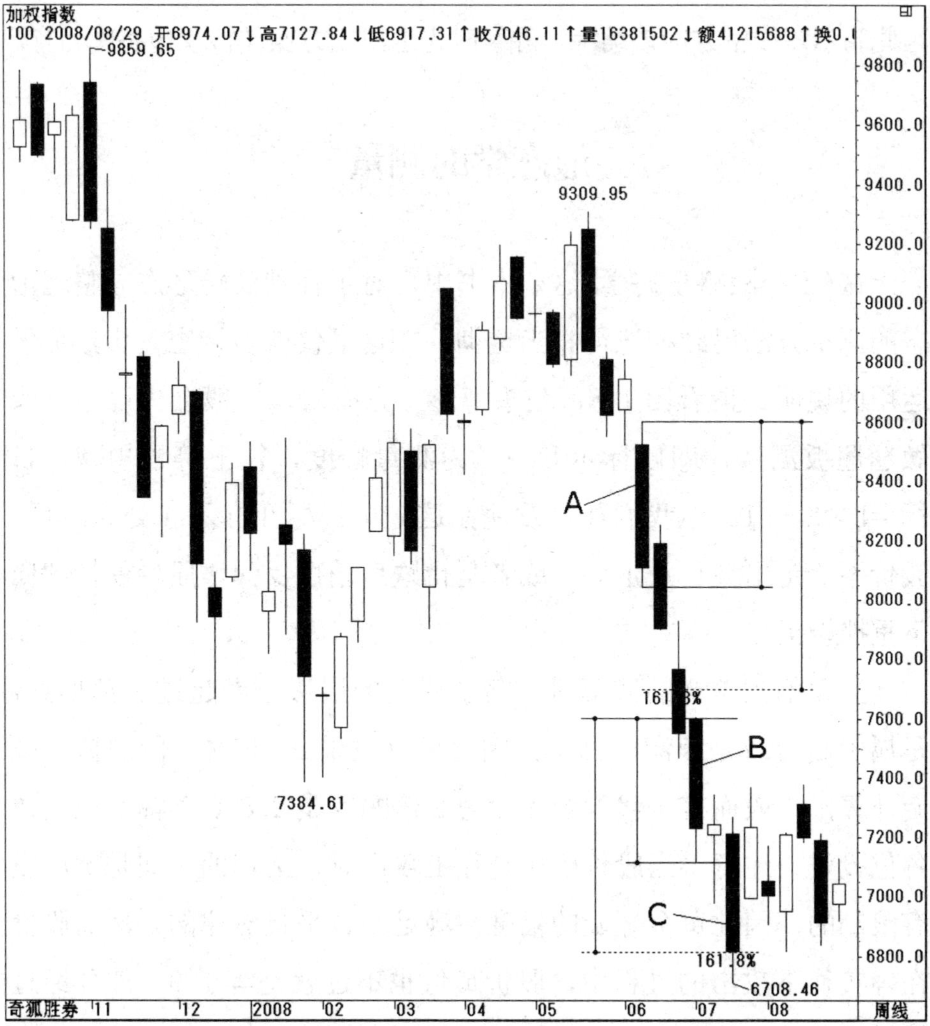

图 1-7　日落 K 线短线攻击测量的范例(数据来源：奇狐胜券)

既然规划可能出现的下文件目标，那么在股价行进间，利用出现的短线攻击讯号，都可以评估合理的短线攻击目标。比如说，以标示 A 这一笔日落长黑的 K 线高低点，进行黄金螺旋的计算，则属于 1.618 倍的正常攻击目标，在隔两笔后满足。接着在标示 B 这一笔依然是属于明显的日落长黑，在标示 C 这一笔则满足由标示 B 计算出来的 1.618 倍幅度，同时也满足“N”形测量的 6834.91 目标，因此暗示短线空方应该缩手，并暂时先退出空方操作持观望态度为宜。

形态学的测量

在《主控战略形态学》这一本书中，对于种种反转形态与整理形态的测量方法已经描述得相当透彻，在这里仅就多转空盘头走势做运用的说明。请看图 1-8，当头部形态完成后，一般会先以第二头做翘翘板测量，即以标示 H1～L 为测量幅度，往下等幅扣减，目标＝L×2－H1。但我们往往发现在这一个目标在标示 A 处完成后，股价不一定出现止跌走势，或者是止跌后稍微反弹，股价便持续向下重挫修正。

当面临到这样的情形时，暗示修正的层级已经超过头部形态，是属于趋势或是浪潮的修正，因此可以改采 H～L 这一段的黄金螺旋计算，一般而言，我们会先参考 2 倍幅或是 2.618 倍幅。但是请各位投资人注意，当股价确实是往上攻击时，上档的空间是宽广没有限制的，因此黄金螺旋的幅度被满足是合乎自然律的。然而股价在确实往下攻击的过程中，股价最低也不过就是等于 0，部分经过测量计算的数值却变成负数，呈现了不合理的现象。解决的方法相当简单，投资人可以从标示 A 之后的反弹结束之后，从反弹的最高点往下取另一个空方攻击的波段进行测量。

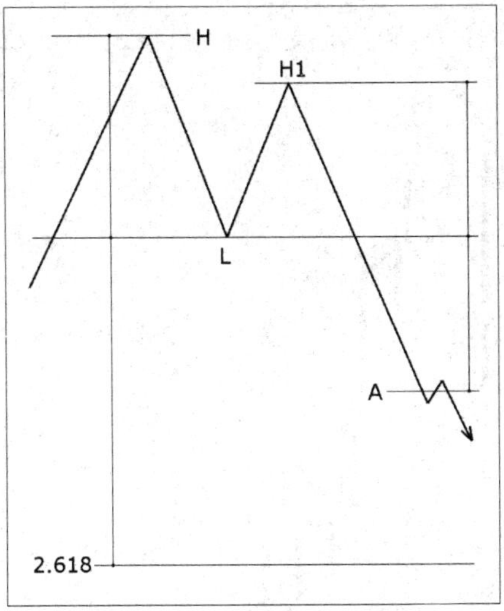

图 1-8　形态测量的运用

范例

请看图 1-9 友讯股价周线图，在 2007 年 9 月附近盘出一个头部，在标示 A 的位置跌破颈线，暗示头部已经完成，在当时只要呈现真跌破讯号，便可以根据头部的形态测量，评估可能的下跌满足点，即计算 L×2－H1，实际走势则在标示 B 的位置出现满足，随后出现反弹走势。

当反弹走势结束，股价再度呈现下跌时，未来的目标评估便可以采用原始下跌段进行测量。假使投资人认为这样的计算方法不确定因素太高且具有风险，也可以利用反弹结束的止涨点开始往下取第一段折线进行黄金螺旋的计算。如果是以原始下跌段进行黄金螺旋的测量，一般取 2.618 的倍幅，实际走势则是在标示 C 的位置被满足。

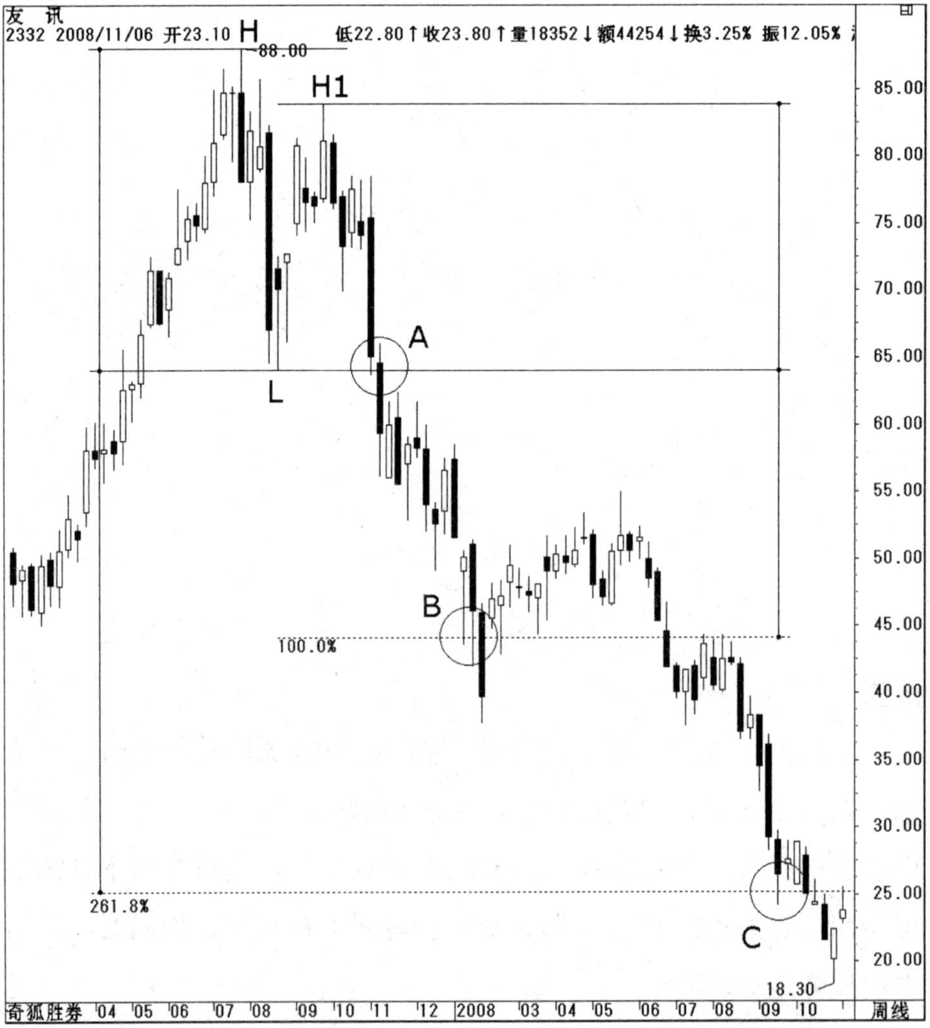

图 1-9 形态测量的运用范例之一(数据来源：奇狐胜券)

请看图 1-10 中信证券股价周线图，在标示 A 的位置跌破标示 N 的颈线，使头尖顶的形态完成，并且在标示 B 的位置满足形态测幅。满足后，并无明显的止跌迹象，因此下跌目标宜改换其他测量工具，所以投资人可以采用原始下跌段，即标示 H～L 这一段进行黄金螺旋的测量，实际走势则是在标示 C 的位置被穿越满足。

请看图 1-11 同仁堂股价周线图，在 2006 年底盘出一个长期大底，若以形态测量应取 L0～H 这一段为基准，等幅目标在标示 A 被满足，但是走势并未停止，因此需要改换其他测量工具。原则上，我们会利用原始上涨段，即标示 L～H 这一段为基础，计算黄金螺旋 2.618 倍的目标，实际走势则在标示 B 的位置穿越目标之后，进入止涨与修正的走势。后续我们可以根据波浪理论(请参阅下一章)的运用，分析接下来在修正结束之后可能的目标。因为当时是属于明显多头的走势，因此目标的评估可以倾向乐观，实际走势在标示 C 的位置先穿越 4.236 的倍幅，而此波段的高点则是满足在 6.854 的倍幅。

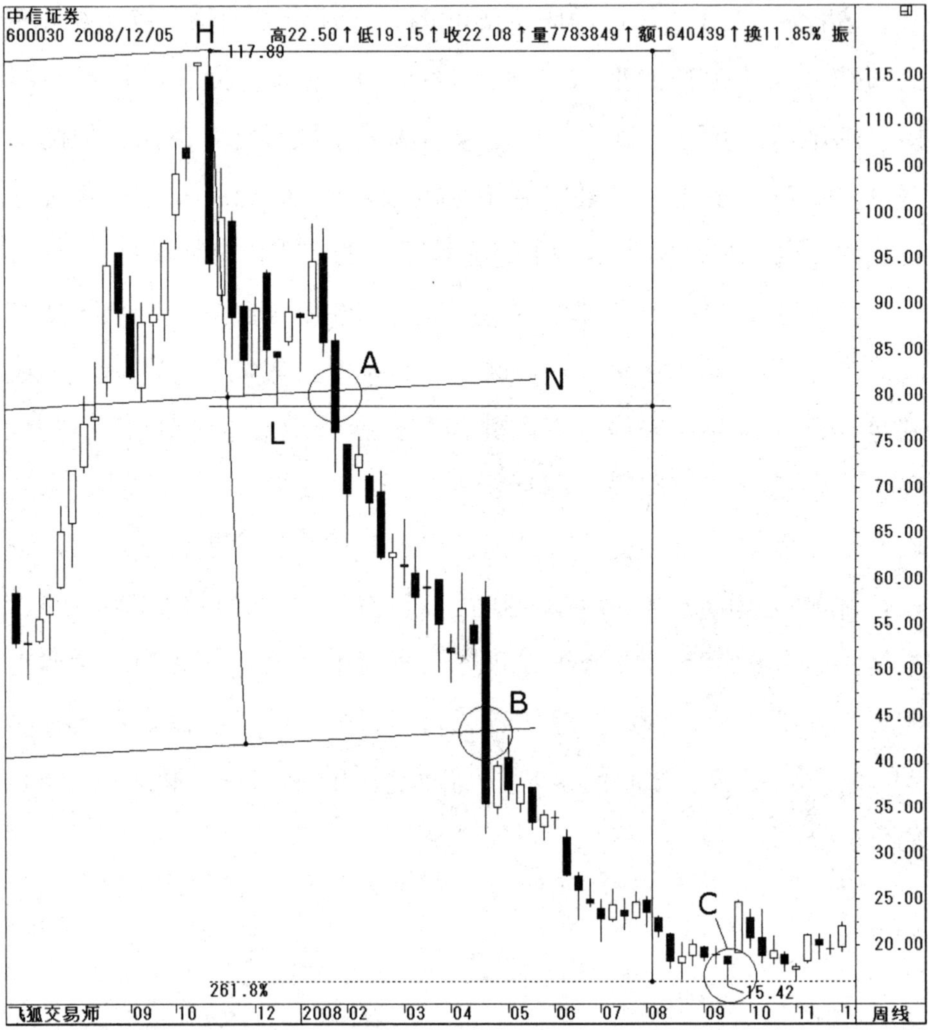

图 1-10　形态测量的运用范例之二(数据来源：飞狐交易师)

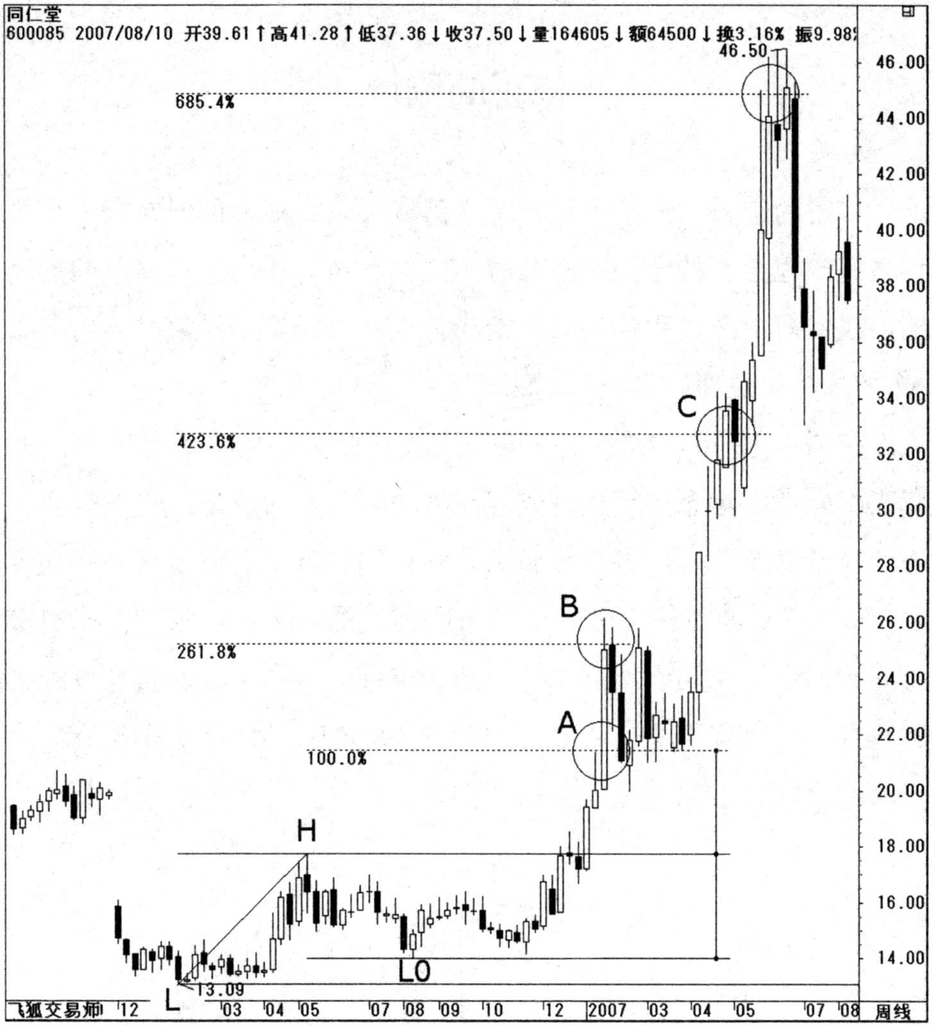

图 1-11　形态测量的运用范例之三(数据来源：飞狐交易师)

修正的测量

修正的走势，通常不是一个段落就可以完成，因此在每一个段落之间，也会有特定的空间与时间比例存在。在这里以简单的折线图，仅针对上涨过程中的修正走势为说明，详细的推演描述请参阅《主控战略波浪理论》这一本书。

在图 1-12 中，如果是标准平台波、强势平台波或是锯齿波的修正，先考虑形态的模式完成，再考虑幅度是否满足，也就是说形态的样子只要符合，不必然要满足修正的幅度，但通常这种修正走势，A 波与 C 波往往会满足等幅的比例关系。至于扩张平台波的修正亦然，也是先观察形态的样子是否符合，再考虑 A 波与 C 波的比例关系，通常 C 波为 A 波的 1.382～1.618 倍，且以 1.618 倍最为常见。

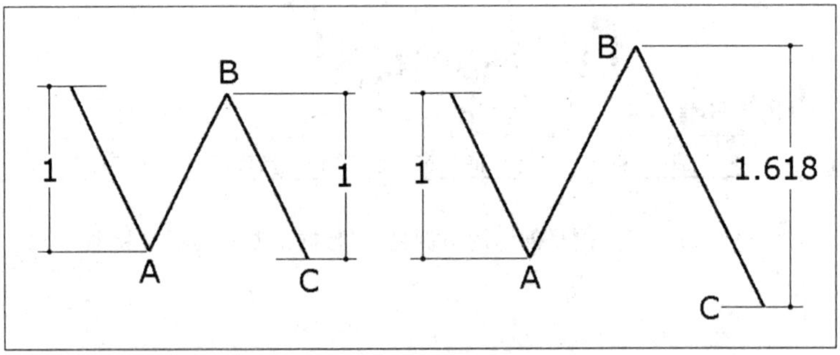

图 1-12　修正浪的测量

通常在长期多头结束之后，走势所进行的修正波，其测量幅度就会超过上述的比例关系，亦即其C波将很容易出现延伸，尤其是扩张平台的这一组模型。这种修正将会造成多方投资人强烈的伤害，修正时往往会将当时股价的最高点，呈现腰斩再腰斩的现象，甚至是将股价打了2折、1折，因此投资人除了要意识到操作过程中可能会遭遇这样的风险之外，更需要具备能够辨识长期上涨结束讯号的能力。

范例

请看图1-13皖通高速股价日线图，在2007年5月附近，完成短线上涨目标之后出现修正走势，即从10.84元～7.6元这一段通常会暂时被视为初跌段，后续股价反弹到9.62元止涨，再度恢复下跌走势时，我们宜根据线形定位是属于平坦波或是锯齿波，亦即未来股价将会再度创新低，实际走势可以发现形态完成的最低点是在7.1元。

请看图1-14台硝股价周线图，走势从18元下跌到13.6元，再上涨到18.6元，对于实战操作技巧熟稔者，应可以轻松地分析出这是属于非常态的平台修正，当走势跌破13.6元的时候，再将修正波调整为扩张平台即可。修正走势的基本要求是只要完成形态即可，但是也有可能满足幅度测量的目标，才会出现止跌的讯号。

我们以完成的走势来进行验证，A波的幅度是18－13.6＝4.4元，C波的幅度是18.6－11.35＝7.25元，C波与A波之间的比例是7.25÷4.4＝1.648，显然符合扩张平台中C波为A波的1.618倍这一个通则。

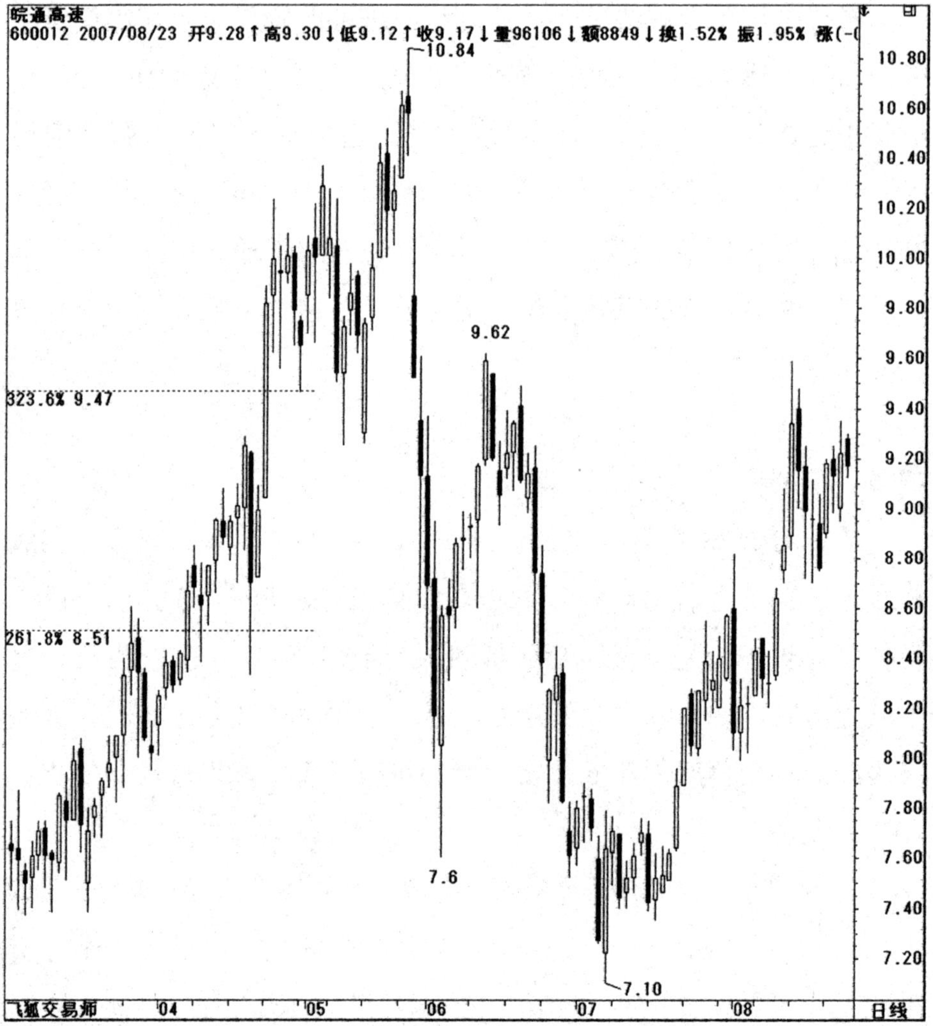

图 1-13　修正浪测量的范例之一(数据来源：飞狐交易师)

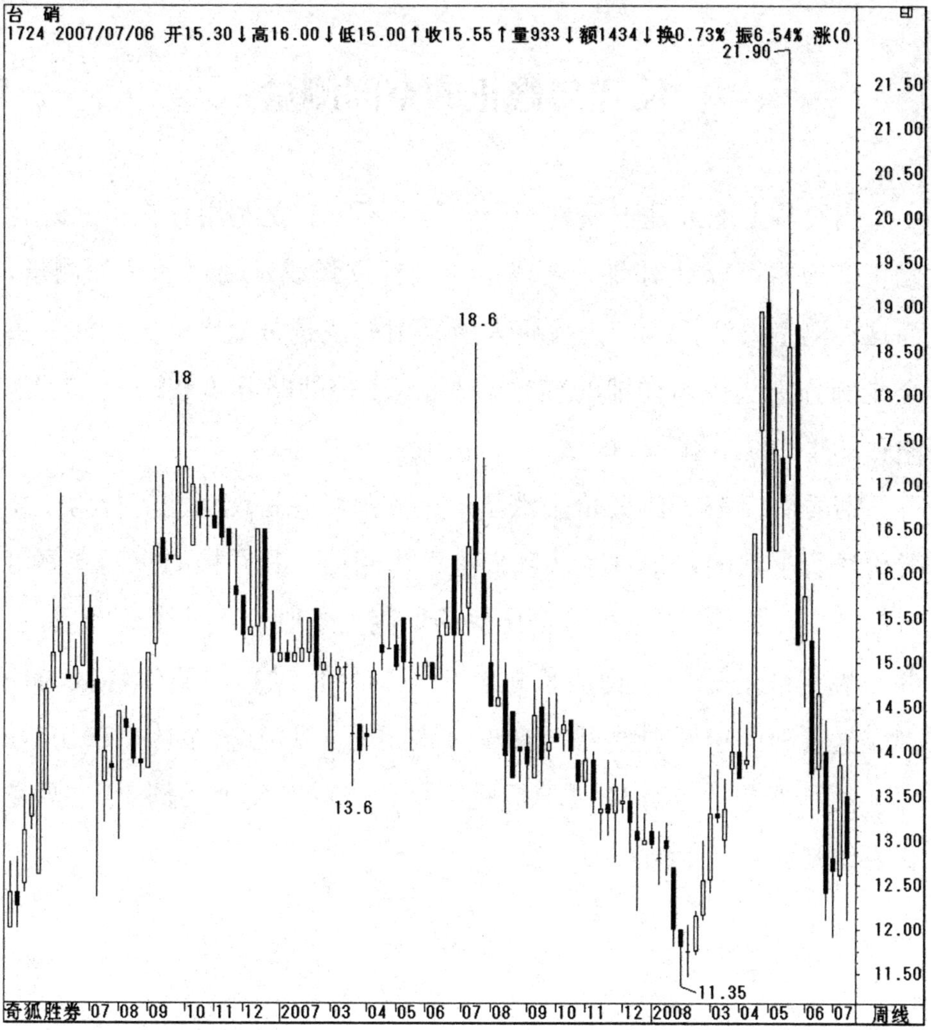

图 1-14　修正浪测量的范例之二(数据来源：奇狐胜券)

反弹与修正的空间测量

当股价上涨或是下跌到一个段落，不管它是利用什么模式进行修正，通常可以针对前一个段落，进行反弹或是回档的空间测量，而这种测量方法，最广为投资人所采用的便是黄金比例分割法。黄金比例分割法较为详细的描述请参阅《主控战略开盘法》与《主控战略移动平均线》这两本书。

请看图 1-15，当股价上涨了一个段落，并呈现止涨的行为，使股价进行下跌的修正过程，我们称之为回档，其回档的空间观察可以取 H～L 这一段，进行黄金比例的切割；当股价下跌了一个段落，并呈现止跌的行为，使股价进行上涨的修正过程，我们称之为反弹，其反弹的空间观察可以取 H～L 这一段，进行黄金比例的切割。上述两种现象的计算公式均是采用是(H－L)×黄金比例＋L，只是代表的强弱意义不同。

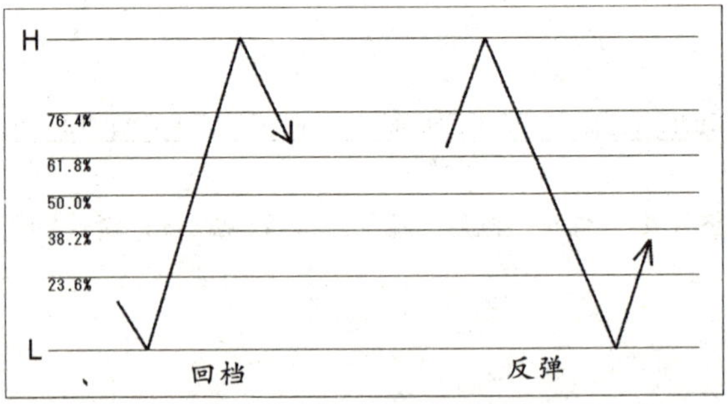

图 1-15　反弹与回档空间的测量

在反弹与回档的过程中，除了使用黄金比例分割观察股价可能产生的落点之外，也可以利用反弹或是回档的波动中第一个段落来进行短线攻击的测量，并且将目标参考值与空间的分割值取其交集来观察，以增加分析的可靠度。

范例

请看图 1-16 茂硅股价月线图，从 1.49 元的历史低点开始反弹，因为历经了几次的减资，使股价的波动逐渐扩大，因此我们可以取用前下跌段进行黄金比例的分割。从实际走势中可以察觉，标示 A、B、C 的止涨点，分别落在黄金分割空间的 0.382、0.5 与 0.618 倍，相当符合股价波动的自然律。

又股价从 1.49 元开始，与从 93.5 元这一段下跌来对应，长期的轮廓是属于反弹的波动，但从较小的层级观察，从 1.49 元的上升可以被视为上涨波动，因此在较短的层级中应该会出现多头攻击的走势，此时就可以利用从 1.49 元开始的原始上升段计算黄金螺旋的比例，我们将会发现，标示 A、B、C 的止涨点，分别落在黄金螺旋计算的 3.236、5.236 与 6.854 倍，这样的巧合也只有股价波动中的自然律能够恰当地诠释了。

请看图 1-17 五矿发展股价周线图，当从 57.45 元开始修正时，回落的幅度可以根据标示 H～L 这一波的上涨切割黄金比例。走势在穿越 0.382 倍的空间后出现止跌反弹，所以标示 H～L1 的这一段回档可以定位为回档较深。接着再从标示 L1 的位置开始反弹，我们再根据标示 H～L1 这一波的下跌切割黄金比例，发现在标示 A 的位置穿越 0.618 倍的空间就出现止涨，因此标示 L1～A 的这一段反弹可以定位为反弹较高。

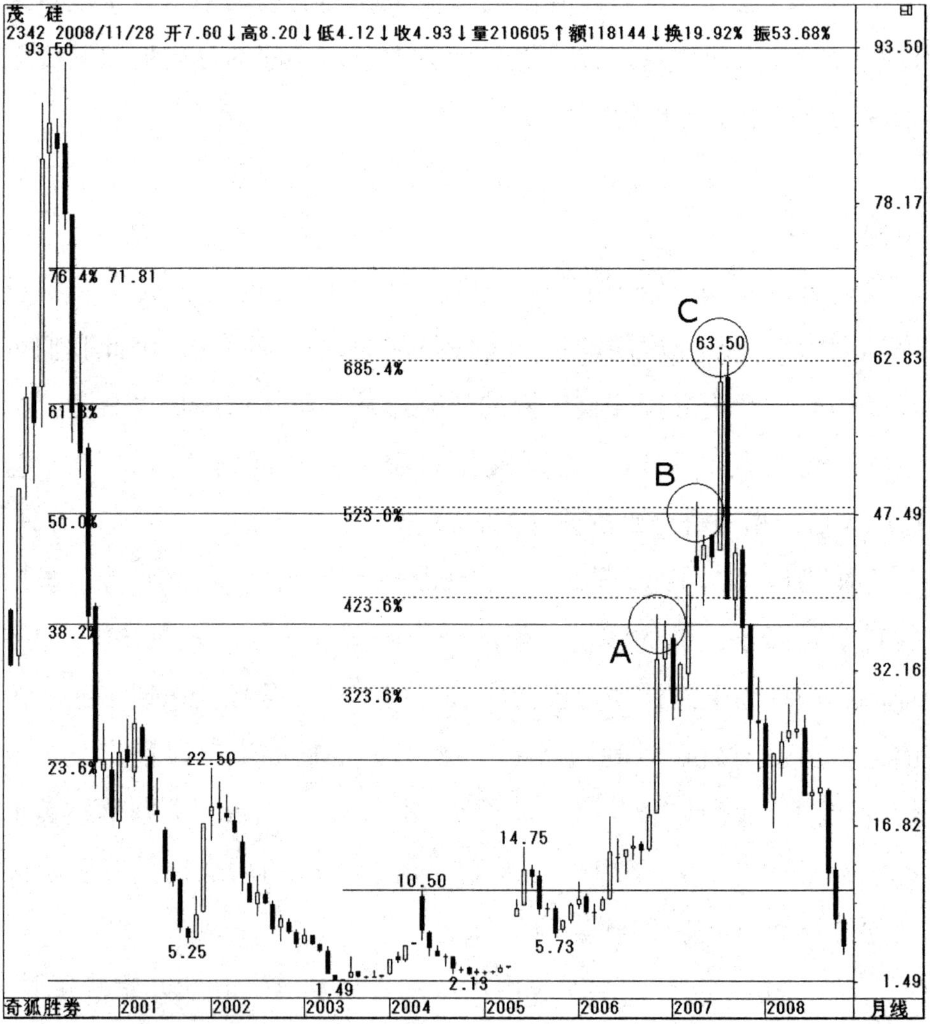

图 1-16　反弹空间测量的范例(数据来源：奇狐胜券)

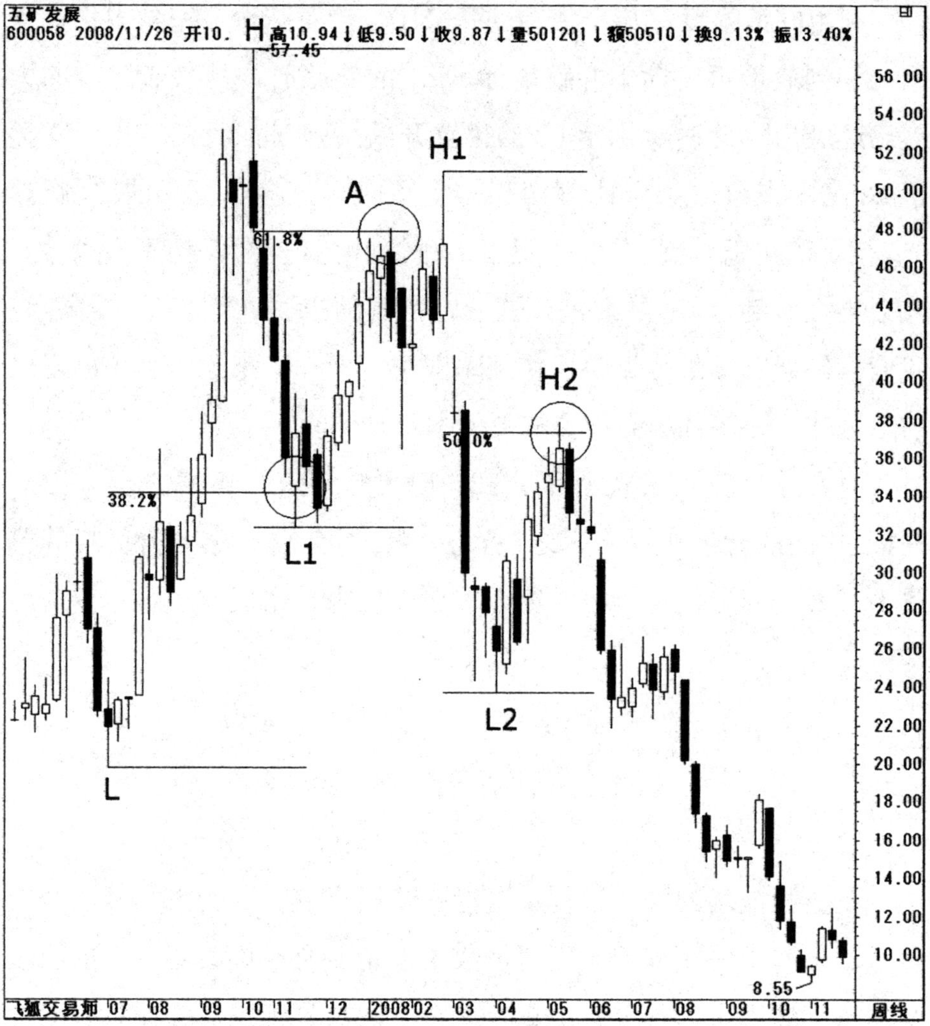

图 1-17　回档与反弹空间测量的范例(数据来源：飞狐交易师)

利用回落幅度深与反弹幅度高来比较，意味着多空角力仍在拉锯，等到股价再度向下并跌破标示 L1 的谷底时，就代表空方的力道已经胜出。此时从标示 L2 的位置开始反弹时，我们宜先针对标示 L2～H1 来进行黄金比例切割，正常而言，会取较低的比例(如 0.5 倍或者更低)，最多取相同的比例(如 0.618 倍)，而不会假设走势会再突破标示 H1 的高点。倘若走势真的很强并突破 H1 的高点，我们再根据实际走势调整操作策略即可，但在未来走势尚未出现以前，标准的评估方法应该如本文所述。

而实际走势。仅满足标示 L2～H1 这一段的 0.5 倍空间，因此在标示 H2 的止涨讯号出现之后，在对应到前述以空方为优势的背景下，后续的修正走势将为空方掌握，且容易出现超乎正常预期的跌势。

攻击的测量

在金融市场的操作过程中，能够让投资人获取较大利润的波段属于攻击波走势。以多头而言，攻击波走势有时候会隐身在层级较大的修正波当中，其分析的重点就在于真突破现象，亦即只有股价的走势呈现真突破时，我们才可以假设当时走势进入攻击的波动之中，并以当时的初升段进行黄金螺旋的测量。

在图 1-18 中，我们先暂时假设标示 H～L 这一段为初升段，当股价压回修正时，必须先探讨标示 H～L 这一段的黄金分割空间。若当时根据实际走势可以假设该段是属于第 1 波的波动，那么第 2 波回落的幅度，根据波浪理论中的定义，应回到整段 0.382 的位置附近才是合理的。但这样的意思不是请投资人看见回到 0.382 的空间就急着逢低布局，仍需等待当时出现的做多讯号才可以切入，并且设下停损观察点，以防分析偏差而导致错买。因为初升段或是第 1 波的定位是我们自己假设的，股价仍有可能持续下跌并跌破标示 L 的低点，维持原始的空头趋势。

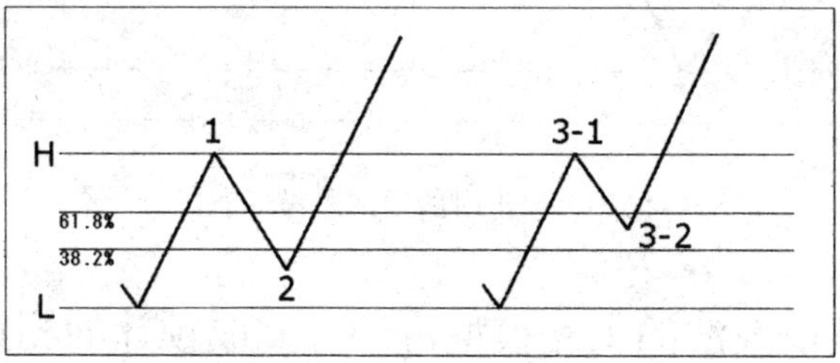

图 1-18　回档时空间的思考

如果根据当时的实际走势，我们欲假设标示 H～L 这一段是第 3-1 波的波动，则当股价压回修正，探讨标示 H～L 这一段的黄金分割空间时，若仅回到整段 0.618 的位置就再度上攻，是多头强势的表现。而在走势产生延伸的波动时，回落幅度往往是以此比例呈现，但仍需注意是否会产生误判，而导致买在 B 波反弹的起点。

如果我们以多头的操作为思考，当股价呈现 5 波攻击走势时，合理的目标测量应该取何种比例较为恰当？请看图 1-19，正常而言会取第 1 波，也就是标示 H～L 这一段为测量的基础，计算黄金螺旋的 2.618 倍，因此第 5 波合理的目标值应等于＝(H－L)×2.618＋L，而此时第 3 波最起码要满足(H－L)×1.618＋L。但请投资人注意，所谓的 5 波只要符合波浪理论中所描述的铁律就算成立，幅度的测量仅为操作时进行停利、操作风险评估与攻击强弱程度的参考而已。

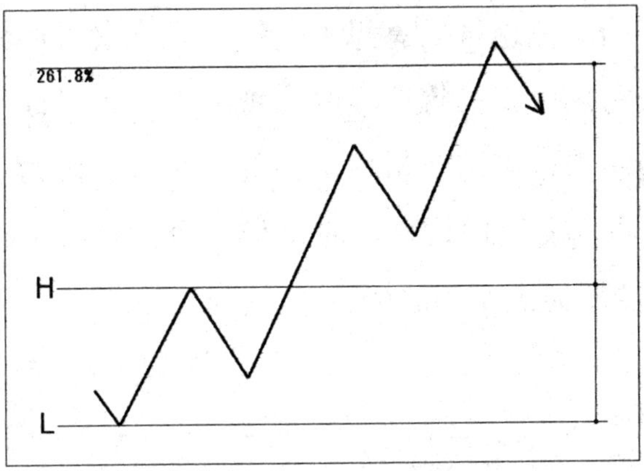

图 1-19　攻击时的空间思考形态之一

当股价呈现 5 波的上涨模型，并且完成预计的测量目标时，后续应该如何假设？在图 1-20 中，5 波完成是标示在 2.618 倍的测幅上，但是也可以满足其他的黄金螺旋比例，如 4.236 倍或是 5.236 倍。无论是满足哪一个比例，既然 5 波的形状已经清晰可辨，未来应该先假设进入修正走势，然后再根据修正走势的实际情形，调整未来的假设。通常这些假设可以区分为以下三大类：出现走势的延伸；出现另一层级的攻击波；呈现反弹的波动。

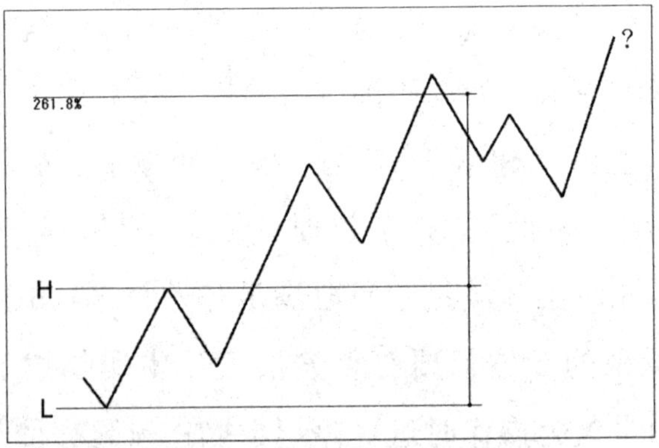

图 1-20　攻击时的空间思考形态之二

实战技巧如果相对较为熟稔，通常很容易就可以判断未来出现哪一种走势的机率较高，并依据此进行操作策略的拟定，同时设下停损观察点，以防止走势往非预期的方向前进。如此不但可以帮助我们减少损失，还可以适时地让我们进行反向操作，这也是技术分析可以带给我们的帮助，而不是天真地以为学习技术分析之后就可以完全掌握未来的走势。

假使利用图 1-21 标示 H～L 这一段进行黄金螺旋测量，发觉股价在第 3 波就满足了 2.618 倍的幅度，股价并因此进入修正，投资人无论如何都应该在开始修正时，先将多单退出保持观望的状态。而在未来走势规划上，再根据走势的修正情形判定有没有机会出现第 5 波。在这里之所以会这样描述，是因为实际走势过程中，往往会让投资人产生误判，看似还有第 5 波的样子，实际上股价已经走完该上涨的幅度。为了防止这样的情形发生，在层级较大的波动中，投资人可以先规避第 4 波的修正，并等待切入操作第 5 波的时机。

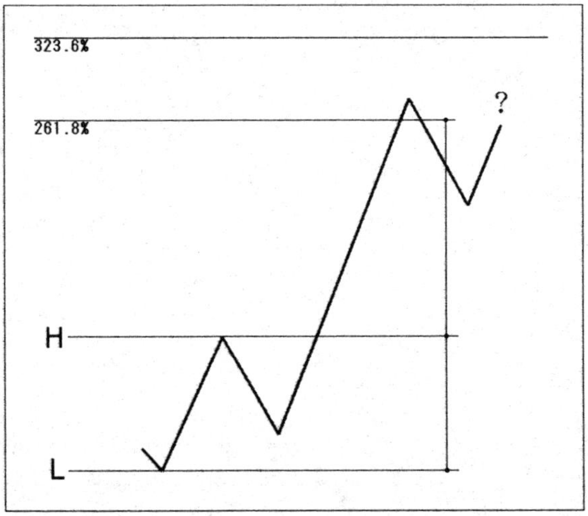

图 1-21 攻击时的空间思考形态之三

假设走势如预期规划，有机会再上涨一波，那么在修正走势的末端自然会出现明显的操作讯号，至于未来的目标，最起码要创新高点，或者是可以根据原始的测量波段规划黄金螺旋的 3.236 倍，或是 4.236 倍以上，至于会满足在哪一个目标，是以当时时空背景，并搭配实际走势做为论断，如果股价走势要往更高的比例前进，实际走势自然会呈现这样的气势。

假使股价在攻击时，是如图 1-22 所示满足标示 H～L 这一段进行黄金螺旋测量的 3.236 倍幅度后，股价才进入修正，若分析未来尚有机会再上涨一波，那么未来的目标最起码要创新高点之外，规划的黄金螺旋倍幅便可以参考 4.236 倍或是 5.236 倍，甚至可以攻击到 6.854 倍。至于操作的思维，与图 1-21 描述的相同，在此不另赘述。然而上述所描述的攻击测量，是属于正常情形下的思维，变异的情形仍需投资人多观察线图，并累积实际操作经验，如此才能在这多变的市场中保护自己。

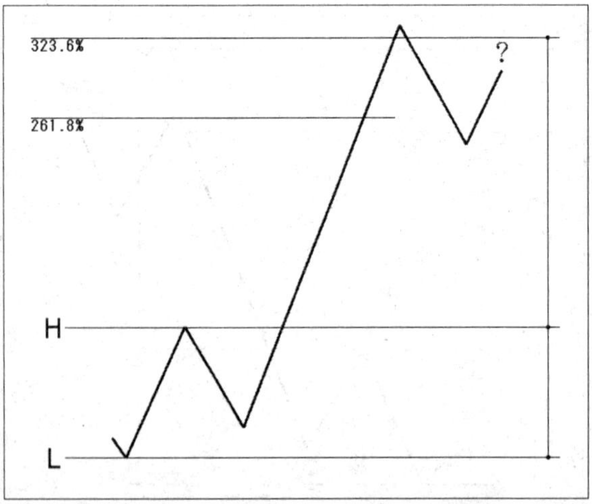

图 1-22　攻击时的空间思考形态之四

范例

请看图 1-23 大东股价周线图，从 1.76 元的低点先拉出一段上涨，投资人可以先以实际走势定位该段涨势为初升段，当后续股价突破初升段顶点攻击时，我们才考虑使用初升段进行黄金螺旋的测量。实际股价走势在标示 A 的位置满足黄金螺旋 2.618 倍与 3.236 倍的幅度，接着股价便进入振荡修正的格局。

至此，我们可以先尝试将波位标示上去，亦即图中标示 #-1、#-2 与 #-3，分别代表这些位置可能是第 1 波、第 2 波与第 3 波的终点。但是请投资人注意，这仅是假设的波位，不是必然如此，所以未来的走势如果破坏了这样的假设，仍然要进行调整。因为我们假设的第 3 波已经大于第 1 波，故只要修正的第 4 波终点不与第 1 波终点重叠，并且让股价再度创新高，那么这样的标示便是合理的。

从图形中可以清楚地发现，第 4 波是以强势平台波来呈现，而修正波结束时，必然会出现明显的买进讯号，当股价再度创新高时，便确认第 5 波已经在进行。第 5 波的结束点可以在创高后就结束，也可以利用测量的方法进行评估。因为第 3 波结束在黄金螺旋的 3.236 倍幅，所以第 5 波的目标若假设在黄金螺旋的 4.236 倍，堪称合理的假设，而实际走势也如标示 B 的位置一般满足这样的比例关系。在这个时候，便可以标示上 #-4 与 #-5 的记号，正常而言，在 5 波形态已经相当完整的背景下，应该假设股价将会进入修正，除非股价进入延伸走势。

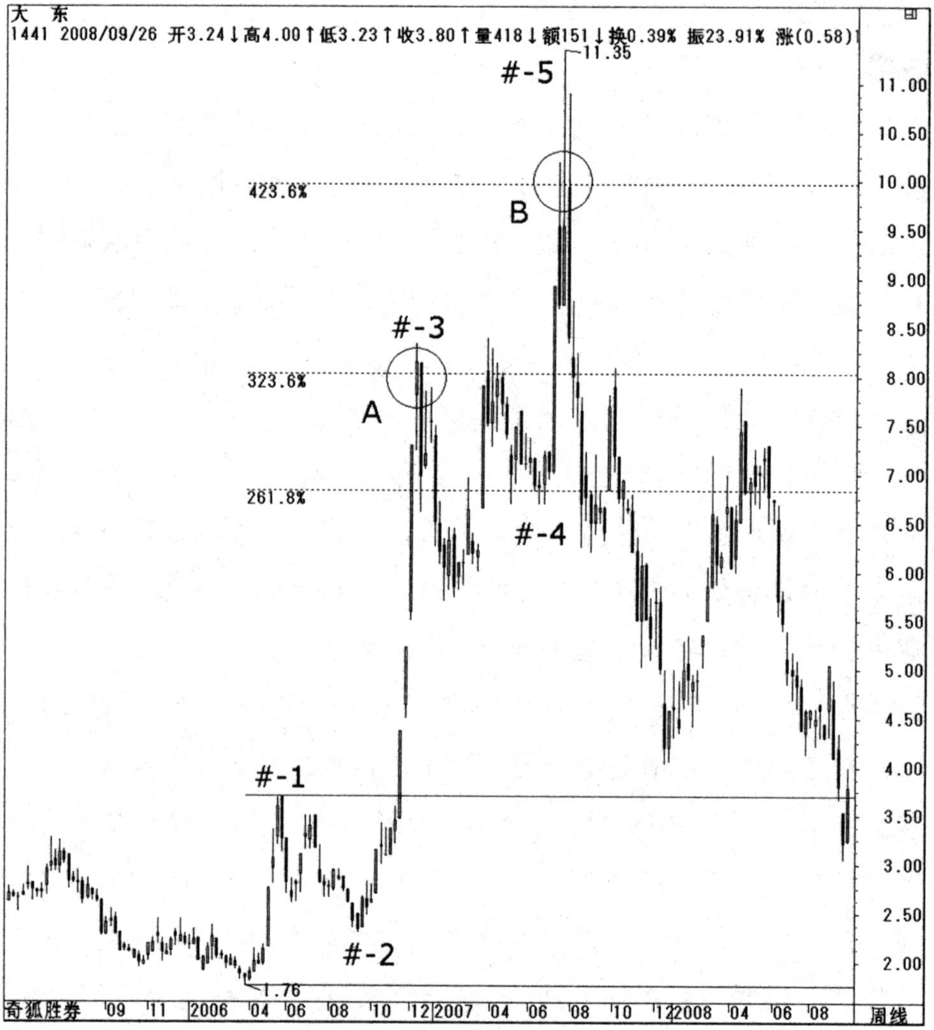

图 1-23 攻击的空间测量范例之一(数据来源：奇狐胜券)

请看图 1-24 日胜生股价周线图从 9.75 元上涨，我们假设这是初升段走势，当股价对初升段高点进行突破后，宜先运用形态学的测量，再使用黄金螺旋的测量方式。实际走势在标示 A 的位置满足 2.618 倍幅，修正后股价持续攻坚，根据黄金螺旋测量的观念，下一个目标应定位在 3.236 倍幅以上。而后续股价连续穿越 3.236 倍、4.236 倍，最后在标示 B 的位置穿越 5.236 倍，并在此之后呈现盘头走势，此时回顾整个线图的形态，已经具有 5 波的模式，因此在 57.5 元后的第二头位置，应该将多单先行退出，以规避层级较大的修正或者是股价反转走势。

请看图 1-25 宏盛股价周线图，标示 L～H 是层级较大的初升浪，标示 L1～H1 则是层级较小的初升浪。利用形态学测量与黄金螺旋测量的观念与之前几个范例完全相同，这一个例子有趣的地方，是不同层级竟然采用相同的测量方法。比如说，标示 A 的位置满足 L1～H1 这一段的 2.618 倍，是标准攻击走势的呈现，但仅满足 L～H 这一段最基本的攻击走势，也就是说较小层级在这里可能是第 3 波的结束点，在修正之后会出现第 5 波。而较大层级的第 3 波可能还没有走完，所以标示 A 之后的修正低点与标示 H 的颈线重叠，并不会妨碍可能会以 5 波攻击的走势假设。

就较小层级而言，股价后来在标示 B 的位置完成测量段的 6.854 倍，亦即小层级的第 5 波在这里的任务已经结束，这是因为我们认为测量的比例，最多仅能使用到 6.854 倍而已，股价若续涨则是代表我们取段不合理，或者是发动更大的层级之故。而标示 B 除了是小层级的 6.854 倍之外，也同时是大层级的 4.236 倍，但是大层级的结束点则是在标示 C 满足 5.236 倍，这时候我们可以定位大层级的第 3 波在这里出现，股价进入大层级的第 4 波修正。

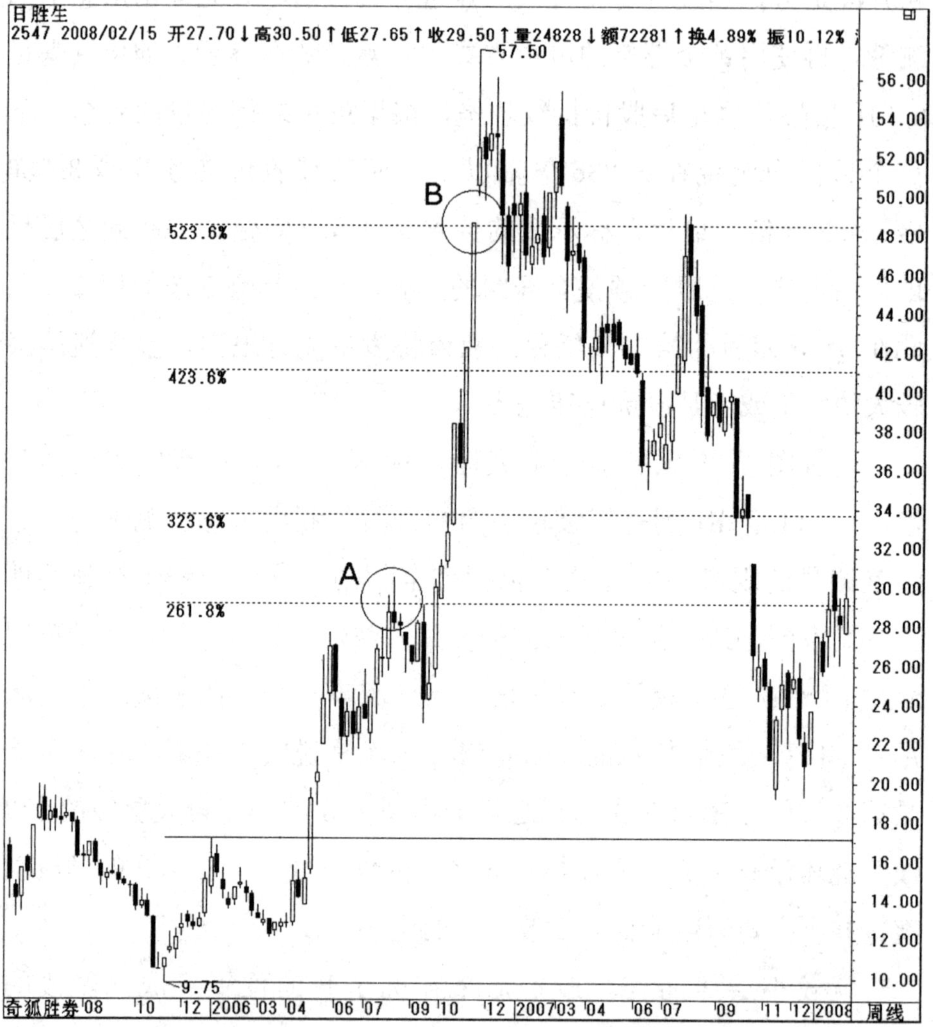

图 1-24　攻击的空间测量范例之二(数据来源：奇狐胜券)

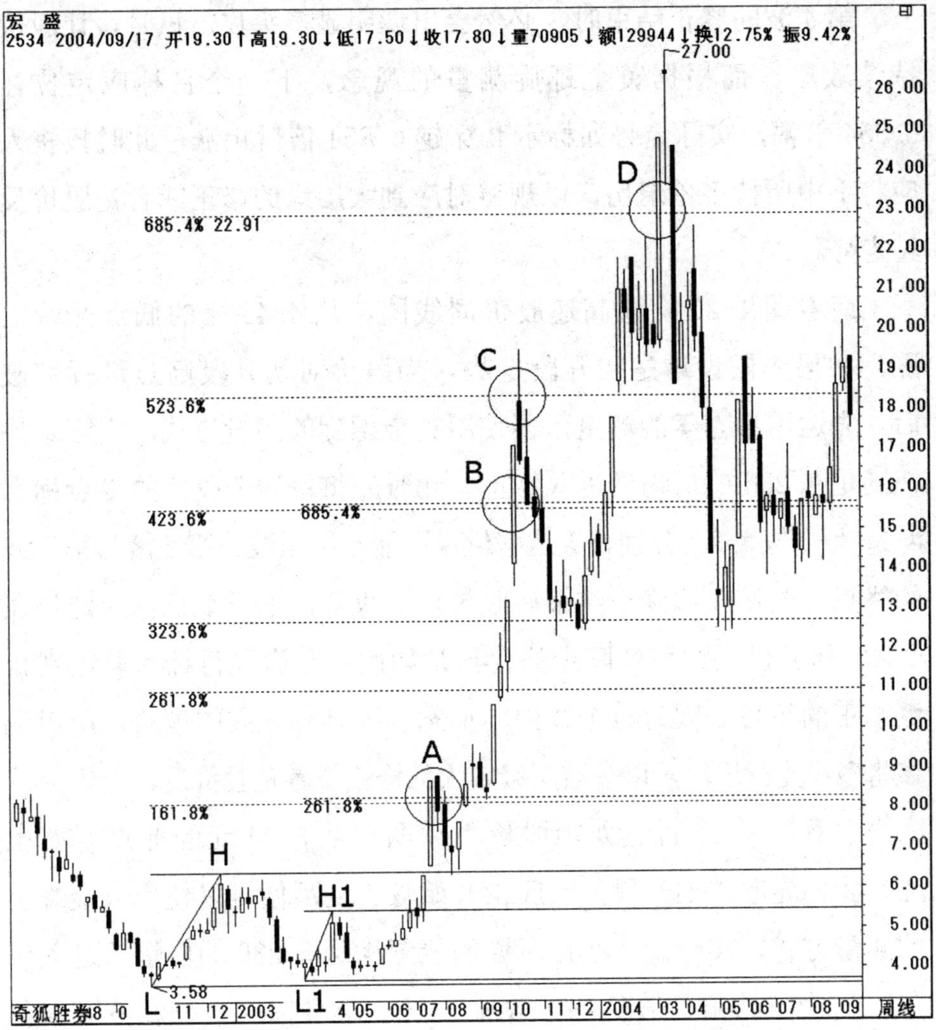

图 1-25　攻击的空间测量范例之三(数据来源：奇狐胜券)

第 4 波的修正结束时，必然会出现明显多头攻击讯号，让股价持续攻坚。而根据黄金螺旋测量的观念，下一个目标应定位在 6.854 倍幅，实际走势如标示 D 穿越 6.854 倍后止涨，此时投资人应将手中所持多单退出，以规避对应到大层级的修正或者是股价反转走势。

请看图 1-26 皖通高速股价周线图，从 4.45 元的低点开始上涨，如果先假设这是初升段走势，当股价对初升段高点进行突破后，先运用形态学的测量，再使用黄金螺旋的测量方式。实际走势在满足 3.236 的倍幅后进入修正，此时先将每一个段落的终点标上 #-1、#-2 与 #-3，分别代表这些位置可能是第 1 波、第 2 波与第 3 波的终点。若第 4 波修正结束后股价持续攻坚，下一个目标应定位在 4.236 倍幅以上，而实际走势也正是如此。在满足目标后若出现止涨修正的讯号，因为整个线图的形态已经具有 5 波的模式，所以应该将多单先行退出，以规避层级较大的修正或者是股价反转走势。

请看图 1-27 古越龙山股价周线图，从 5.14 元的低点开始上涨，我们先取出初升段，当股价开始攻击之后便可以使用黄金螺旋的测量方式，实际走势在标示 A 的位置满足 5.236 的倍幅后进入修正，当修正结束后股价持续攻坚，下一个目标应定位在 6.854 倍幅，在标示 B 的位置便完成了这一个目标。在当时，除非有特殊的讯号告诉我们股价还要持续攻坚(意思是我们取错测量波段或者是走势进入延伸)，否则整个线图的形态已经具有 5 波的模式，而且也上涨到最极端的 6.854 幅度之后，任何的止涨讯号出现，都是告诉我们应该将多单先行退出，以规避层级较大的修正或者是股价反转走势。

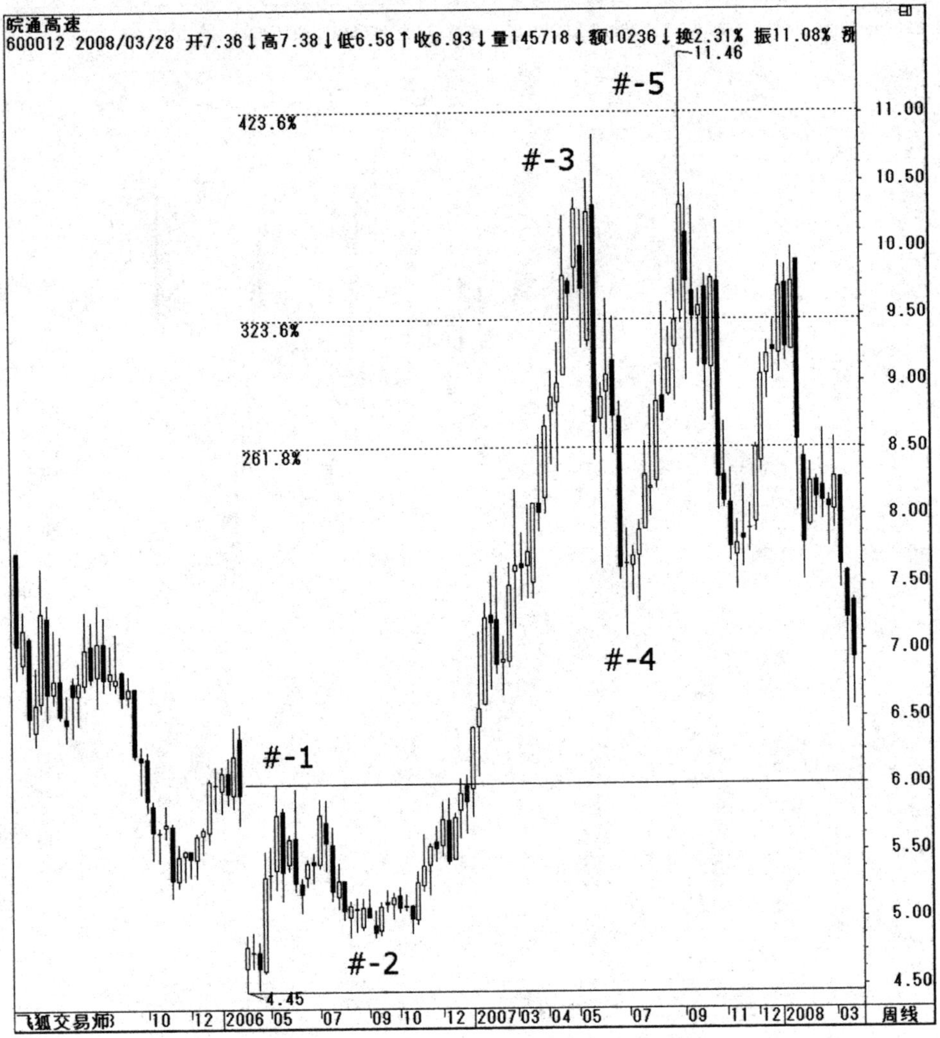

图 1-26　攻击的空间测量范例之四(数据来源：飞狐交易师)

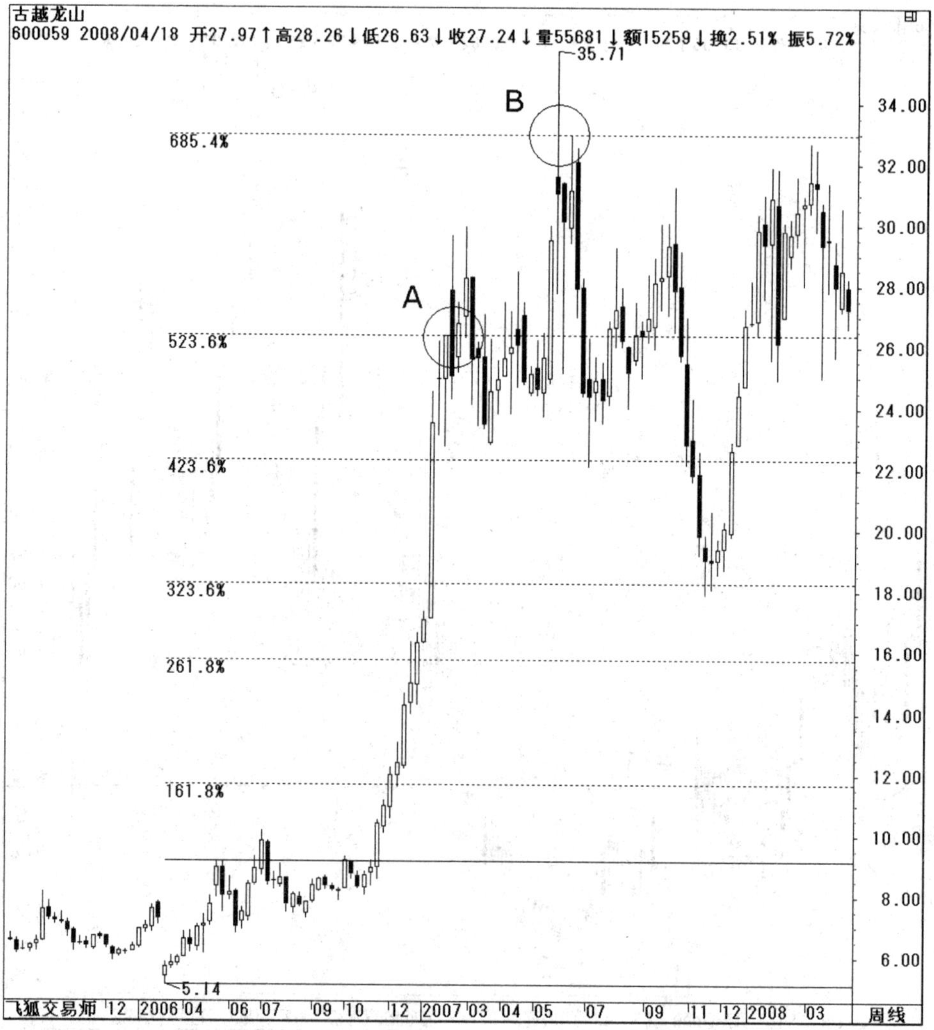

图 1-27 攻击的空间测量范例之五(数据来源：飞狐交易师)

请看图 1-28 中粮地产股价周线图，从 3.38 元的低点开始上涨，先根据实际走势取出合理的初升段，当股价对初升段高点进行突破后，利用黄金螺旋的测量方式评估目标，在标示 A 的位置满足 3.236 的倍幅后进入修正，随后股价再度攻坚时，目标便可以放在 4.236 倍幅以上。后续走势则是穿越 4.236 倍幅后再度挺升，实际高点在 45.1 元完成，但计算的 5.236 倍数据在 45.11 元，差了 0.01 元而没有穿越，纵使如此，投资人也不必非得等到穿越之后才算数，因为走势已经非常接近目标，且股价也出现了明显的止涨讯号，再加上线图的形态具有 5 波的模式， 仍然应该将多单先行退出，以规避层级较大的修正或者是股价反转走势。

图 1-28 攻击的空间测量范例之六(数据来源：飞狐交易师)

第二章　波浪理论

若以波浪理论来定位价格的波动走势，只有两大类：攻击与修正。攻击走势是很容易被辨识的，因为走势的形态以及指针的讯号都会非常明显，而修正走势就相对显得不容易分析。所以我们往往看见，利用所谓“神奇指标”所秀出的交易图文件，通常就是攻击波走势。更甚者，所谓的技术分析大师探讨指标如何神准时，也脱离不了选择这一个段落。因为攻击波段出现时，利润相对较大，指针讯号也容易分析，如换手、轧空、杀多等等。这也让使用者在运用神奇指标与技术分析时，忽略了重要的相对因素，造成技术分析大师在说明时非常神准，可是换成自己使用时却面临许多盲点，导致操作过程不断出现亏损，最后终于放弃技术分析。试想，开始的源头如果就是错误的观念，如何能够让后来的使用者正确地使用？

其实，只要将错误的观念与方法破除，在操作过程中以合理的逻辑进行推论，自然可以分辨出走势的梗概。这一方法在哪里呢？以波论理论而言，投资人真正需要认识的是修正形态，而不是攻击形态。尤其需要认识“修正结束”的可能讯号，这样才能够适时切入在安全的操作点，至于后续是否会出现攻击走势，就交给实际的走势图自己表达，在当时只要做切入与设定停损这两个动作就可以了。如果走势是攻击，那么走势应该会朝着自己预期的方向明显前进，此时将停损点改成停利点，随着走势进行调整即可；如果走势仍处于修正或者是误判方向，那么走势自然会触及停损点，此时便可以启动停损机制，暂时退出市场观望。

所以，强烈建议投资人，学习波浪理论的第一个重点，是认识所有修正形态，并且能够适当地分辨它。

攻击波的迷失

在讨论波浪理论的过程中，必然会探讨所谓波浪的铁律，即：

铁律一：第 3 波往往是最大波段，但是因第 5 波有时会走延长波，故第 3 波绝不是最短波。

铁律二：除非发生倾斜三角的变异形态，否则第 4 波回档低点不得与第 1 波高点产生重叠。

这两条铁律成为分析走势是否为 5 波的重要依据，也是波浪理论中最重要的价值之一，至于有人认为浅碟形市场(如台湾股市)会发生例外，在攻击过程中会产生第 1 波与第 4 波重叠的现象，这完全是错误的认知。若要持此观点讨论波浪，不如放弃波浪理论，如此才不会误导学习者。但也因为这两条铁律，使学习者与使用者产生了分析与定位上的困扰，事实上，该铁律的目的有两个，一个是走势于行进间的条件假设，一个是走势于结束后的形态确认。投资人千万不要将上述两者混淆。

笔者的建议是在攻击走势中，不需要刻意地数波，甚至有时候完全不要计数，单纯的以“价格”为优先，意思是规划的目标满足之后，就开始伺机退出。这样的好处是在退出该股(或者是市场)

后，能够让自己的心理状态进入沉淀，也容易以第三者或是局外人的角度看待行情，此时才回头去进行波数的认定，并拟定下一个回合的操作策略。至于已经是一个熟稔波浪理论的投资人，想要在行进间不断地去假设与调整是可以的，然而技术分析易学，心魔难除，如何在波中有波的五里迷雾中，还能恰当地分辨，需要使用者不断地练习。

另外一件要让投资人知道的事是：当我们确定走势呈现5波攻击时，是走势已经完成5波的结构。也就是说，当投资人可以确认这是5波的形态时，必须要等到5波全部走完。咦？那投资人操作什么？其实是赚取假设走势会出现攻击的利润，既然是假设，就不能排除不会产生偏差，投机的风险也就在这里。学习判读走势的目的只是降低风险，不可能完成百分之百准确的分析。除了神以外，没有人能够肯定未来是什么走势，如果有人宣称可以完全预测，我们必须要怀疑他是不是骗子。

为何说确认5波的形态，必须要等到5波全部走完？请看图2-1。当股价走势从标示L的低点上涨到标示P的位置时，我们只能够说这是一个反弹波动，还不能视为多头波动。因为多头波动的定义，以折线图来说，必须要找到高点创高，低点也垫高的形态。许多专家在这一波走势就铁口直断多头已经来临，其实猜测的成分较高，至于这一个波段到底会上涨多少幅度，也不容易拿捏，因此所有进行多头的操作，都定位在抢反弹。

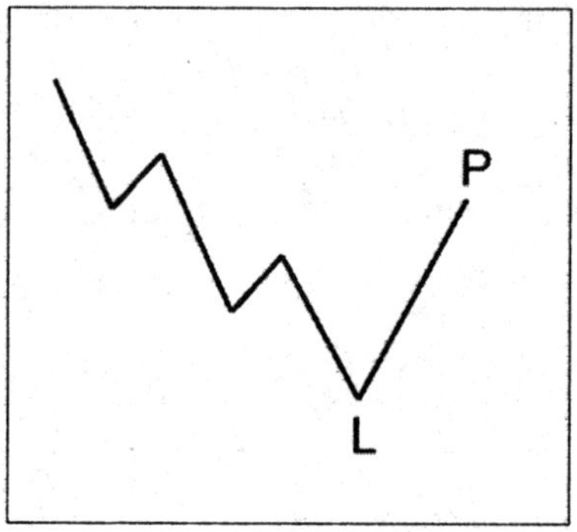

图 2-1

请看图 2-2，当股价走势从标示 P 压回时，可能破底创新低，也可能不破底创新低。假设如图中标示 Q 一样没有呈现破底走势，我们才可以假设多头有机会持续反弹。万一再破底创低，那么代表 L～P 的反弹正式结束，而股价波动要回到图 2-1 的逻辑中重新观察。

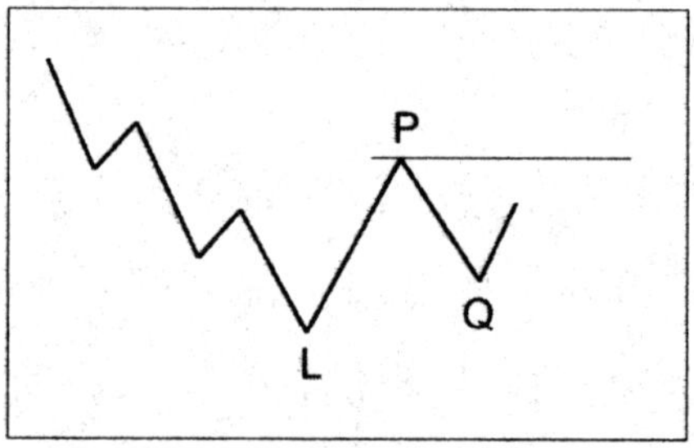

图 2-2

请看图 2-3，当走势中的标示 Q 不创新低，标示 R 又比前波标示 P 的高点高时，就可以认定当时的层级是属于多头的波动，因为已经符合高点创高、低点也垫高的定义，但不代表整个趋势已经全部翻多。同时，投资人可以将标示 P 定位成 #-A 波、标示 Q 为 #-B 波、标示 R 为 #-C 波，且这样的定位将是属于确认后的标示，如果

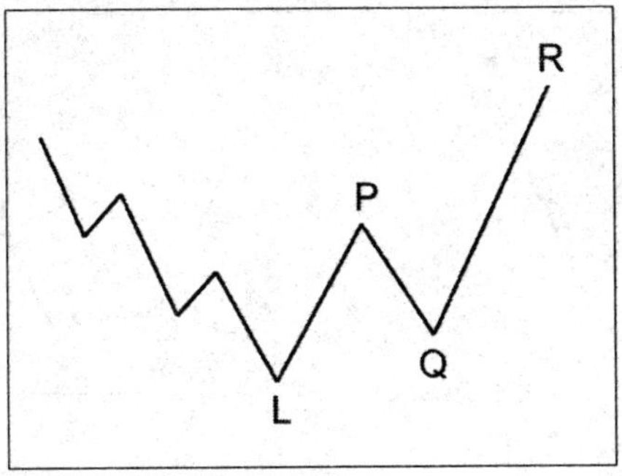

图 2-3

标示 R 的结束点超过(P－L)×1.618＋L 的目标许多，那么就代表可以怀疑标示 P 是 #-1、标示 Q 是 #-2 波、标示 R 是 #-3 波。

事实上只要第 3 波不是最短就可以了，我们之所以希望标示 R 的结束点要超过(P－L)×1.618＋L，是希望可以制造多一点的回档空间，在未来股价压回修正时，能有利于维持第 1 波、第 4 波不重叠的铁律不被破坏，并非一定要有这样的幅度才能规划 5 波。

请看图 2-4，标示 P、Q、R 是否就是第 1、第 2、第 3 波？仍需实际走势进行确认，此时请利用铁律进行观察，当股价从标示 R 压回时，回档的最低点如标示 S 所示，如果没有与标示 P 产生重叠(包含上下影线)，那么走势是 5 波的机率就提高。万一标示 P 与标示 S 重叠，代表仍然是在反弹 3 波的走势之内，或者是攻击波动出现延伸的现象。

请看图 2-5，纵使标示 S 与标示 P 没有产生重叠，也要走势再度创新高，亦即标示 T 要大于标示 R，且检查第 3 波不是最小波之后，我们才可以将走势定位成 5 波，亦即将标示 P 当成 #-1 波、标示 Q 当成 #-2 波、标示 R 当成 #-3 波、标示 S 当成 #-4 波、标示 T 当成 #-5 波。如果标示 T 迟迟无法创高，仍会有与标示 R 重叠的可

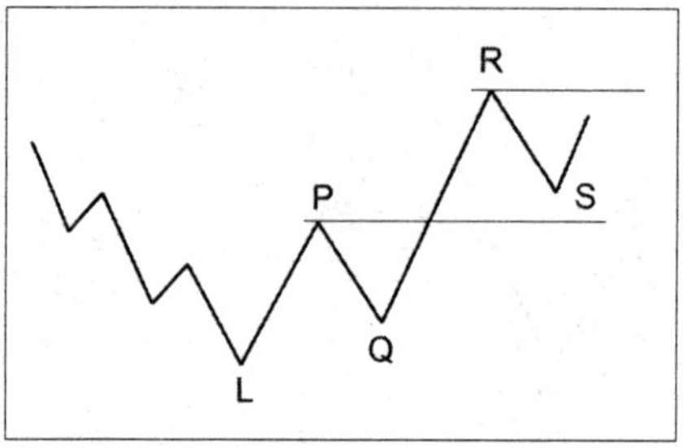

图 2-4

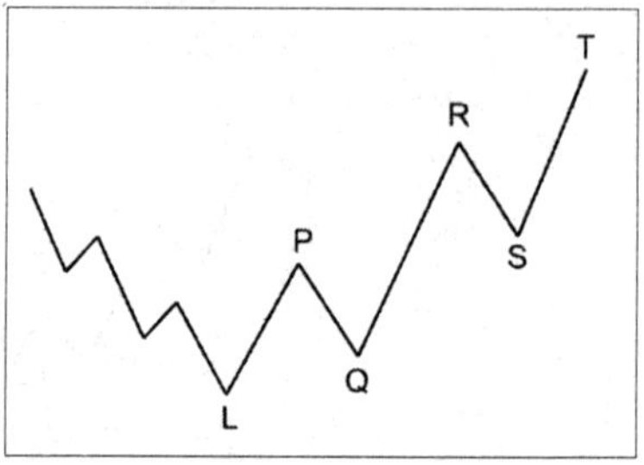

图 2-5

能。也就是说，走势需要走到如图标示 T 的位置，5 波的架构被完成且确认之后，图中标示 P、Q、R、S、T 的文字，才可以置换成为 1、2、3、4、5。

因此，我们可以确定走势是 5 波，是因为第 5 波已经完成，在行进间走势仅仅是假设，而且随时可能被改变。

上述的讨论与后续单元中的所有讨论，都可以与《主控战略波浪理论》这一本书中，第四章推演里面的说明做一个整合的运用。在主控战略波浪理论这一本书内，图形的标示直接采用 5 波结构的假设，这是为了方便在书中说明而不得不如此标示，因此要在这里特别提醒各位投资人，在书本中标示在图形上的假设，在股价走势尚未被完成以前，是随时有可能被改变的，这也就是波浪理论的重要精神：假设与调整！

后续将以此为基础，为投资人说明在假设过程中需要注意的重点。

范例

请看图 2-6 东和股价周线图，2.61 元有可能是中长线修正的低点，股价从此开始拉出一段明显的上涨波段，正常而言，第一段的上涨幅度比较不容易进行评估，又因该股的属性相当投机，因此这一个波段的操作风险较高。而当上涨结束股价进入修正，若要维持对多头有利，修正结束的低点应该维持在 2.61 元之上。

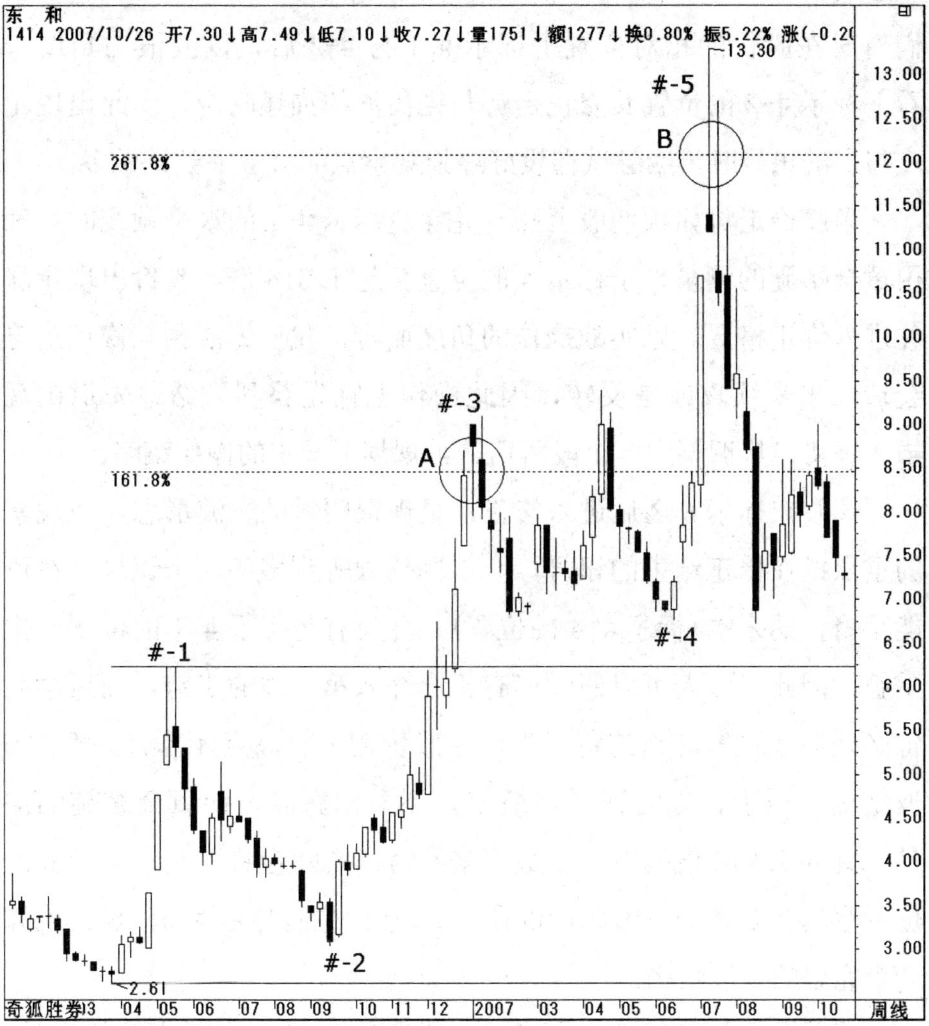

图 2-6　东和股价周线图(资料来源：奇狐胜券)

我们可以运用波浪理论的观点与技术分析技巧，观察是否有机会结束修正，同时拟定进场的操作策略。因为走势如果不破底，在理想的情形下，应该要出现上涨的走势(请参阅图 2-2 的说明)。我们暂时在股价的相对位置上标示 #-1 与 #-2 后，以波浪的角度来看，标示 #-2 的位置其修正走势与锯齿波的描述吻合，因此出现止跌与上涨讯号时，应尝试在设好停损观察点的背景下尝试做多。

当股价走势如预期般上涨，并穿越标示 #-1 的水平颈线时，利用黄金螺旋的测量，于标示 A 的位置穿越 1.618 倍，股价出现止涨并进入修正格局。以实战操作的角度而言，我们无法预知修正走势会造成未来续攻或是反转，因此操作上宜先获利了结并先退出观望，等待走势调整到一个段落后，再规划下一步的操作策略。

该股在标示 A 之后进入修正，呈现很明显的三波形态，故观察的重点摆在修正结束的讯号，介入则仍须等到多头攻击讯号。在可能是修正的末端(标示 #-4 的位置)，并没有与标示 #-1 的位置产生重叠，因此投资人可以假设尚有机会介入第 5 波的走势，而后续股价必须在守住发动点的背景下，让股价创下新高点才算有完整的 5 波结构。至于目标的评估，最差是还要创新高，而黄金螺旋的测量，宜取 1.618 倍的下一个数字来参考，实际走势则是在标示 B 的位置穿越 2.618 倍，因此可以在 13.3 元的位置标示 #-5，至此就算一个完整的 5 波结构。

请看图 2-7 强茂股价周线图，从当时 9.22 元的低点开始反弹，止涨后进入修正的低点并没有创下新低，因此暂时在对应的转折点上先标示 #-1 与 #-2。当股价突破标示 #-1 的水平颈线之后，便可以采用第一段上涨的幅度进行测量，在标示 A 的位置穿越 1.618 倍的幅度，略做振荡便再度上攻，最后在标示 B 的位置满足 3.236 倍后呈现止涨。因为这一波的上涨走势强劲，幅度也够大，走势中虽然有点振荡，但是与标示 #-2 这一段比较起来，似乎不成比例，因此在当时的定位，恐怕绝大多数人都会在 64 元的位置先标上 #-3，认为这一波的强攻走势出现了延伸。

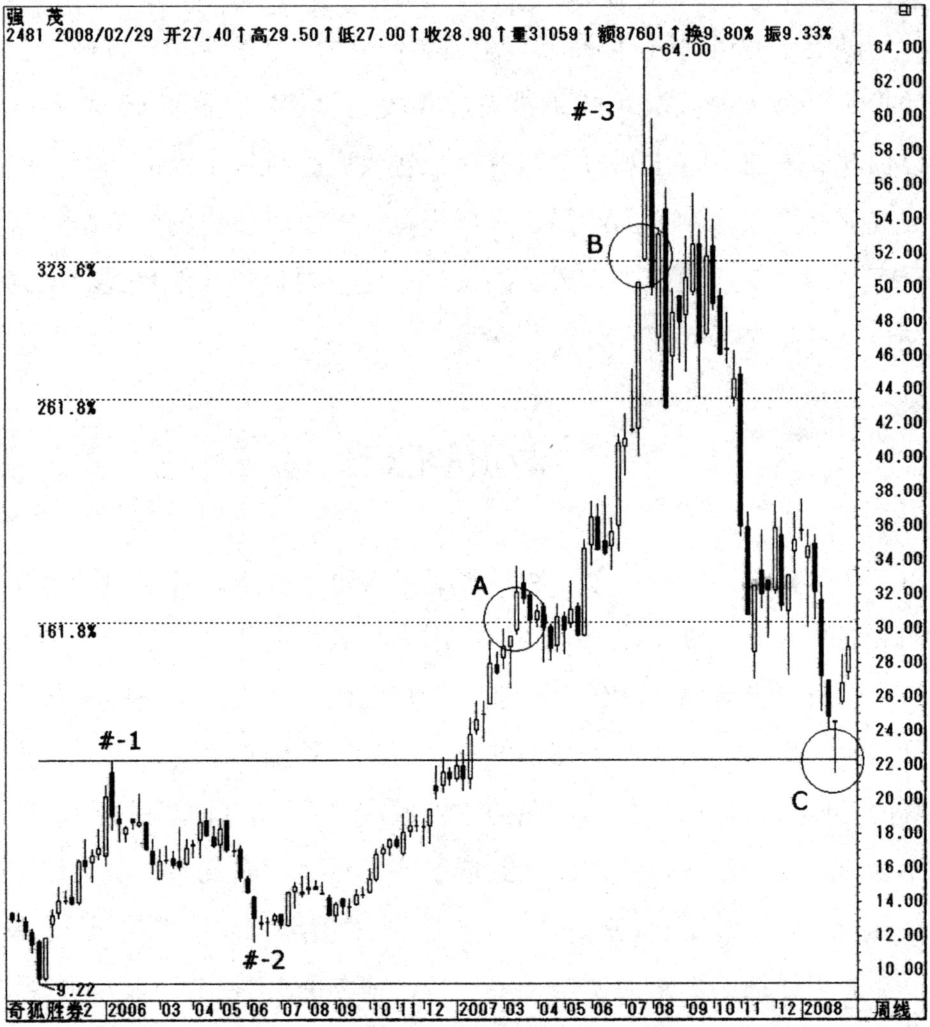

图 2-7 强茂股价周线图(资料来源：奇狐胜券)

这样的定位其实无妨，因为实务上的操作是在穿越目标且呈现止涨讯号就先退出观望，至于是否如假设般会有第 5 波的上涨，应该交由实际走势来证明。我们可以看见股价从 64 元开始的修正，在标示 C 的位置与标示 #-1 的高点重叠，这一个讯号代表实际走势不是如我们所标示的定位，亦即股价不是以 5 波上涨的结构来呈现，或者不是如我们所定位的波位。

以上述的逻辑进行分析，不会因为产生定位错误而导致操作上的损失，最大的损失可能是错失融券放空的获利机会而已。当然，以保守的方法先退出观望，也有可能错失股价持续上涨的利润，但终究那是事后才知道的结果，只要投资人在当下做出的分析是对自己有利的，就应该归类为成功的操作，至于要更精准地掌握股价波动，那就需要下更多的功夫来精进了。

修正形态

在分析波浪理论中关于种种修正走势时，投资人若仅使用单纯的 K 线图来分析颇感困难，不妨考虑善加利用趋势线、测量法则与指针转折形态等讯号来辅助。在分析与定位时，先以常态的走势进行假设，暂时先不要考虑复杂的或是不常见的修正形态，万一走势真的难以辨识，应该先将线图的层级放大来观察，比如说在日线图不易辨识的情形下，应该转换到周线或是月线图来观察。至于使用指标辅助修正波走势的分析，请参阅《技术指标与波浪理论》这一本书，而更详细的形态说明与推演技巧，请参阅《主控战略波浪理论》这一本书，以下仅针对基本的修正形态作说明。

锯齿型的调整又称为锯齿波，其波动可以分为 A—B—C 简单三波的修正走势，它的波动可以再度细分为 5—3—5，也就是 A 波为 5 个小波，B 波为 3 个小波，C 波为 5 个小波。锯齿波可以针对上涨的走势进行修正，一般称为回档，如图 2-8 所示。也可以针对下跌的走势进行修正，一般称为反弹，如图图 2-9 所示。

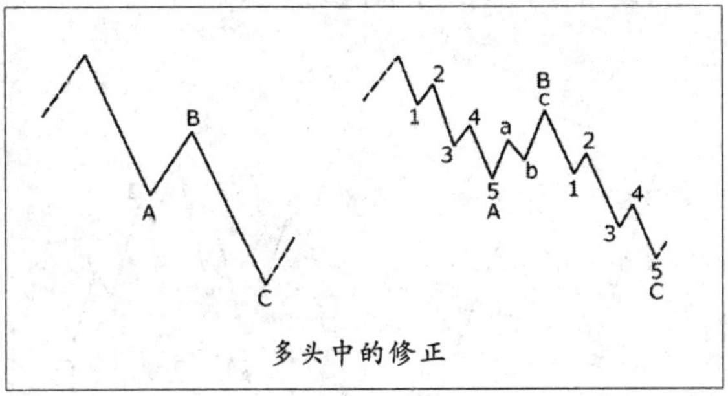

图 2-8　多头走势中出现的锯齿波修正

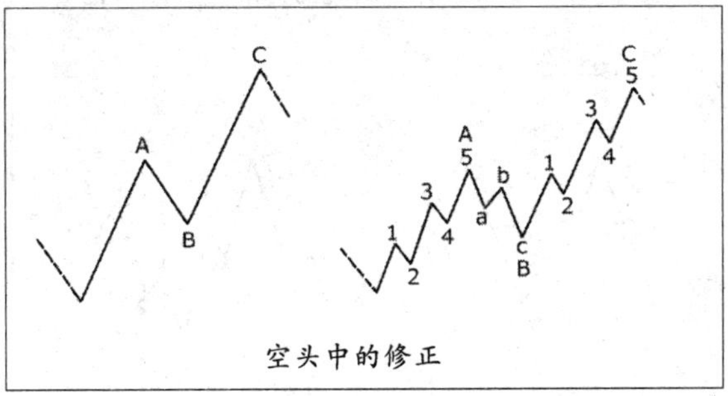

图 2-9　空头走势中出现的锯齿波修正

平台形的调整又称为平坦波，虽然也是标示为A-B-C的三波修正，但是与锯齿波不同之处是其波动细分为3—3—5，也就是A波为3个小波，B波为3个小波，C波为5个小波。其形态是B波会在接近A波起点附近才结束，C波则是在稍微超过A波终点的地方就结束，此又称为标准平台波，走势模型请参阅图2-10与图2-11，分别代表多头中的修正与空头中的修正。

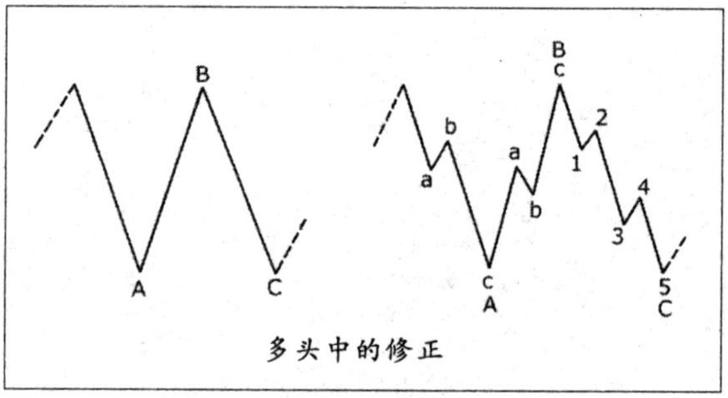

图2-10　多头走势中出现的标准平台波修正

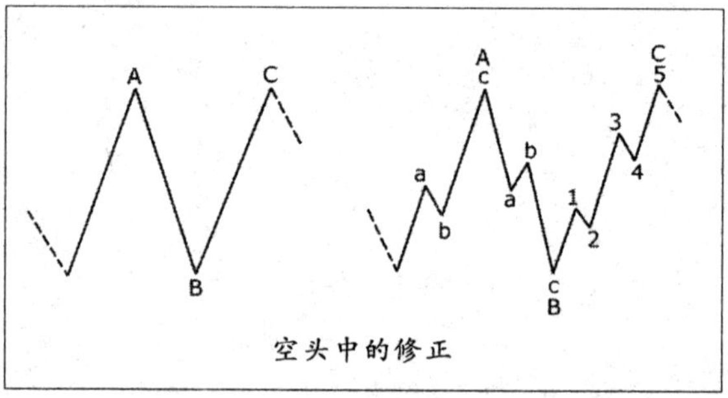

图2-11　空头走势中出现的标准平台波修正

扩张平台波也是属于 A-B-C 的平台形三波修正，其波动细分为 3—3—5，也就是 A 波为 3 个小波，B 波为 3 个小波，C 波为 5 个小波。其形态为 B 波的反弹会超越 A 波的起点才结束，C 波则是超过 A 波终点相当明显的距离，甚至更多才会结束。关于扩张平台波的走势模型，请参阅图 2-12 与图 2-13，分别代表多头中的修正与空头中的修正。

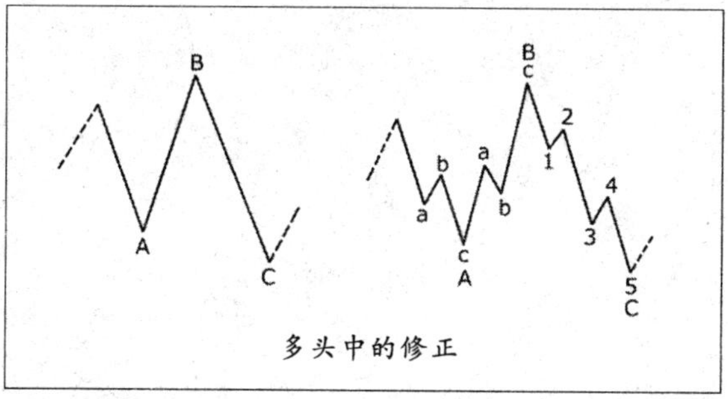

图 2-12　多头走势中出现的扩张平台波修正

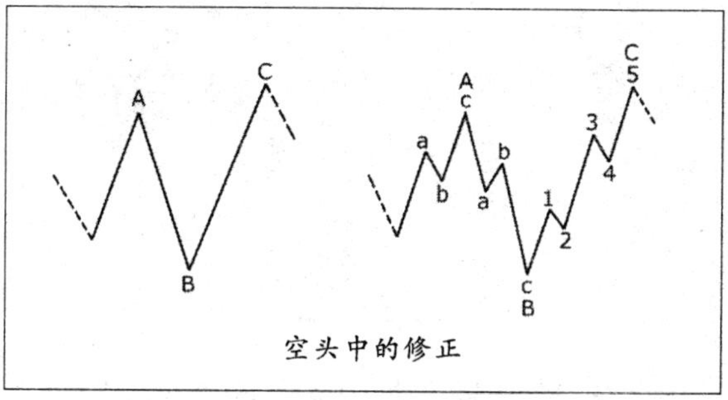

图 2-13　空头走势中出现的扩张平台波修正

强势平台波属于 A-B-C 的平台形三波修正，其波动细分为 3—3—5，也就是 A 波为 3 个小波，B 波为 3 个小波，C 波为 5 个小波。其形态为 B 波的反弹会超越 A 波的起点才结束，C 波则是尚未到达 A 波的终点，走势便宣告结束。关于强势平台波的走势模型，请参阅图 2-14 与图 2-15，分别代表多头中的修正与空头中的修正。

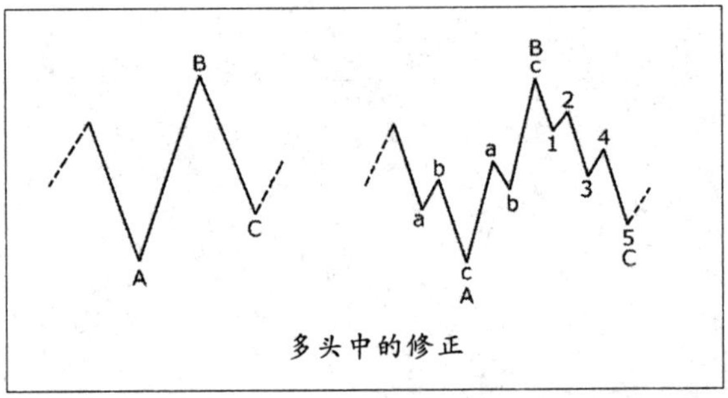

图 2-14　多头走势中出现的强势平台波修正

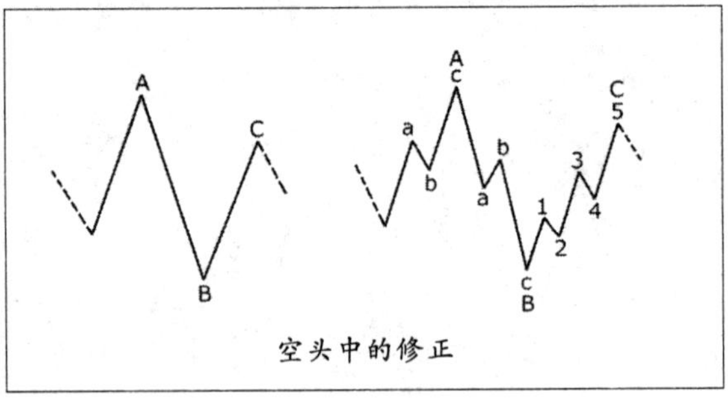

图 2-15　空头走势中出现的强势平台波修正

顺势平台波属于A-B-C的平台形三波修正，其波动细分为3—3—5，也就是A波为3个小波，B波为3个小波，C波为5个小波。其形态为B波的反弹会超越A波的起点相当多的距离，C波的结束点却不会与A波的起点产生重叠。关于顺势平台波的走势模型，请参阅图2-16与图2-17，分别代表多头中的修正与空头中的修正。

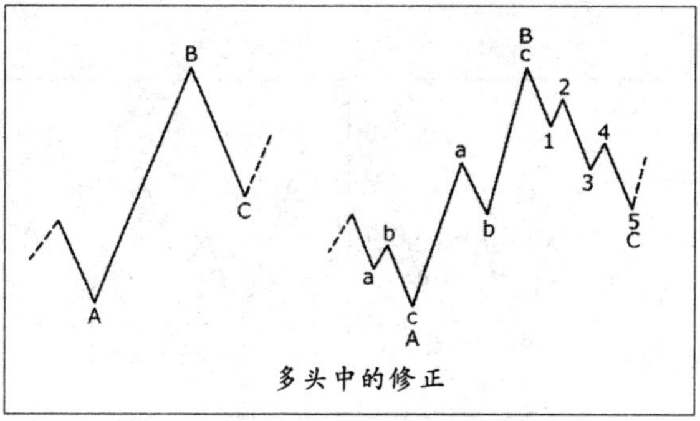

图2-16 多头走势中出现的顺势平台波修正

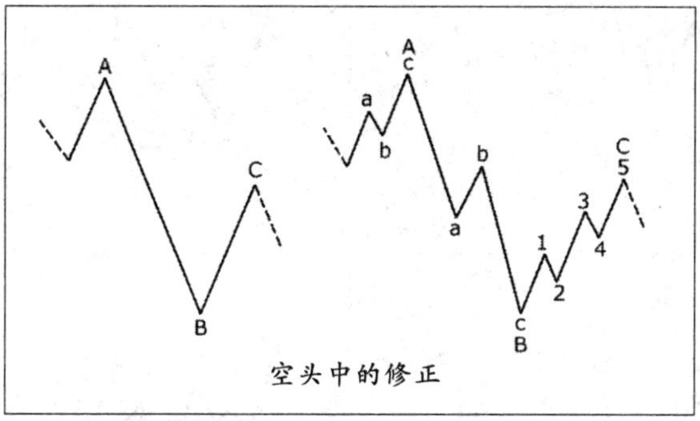

图2-17 空头走势中出现的顺势平台波修正

容易辨识且较常出现的修正形态为三角形态，该形态走势必为5个波动所组成，且每一个波动均可以再细分为三波，即为3—3—3—3—3的形态，图2-18即为多头市场与空头市场中出现的走势模型。

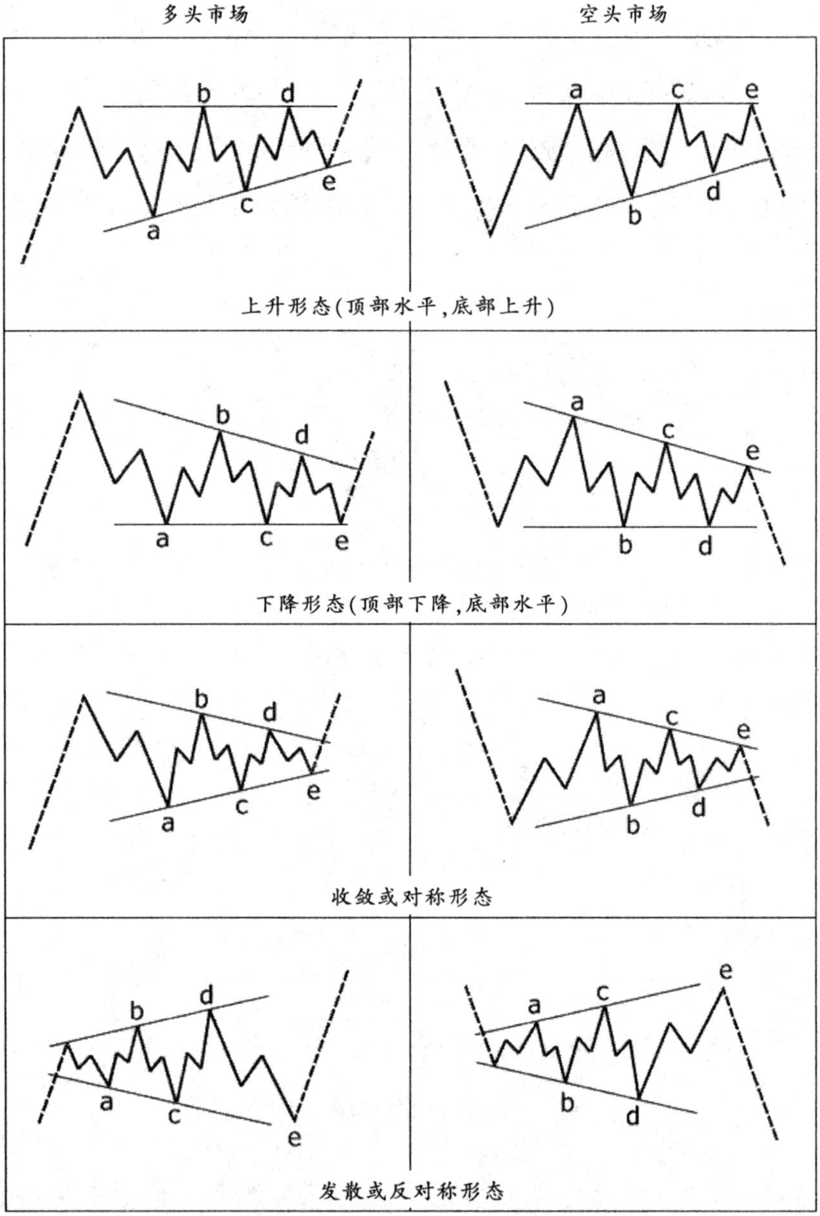

图 2-18　三角形的修正走势

在某些收敛三角形态中，b 波会突破 a 波的起点，此走势就是所谓的强势三角形态，请参阅图 2-19。

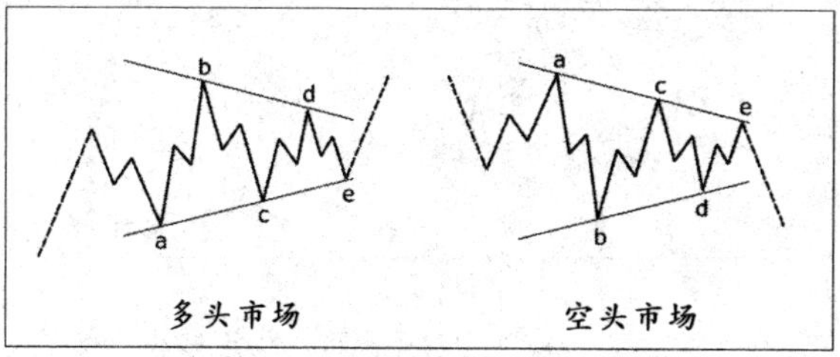

图 2-19　强势三角形的修正模型

另外一种属于三角形的修正波是楔形，与三角形的差异在于楔形的上下两条趋势线的方向是相同的，而三角形的上下两条趋势线的方向并不相同，但是与三角形一样，可以将每一个波动再细分成为 3 个小波，即为 3—3—3—3—3 的波动。而楔形除了修正的作用之外，还有反转的作用存在。关于修正走势中的楔形形态，请参阅图 2-20、图 2-21。

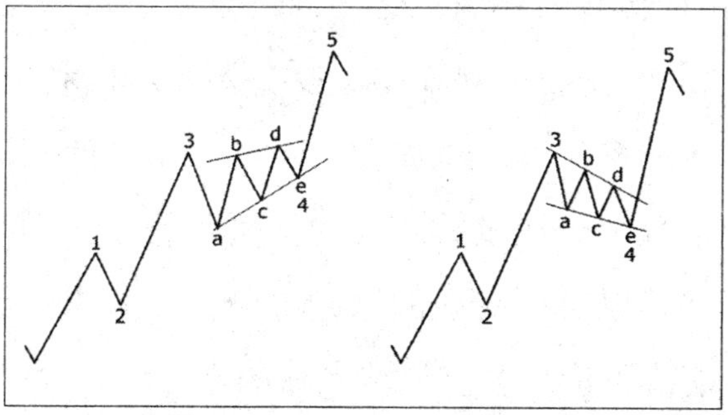

图 2-20　多头走势中出现的楔形修正

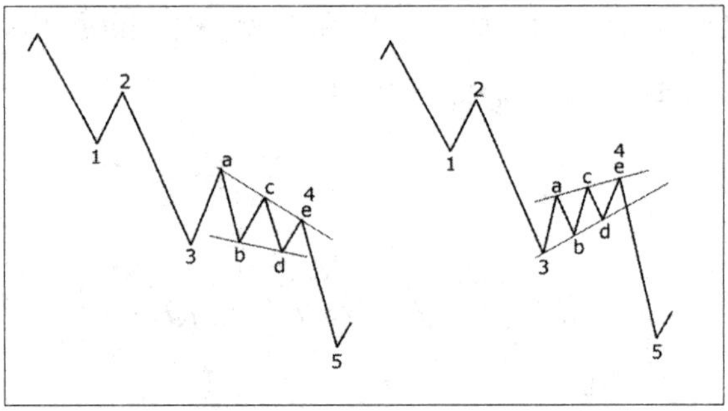

图 2-21　空头走势中出现的楔形修正

范例

请看图 2-22 四川路桥股价周线图，当走势修正到 1.91 元的低点后，呈现一波明显的上涨走势，股价进入修正后，可以利用趋势线取出平行轨道，定位如图标示 a、b、c 的三波修正，当走势在标示 P 突破下降趋势线后，便可以运用真假突破的法则进行分析，同时利用杠杆原理进行目标的测量，后续走势则分别在标示 A 与标示 B 满足形态学中的测量目标。

请看图 2-23 国扬股价周线图，投资人亦可以利用 KD 指标与股价修正间的对应关系，判断出如图标示 a、b、c 的三波修正，当股价在标示 A 的位置突破经过标示 b 的水平颈线时，即可以先定位修正走势结束，并辅以真假突破的原则来分析，若走势维持真突破讯号，代表可以期待股价将会有一波上涨的走势。

请看图 2-24 航天机电股价周线图，我们依然运用 KD 指标与股价修正间的对应关系，判断出如图标示 a、b、c 的三波修正，当股价出现多头攻坚讯号之后，除了先定位修正走势结束，也可以期待股价将会有一波上涨的走势。而在目标测量方面，可以参考黄金螺旋或是其他计算方式。在本例中，实际走势在标示 A 的位置穿越 3.236 倍后，正式进入另外一个循环的修正格局。

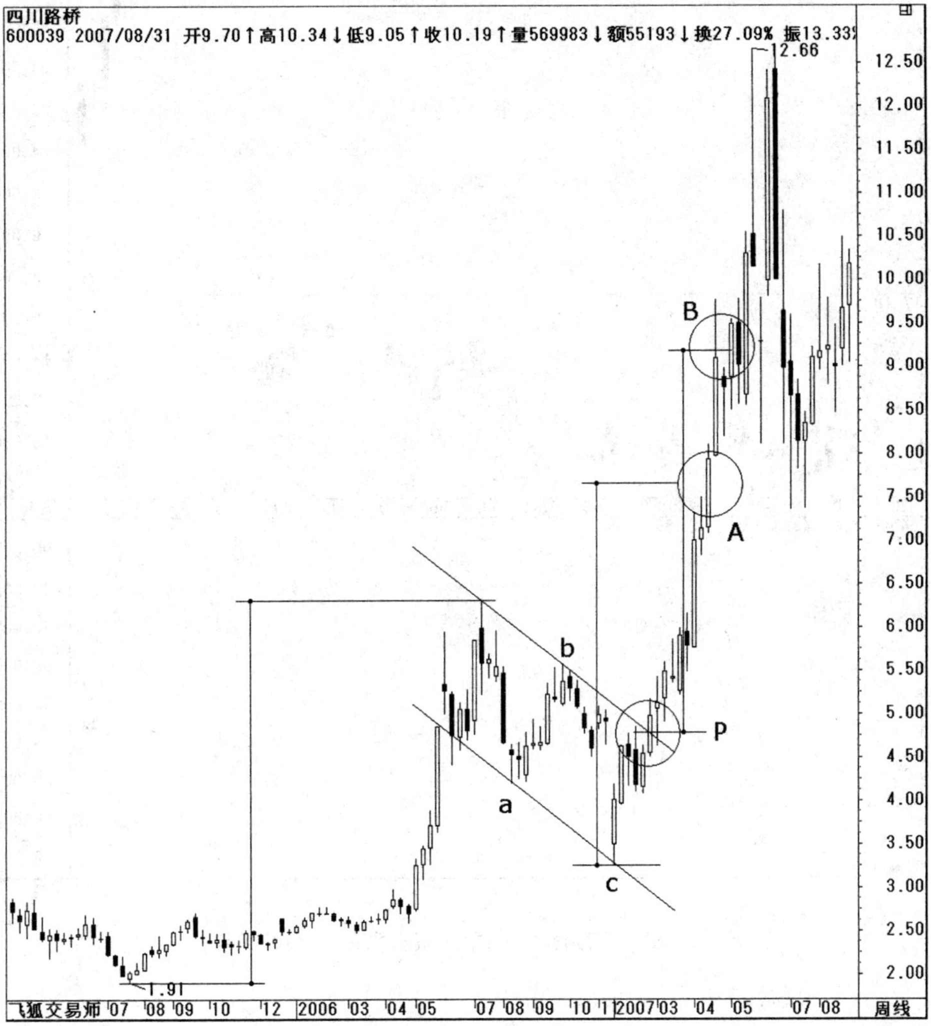

图 2-22　四川路桥股价周线图(资料来源：飞狐交易师)

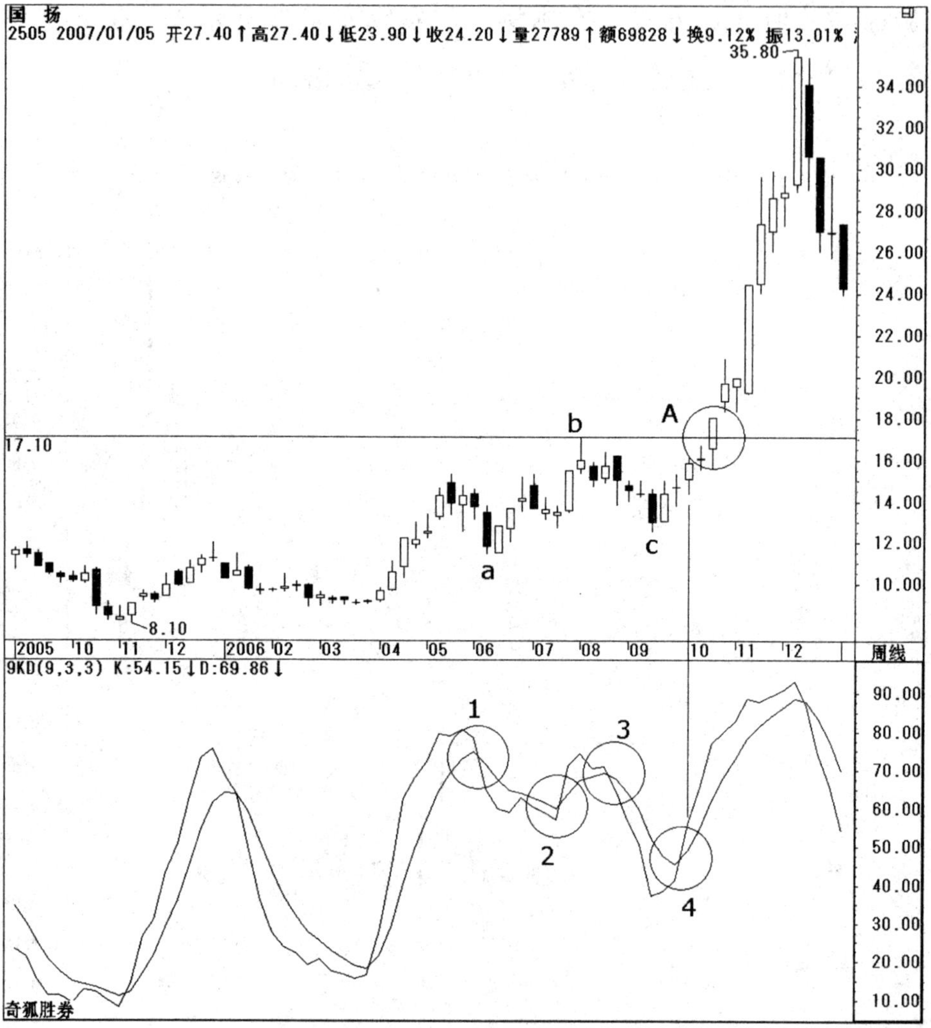

图 2-23 国扬股价周线图(资料来源：奇狐胜券)

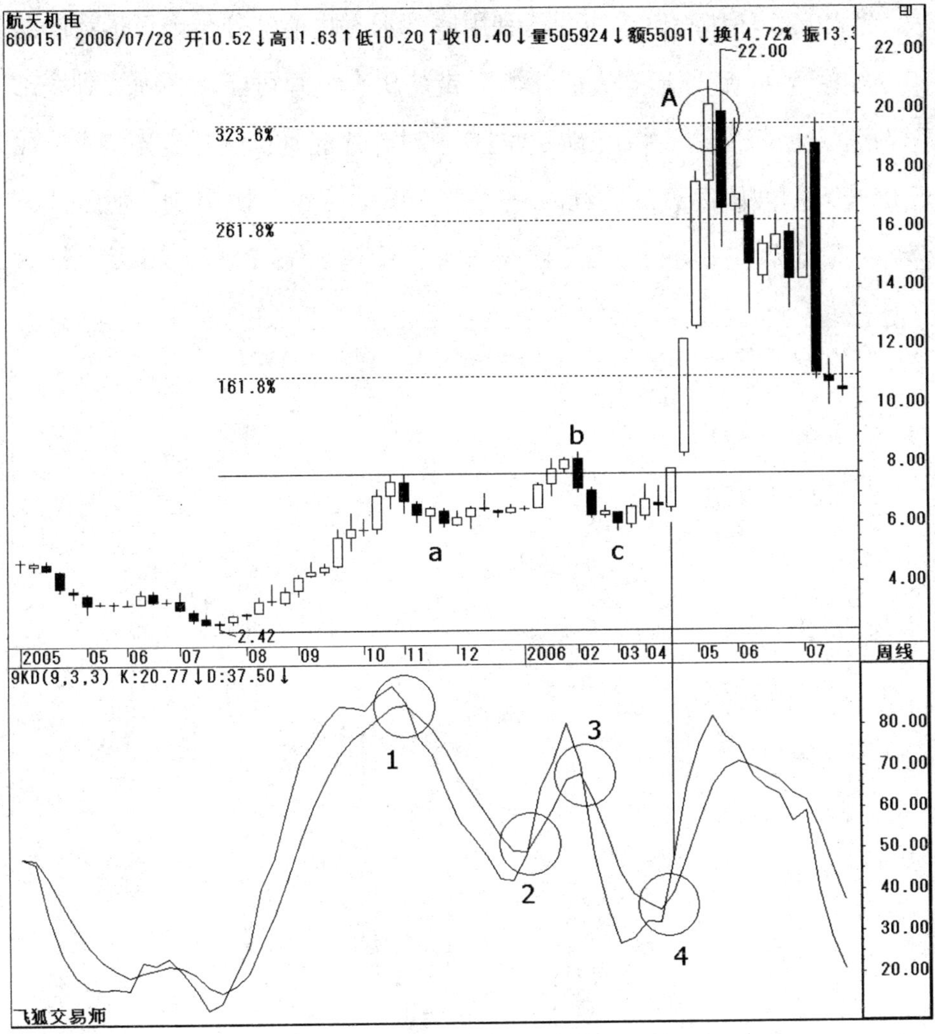

图 2-24　航天机电股价周线图(资料来源：飞狐交易师)

图 2-25 环科股价周线图，利用底部形态也能够分辨修正走势的结束。图中 A 处 底部形态完成，当时走势仍有反弹可能，必须等到底部形态满足上涨幅度，并让走势再创高点时，才能确认修正走势结束。而股价若再创波段高点后持续攻坚，便可以运用黄金螺旋或其他方式测量，实际走势在 B 处满足 1.618 倍，并在穿越 2 倍幅于 33.95 元止涨。

图 2-25 环科股价周线图(资料来源：奇狐胜券)

波道操作法

波浪行进时所形成的轨道(又称波道)是研究波浪理论时重要的工具之一。利用轨道，可以清楚地描述波动进行的方向，也可以概略地捕捉到应有的走势终点，以及各种层级中每个波的区分。所以在 1938 年，艾略特对于波浪理论的研究报告中指出：波在行进时，其走势应该不会脱离两条并行线之间的轨道。

请看图 2-26。如果我们对股价波动的走势，能够以波道来进行规划，那么当走势从高点压回轨道下缘时应注意是否出现买点，如图标示 T 的位置。请注意，没有出现买进讯号无需进场。同时，买点以越靠近轨道越安全，跌破轨道则转为弱势，离轨道还有段距离就出现股价表态，虽然相对强势，但也可能是属于攻击失败的高风险区。

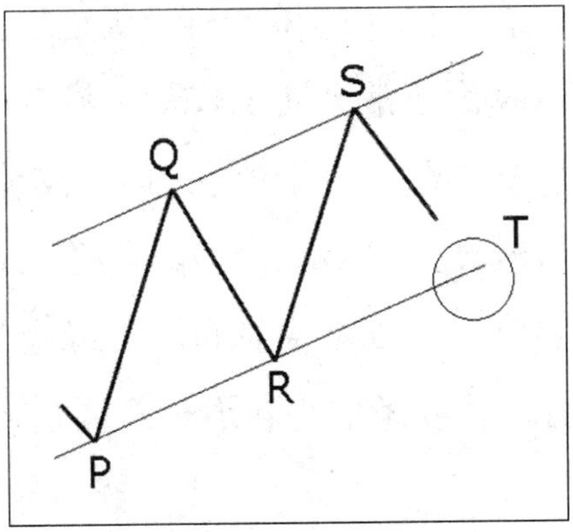

图 2-26　波道的预期买点

请看图 2-27，如果在接近轨道且不破轨道的前提下，出现了买进讯号，在长线波动尚未完成时，应该尝试买进。在买进的同时，必须设定操作的停损点以控制风险，如图中所标示 X 是属于底部完成，则应该参酌底部形态的操作法则进行策略的拟定，最好能够参考当时轨道的轮廓大小，以决定停损点的设置是属于 K 线停损点或是波段停损点。

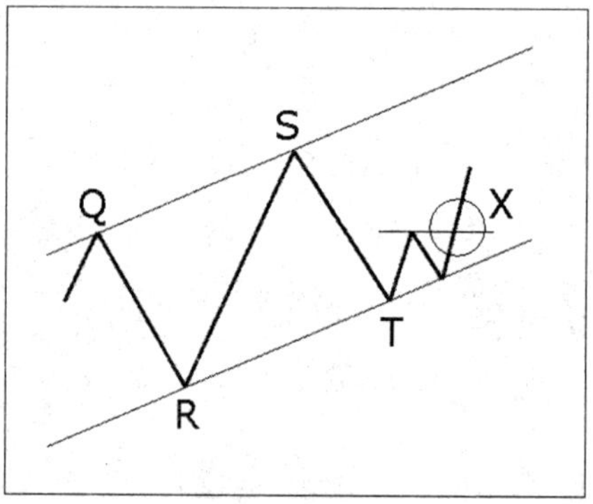

图 2-27　波道的买点

请看图 2-28，当在标示 X 的做多讯号买进之后，在没有跌破停损观察价的前提下，股价通常会向上攻坚，没有出现对应的攻击行为，宜防走势呈现攻击失败。至于停利的评估，依轨道的观念，股价至少应该要突破前波高点(标示 S 处)，正常则是会碰触或者是非常接近轨道上缘，强势一点则会穿越轨道上缘，当穿越轨道上缘又展现多头攻击气势时，就要考虑将轨道重新调整、修正。

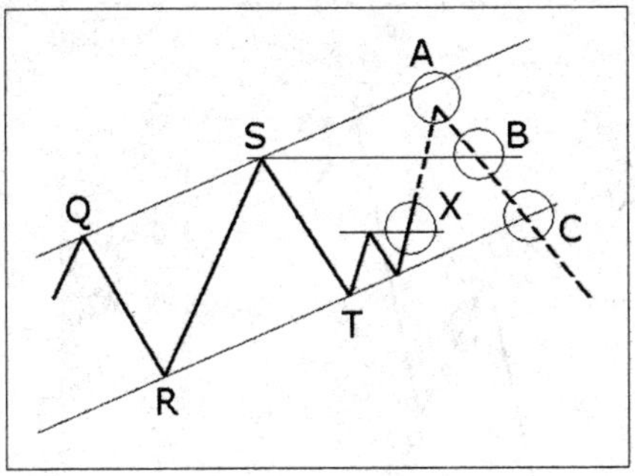

图 2-28　波道的停利

假设走势没有触及轨道的上缘，股价便回头如标示 B 的位置，与经过标示 S 的水平线重叠，代表攻击走势转弱，操作者应该伺机退出多单(但暂勿放空)。这时候操作者退出多单，最大的损失可能只是错失股价再度翻扬攻击的轧空行情，因为会再度出现轧空，代表走势进行延伸或者是要改变轨道，但绝不会让操作者遭受损失。

假设轨道被改变，转成角度较高的攻击走势，投资人仍有机会再度切入，因此在走势转弱的背景下，暂时退出观望属于相对较佳的战略之一。走势如果触及轨道边缘，也应该考虑伺机退出，思考逻辑与走势转弱时的描述相同，除非股价一举以强势的多头行为穿越轨道边缘，我们才考虑续抱多单，并评估股价走势是否进入轧空。

请看图 2-29，如果股价沿着角度较为陡峭的轨道上涨，当出现回档修正时，通常会先针对轨道内最后一段上涨的走势进行黄金分割，并且搭配原上升轨道来评估可能的落点，而回档的低点一般会落在 0.382～0.618 之间。当跌破上升轨道后，才会考虑针对在轨道内的整段上涨进行分割，如图中标示 P～S 这一个波段。

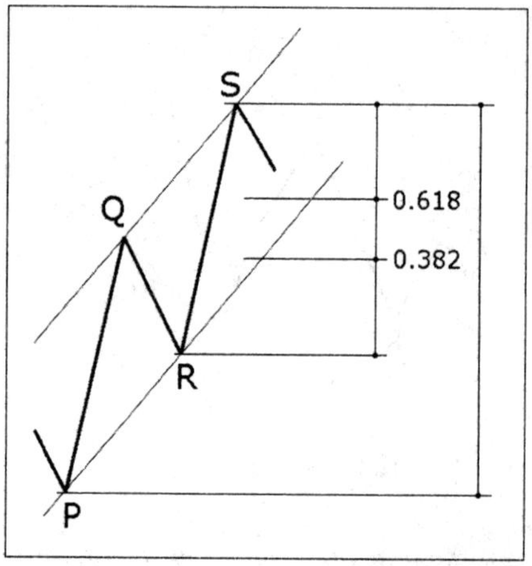

图 2-29　强势上涨的波道与黄金分割

请看图 2-30，如果股价是沿着角度较为平缓的轨道上涨，当出现回档修正时，可以针对轨道内最后一段上涨的走势，或者是直接针对标示 P～S 这一个波段来进行黄金分割，并且搭配原上升轨道来评估可能的落点。

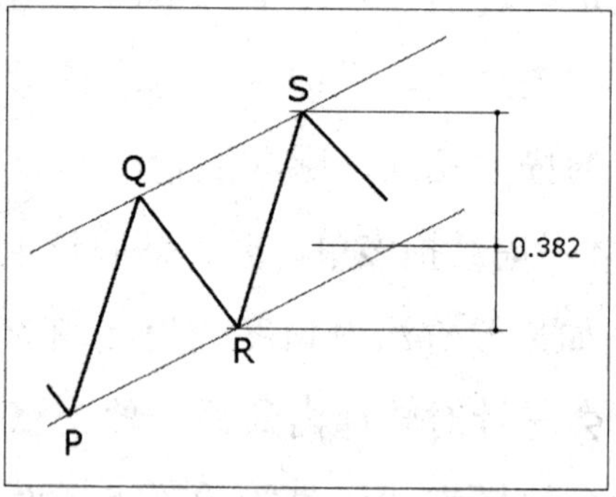

图 2-30　弱势上涨的波道与黄金分割

范例

请看图 2-31 联华股价周线图，我们先利用 11.05 元和 12 元这两个低点，画出上升的趋势线并标上 L1，经过 17.85 元的高点画一条与 L2 平行的轨道线称为 L2。当股价以 12 元和 13 元的低点盘出底部并使股价上涨，虽然没有碰触到 L2 的趋势线，但已经突破 17.85 元高点，因此走势仍维持当时格局是属于多头的波动。

当股价从 19.6 元开始回档修正时，我们可以利用黄金分割与 L1 的趋势线，评估合理修正与安全的落点，实际修正走势结束于 15 元，并在 15.8 元的位置出现谷底垫高的讯号，再度使股价上涨呈现多头走势。此时上涨目标依然使用轨道法则来评估，那么除了原来标示 L2 的上升轨道外，应该再多取一条经过 19.6 元的上升轨道线 L3，这一条轨道线通常称为辅线。

后续股价从 15.8 元的上涨不但创下当时波段的新高，同时也触及辅线于 22.3 元止涨。当股价再度进入修正时，利用黄金分割评估回落可能的位置，与上涨目标的估计，均可以套用相同的方法进行推论，最后走势同时穿越 L2 和 L3 这两条轨道线，于 24.35 元止涨并再度进入修正。

请看图 2-32 宏远股价周线图，我们先利用标示 L、L1 的谷底画出上升趋势线，再经过 H 画出平行的轨道线，如此便可以评估下一次股价上涨的可能落点。当股价于标示 H1 的位置止涨后，可以不调整轨道，也可以调整轨道。本例则取标示 H、H1 的峰顶画出上升趋势线，再经过 L1 画出平行的轨道线，接着走势在标示 A 的位置获得支撑，并由此出现多头上涨的攻击走势。

图 2-31 联华股价周线图(资料来源：奇狐胜券)

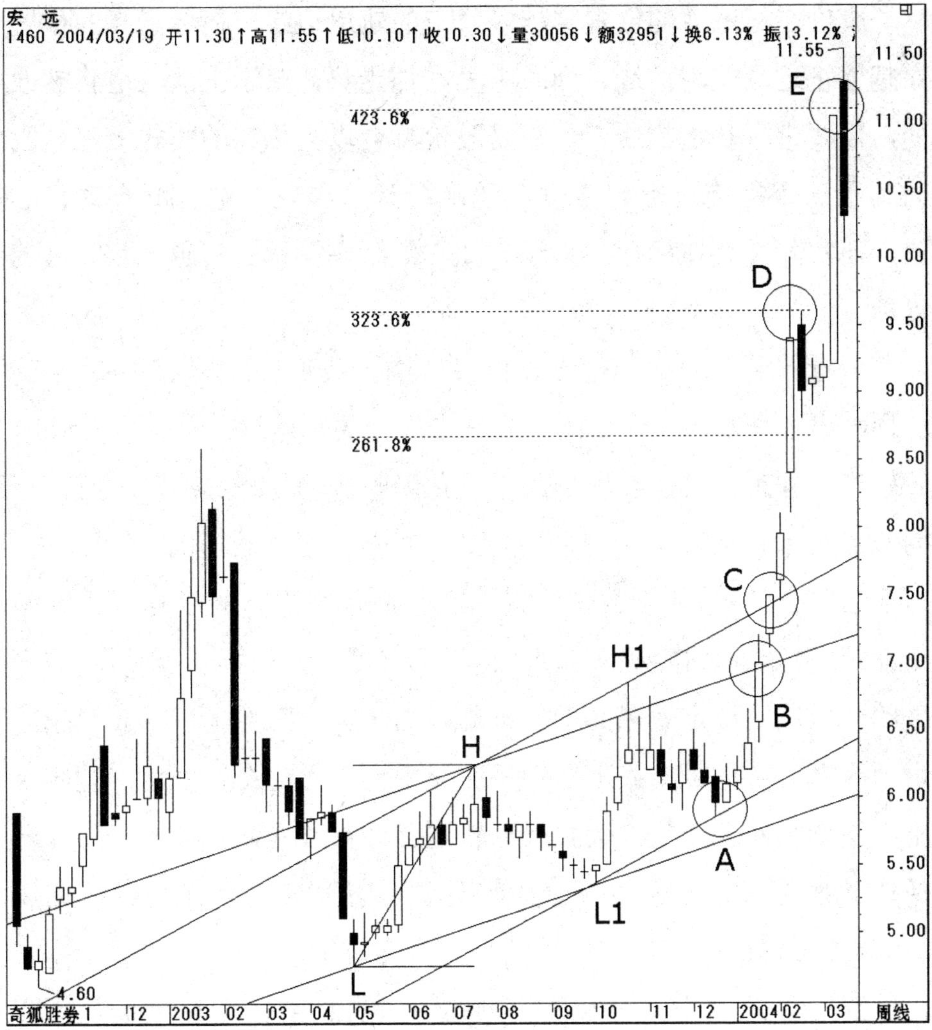

图 2-32　宏远股价周线图(资料来源：奇狐胜券)

股价在标示 B 的位置穿越未修正的轨道边缘，在标示 C 的位置穿越修正过的轨道边缘，同时未见回档走势，暗示上涨轨道将被改变，需要进行轨道的修正，或是股价将会以抛物线的模式上涨。因此利用黄金螺旋进行测量时，通常会计算出攻击走势的合理目标值，而实际走势在标示 D 穿越 3.236 倍，在标示 E 穿越 4.236 倍的目标。

请看图 2-33 ST 中冠 A 股价月线图，我们先取标示 H 和 H1 的峰顶画出上升趋势线，再经过 L 画出平行的轨道线，走势从标示 H1 开始进行修正，可以看出是属于三角形收敛的整理形态，同时修正的低点在标示 L1 的位置获得支撑，正好也是上升轨道的下缘。

当股价从标示 L1 的位置盘出一个底部形态，并于标示 A 突破底部颈线，也同时突破三角形收敛的下降趋势线时，应利用真假突破的分析法则拟定做多的操作策略。当走势上涨并于标示 B 穿越轨道上缘之后，是否结束上涨走势应交由实际走势自行表达，若股价不回头持续向上攻坚，代表上涨轨道已经被改变，目标的评估应转换成其他方式，本例以黄金螺旋计算，显然 24.05 元是穿越利用 2.25～9.65 元这一段计算出来的 2.618 倍幅度。

请看图 2-34 楚天高速股价周线图，我们先取 2.47 元的低点和标示 L 的谷底画出上升趋势线，再经过 3.77 元画出平行的轨道线 L1，当股价从标示 L 的位置开始上涨时，仅突破 3.77 元的高点便呈现止涨修正，此时取标示 L～H 进行黄金分割，并与上升趋势线一同分析回落的可能位置。

在标示 A 的位置，股价正好回到黄金分割空间 0.5～0.382，同时也碰触到上升趋势线，当股价出现多头攻击走势时，应尝试做多买进。若股价如预期出现上涨，那么未来目标通常会先假设有机会越过标示 H 的高点，当完成这一个讯号之后，股价能够再持续上涨，那么才思考走势是否会去触碰轨道线的上缘。

图 2-33　ST 中冠 A 股价月线图(资料来源：飞狐交易师)

图 2-34 楚天高速股价周线图(资料来源：飞狐交易师)

而在标示 B 的位置穿越标示 L1 的上升轨道线之后，走势非但没有出现止涨，反而再度向上攻击，此时应推论轨道将被改变，或者是呈现抛物线上涨，测量的方法也需要改变。目标的预测，除了前几个例子使用黄金螺旋计算之外，也可以利用等距轨道的观念进行评估，亦即以标示 L1 这一条上升趋势线为中轴，取与原始上升趋势线等距离，在 L1 这一条线的上方，画出与 L1 平行的 L2 这一条参考轨道线，实际走势正巧在标示 C 的位置穿越 L2 的轨道线后，呈现止涨修正的走势。

买卖思维与形态推演

请看图 2-35，当股价下跌到标示 L 的低点时，无论当时是主观或是客观的认定，可能是属于修正结束的低点，未来出现的上涨走势，一律定位是反弹格局。而这一段反弹，其幅度的多寡与时间的长短，是非常不容易评估的，亦即该段落属于猜测的成分较高，就多头操作而言，是风险相对较高的段落。如果有人正好猜对这一个低点，绝对是运气好而不是技术好，请勿被市场造神气氛所迷惑。

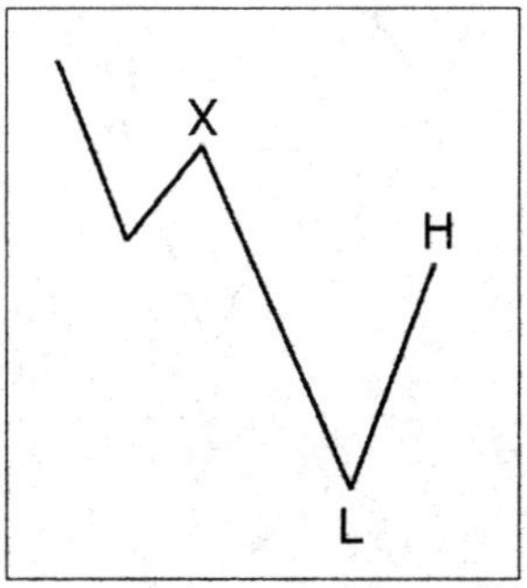

图 2-35　反弹走势的评估

虽然这一段反弹不确定的因素非常多，但仍然可以用技术分析评估，通常会对标示 L～X 这一个波段进行黄金分割，并辅以上涨的原始最小段进行黄金螺旋的测量，只是无法分辨哪一个数据被完成的几率较高，或者是否能够直接突破标示 X 的价位。在这时候操作者的经验将会显得非常重要：除了观察当时该股的气势之外，也会评估当时的加权时空背景等因素。纵使如此，这一段的风险仍然相当高，因此在操作上，除了将融券回补之外，做多者的获利定位在于有赚就好，不宜计较非得赚到多少利润不可。

请投资人注意，这一段反弹的走势，将会影响到未来走势是否会再破底的评估。

请看图 2-36。当反弹告一个段落，股价从标示 H 开始回档时，对于走势的假设仅有两种：破底与不破底。此时实战操作者应该有能力去设定一个观察点，来进行走势是破底或是不破底的逻辑推演。通常我们会针对标示 L～H 再进行一次黄金分割，但无论走势被压回多深，只要回档的低点没有比标示 L 还要低，多头就有一丝机会。

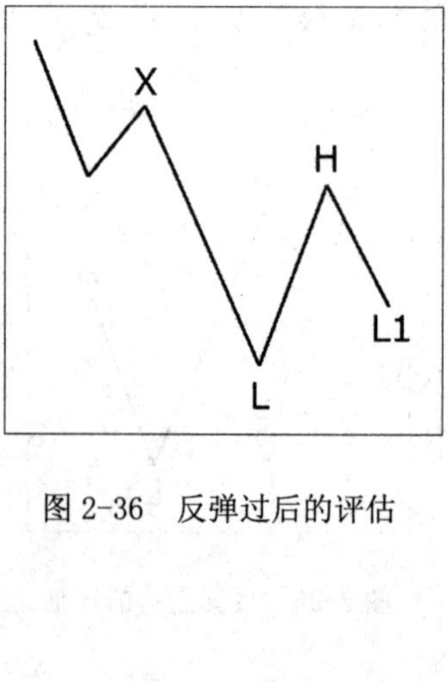

图 2-36　反弹过后的评估

正常而言，走势被压回较深，代表多头比较弱势，但操作上却相对安全；走势被压回较浅，代表多头比较强势，但操作上却相对危险。此为避免走势骗线的最佳诠释，请投资人多加体会。

如果操作者评估走势可能不会破底，并且在标示 L1 处可能已经修正结束，同时又出现多头可靠的买进讯号，不管是 K 线、N 字或是任何指针透露的讯息，均可以尝试做多买进，同时设下停损观察价。但是不管我们根据哪一种讯号执行买进，未来走势仍然会呈现破底或是不破底两种现象：跌破停损观察价，代表我们对走势的分析或者是观察价的设定是错误的，此时应先行退出观望；未破停损观察价，股价应持续向上挑战，且要突破标示 H 的高点。另一种特殊的现象是，跌破观察价时股价没有破底，或者是没有跌破观察价，股价也不突破标示 H 的高点，此时走势可能进行收敛或是其他模式的扩底调整，但是未来终究还是要分出方向。

如何认识可靠的买进讯号与设定恰当的停损价，是投资人在此要研究、学习的课题。虽然标示 L～H 这一个段落正常而言均应该被设定是反弹波，但仍然可以透过其他方法来定位，大胆评估这可能是初升段的走势，如此一来才能帮助投资人在标示 L1 的位置拟定与执行相对较佳的买进策略。

请看图 2-37，股价走势必须要等到标示 H 的高点被突破了，才能算完成最基本的多头趋势，但是请投资人注意，这一个趋势仅止于这一个层级，并非代表更大层级的趋势已经被改变。当标示 H 被突破之后，多头就算交待完毕，并没有规定非得要持续上涨不可，因此是否能够扩大攻击层面，必须要重新评估。评估的方法可以依赖轨道、真假突破等技术现象，测量的方法则是利用 L1～H 或是

L～H 的波段，进行形态学测幅与黄金螺旋测幅的计算。

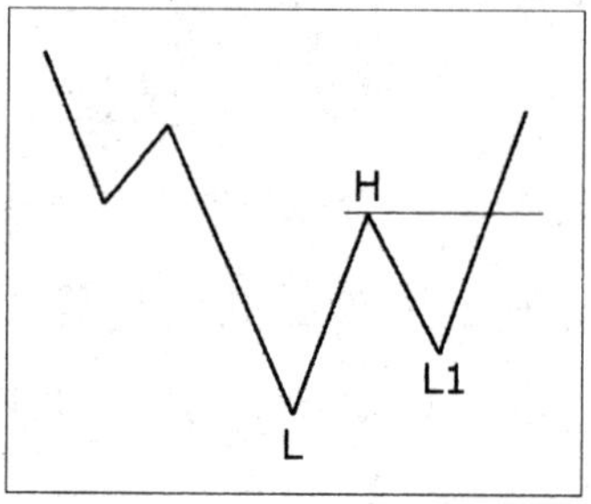

图 2-37　攻击走势的评估

形态学的计算为：H×2－L1。

黄金螺旋的计算是：(H－L)×黄金比例＋L。

黄金比例常用的数字有：1.236、1.382、1.618、2、2.618、3.236、4.236、5.236、6.854。要形成所谓的攻击走势，最起码要满足 1.618 倍的幅度较佳。

请看图 2-38，当股价走势上涨到标示 H1 的位置，如果呈现最起码的攻击幅度后止涨，并进入修正走势，未来若还想要有一波上攻(即所谓的第 5 波)，则应该先评估目前走势中标示 L1～H1 是否已经是当时的最大波段，此条件成立，才能进行走势有机会呈现 5 波的假设。

此时若欲以黄金分割来评估，应取 L1～H1 这一段来进行，而非 L～H1 这一段，同时要注意从 H1 压回时，其修正结束低点 L2 不可以与标示 H 产生重叠。万一标示 L1～H1 这一段走势非常大，那么应该先考虑黄金分割空间的位置，暂时先不考虑是否会产生重叠，通常我们会希望标示 L2 的点在 L1～H1 这一段的 0.618 位置就结束。

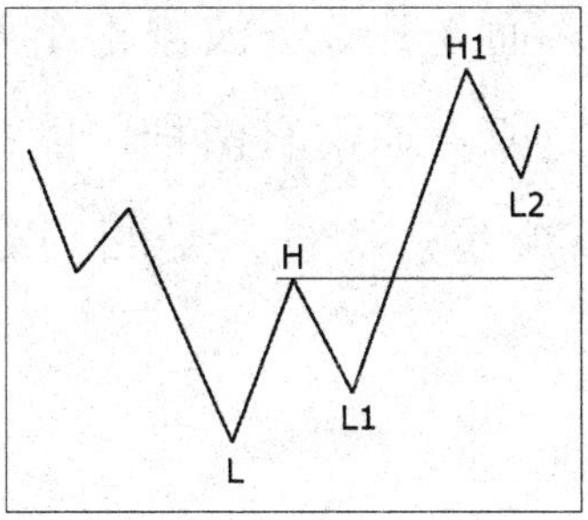

图 2-38　短期修正的走势评估

至于波浪理论中提到，标示 L2 这个点通常会在 L1～H1 这一段中属于第 4 小波的位置结束，是形态位置上的参考，建议配合黄金分割进行运用，以求取较佳的可靠度。如果标示 L2 的点与标示 H 产生重叠，则应该假设走势是属于比较强劲的调整波，虽然未来仍然有机会发展成为延伸波，但除非后续走势再度出现强攻，否则暂时不要进行这样的假设。

除此之外，投资人要有这样的认知，未来是否会出现所谓的第 5 波，其实是我们自己假设的，不代表实际走势必然会如此，尤其是投资人常犯的偏差是，看见了标示 L1～H1 这一段上涨非常强劲，就认定这是第 3 波，未来必定有第 5 波，但实际走势却是没有再创新高。没有创新高应该先思考是否我们对波浪的定位错误，而不宜假设这是“失败的第 5 波”。因为这种波形非常少见，甚至在实际操作过程中，被投资人定位是失败的第 5 波者，经实战验证绝大部分均可以利用其他波形定位，所以在假设时应放弃主观并先摒弃不常见的走势。

如果我们在上涨走势中可以区分出 5 波上涨的模型，那么未来应该规划出现 A-B-C 的三波修正，除非股价直接强攻，并针对同一个层级进行延伸走势。而 A-B-C 三波修正结束后，股价若要维持多头的波动，其修正的完成点通常有两种可能：一种是回到第 4 波的低点附近，如图 2-39 所示；一种是是回到第 2 波的低点附近，如图 2-40 所示。

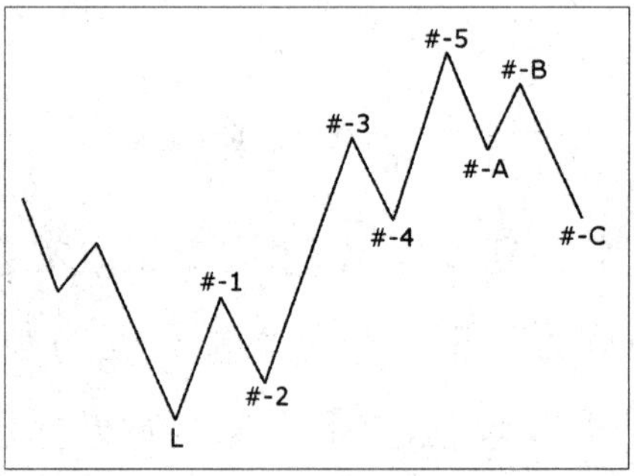

图 2-39　中期修正的走势评估

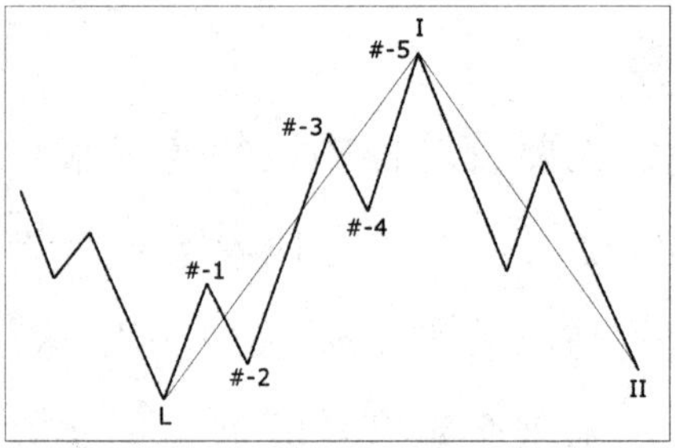

图 2-40　长期修正的走势评估

修正时，C 波的结束点仅回到第 4 波低点附近，是属于比较强势的调整走势，在修正过程中，以不跌破第 4 波低点为佳，跌破虽也无妨，但是气势较弱，这种修正结果代表整个走势的层级可能较低(除非是针对第 3 大波的修正)。如果修正时 C 波的结束点回到第 2 波低点附近，是属于比较弱势的调整走势，在修正过程中，以不跌破第 2 波低点为佳，这种修正结果代表整个走势的层级可能较高。

整个股价波动的层级可能比较高时，将轮廓定位如图 2-40 所示，同时将整个推演的思维回到图 2-36 中标示 L1 的位置重新开始评估，这时候代表操作者所观察的层级已经扩大，所能够获取的利润也将跟随着放大。

请看图 2-41，如果走势在 5 波结束之后，并没有出现对应的三波修正行为，反而让股价持续创高并且呈现攻击走势，则暗示股价将有机会出现延伸。既然如此，原本标示 #-5 的位置，应该要调整成为 #-5-1 波。然而这仍然是属于假设，我们必须以实际走势来评估出现延伸的几率，其中最佳的工具之一，便是幅度测量。

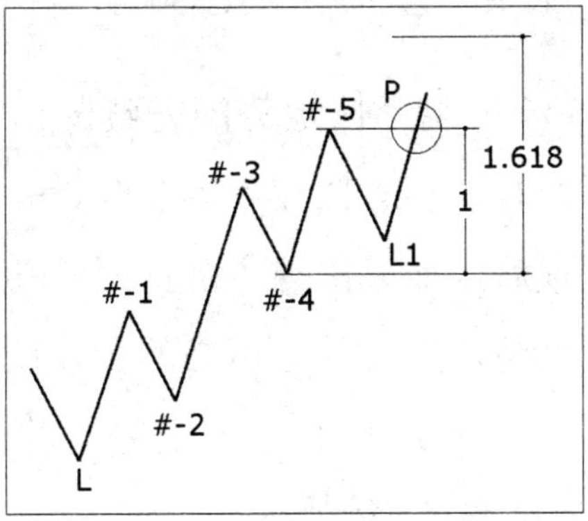

图 2-41 可能延伸的走势评估

第 5 波既然会出现延伸，必是该波可以再被区分成为 5 个波动，那么在标示 P 的位置突破 #-5 的高点时，与平常突破 #-1 波的分析方法相同，理应出现真突破的讯号，并且使走势要满足以 #-4～#-5 为测量段的 1.618 倍以上，当这些基本条件均满足后，才可以将走势设定为进入延伸波动。

图 2-42 是第 5 波出现延伸走势的完整图示。简单地说，从标示 #-4 到标示 #-5 的分析方法，与标示 L 到标示 #-5-1 的分析方法

是相同的。

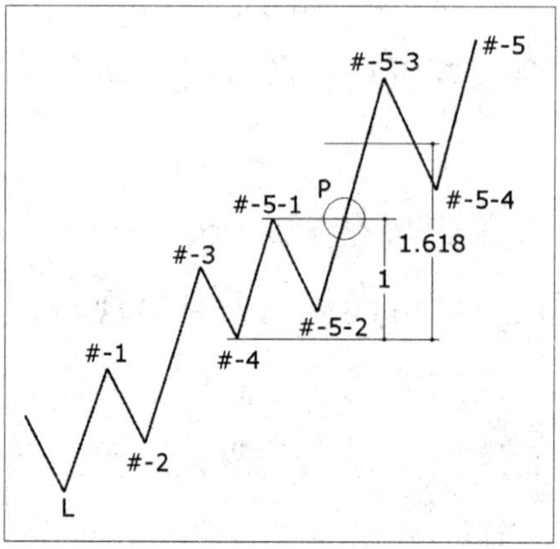

图 2-42　第 5 波延伸攻击的走势评估

图 2-43 是第 3 波出现延伸走势的完整图示，从该图中可以发觉，第 3 波出现延伸时，相对比较不容易分析。因为股价在行进间突破标示 #-1 的位置后，如果出现止涨压回的动作，将容易使股价与 #-1 的高点产生重叠，当时的分析必然会以调整走势视之，必须等到突破止涨高点后，呈现真突破的走势，并满足攻击的基本幅度，才会进行对波动假设的调整。

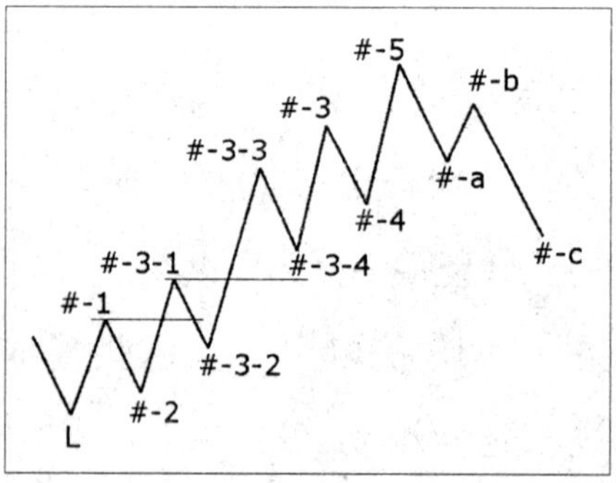

图 2-43　第 3 波延伸攻击的走势评估

请看图 2-44，走势如果以 5 波结构完成第 1 大波，修正时仅回到第 4 小波的附近就结束，当出现多头攻击走势被确认时，未来的幅度评估除了以最小攻击的比例 1.618 倍来规划之外，更有极高的机会去满足 2.618 倍以上的比例。这种上攻的模式通常是属于股本较小、股性较为活泼的转机股或是投机股。

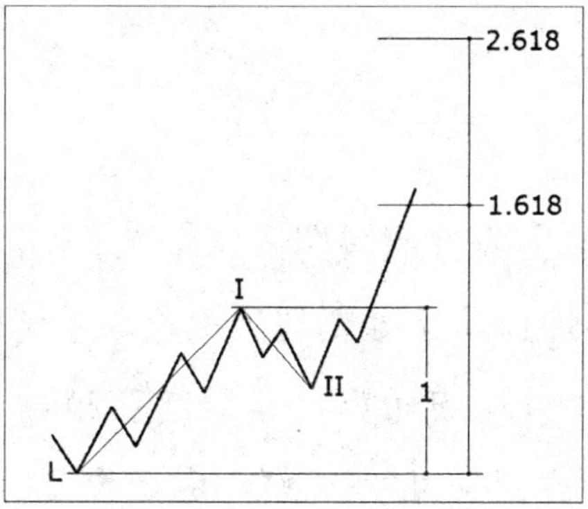

图 2-44　强势的攻击波动

请看图 2-45，走势如果以 5 波结构完成第 1 大波，修正时是回到第 2 小波的附近才结束，当出现多头攻击走势被确认时，未来的幅度评估，建议先以最小攻击的比例 1.618 倍来规划，尤其是跟主要指数连动关系较大的权值股，或者是股本较大的绩优股，但是在非常明显的多头背景中，仍有机会去满足 2.618 倍以上的比例。

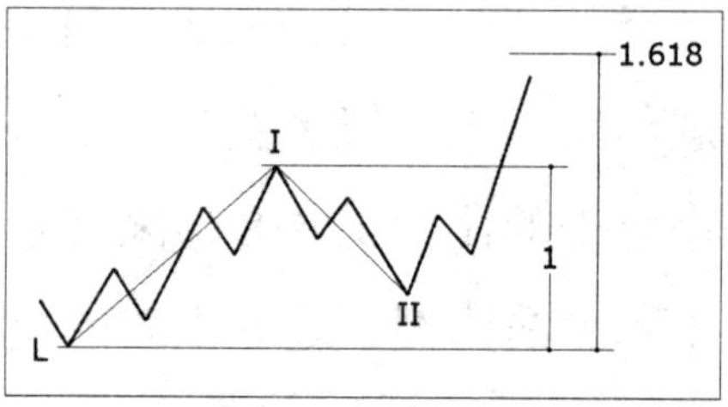

图 2-45　弱势的攻击波动

范例

请看图 2-46 味全股价周线图，图中 8.01 元是某一个波段修正可能的结束点，当走势从该处整理后上攻，先利用标示 #-1 到 8.01 元的段落进行黄金螺旋的计算，走势在穿越 3.236 倍之后进行修正，修正的模块依据实际走势观察，应定位是三角形收敛的形态，且标示 #-4 的修正低点并未与标示 #-1 的高点产生重叠，因此在股价突破形态的下降趋势线后，应利用真假突破分析并适时进场操作多单，同时假设有第 5 波上涨的行情可以期待。

当股价持续向上攻击后，于标示 B 的位置满足原测量段的 6.854 倍，但走势并未停歇，因此就要考虑第 5 波的上涨出现了延伸，此时可以改为取用标示 #-3 到 8.01 元的段落重新计算黄金螺旋的目标，当然对于熟悉实战推浪技巧的操作者，也可以采用其他方式评估目标。如图所示，利用重新取段计算出来的目标，其 2.618 倍在标示 C 的位置被满足，而标示 D 的回落幅度不深，再加上并未破坏多头走势的背景下，最后再度上涨并于标示 E 的位置穿越 3.236 倍的目标，也完成整个 5 波上涨的结构。

图 2-46　味全股价周线图(资料来源：奇狐胜券)

请看图 2-47 允强股价周线图，股价从当时历史低点 6 元开始上涨，依据实际走势暂时在关键转折点位置上分别标示出 #-1 和 #-2。当股价从 #-2 开始上涨并穿越转折平台之后，可以取标示 #-1 到 6 元的段落进行黄金螺旋的计算，实际走势在穿越 2 倍幅之后进行修正。因为满足了最起码的攻击幅度，且当时假设的 #-3 波已经不是最小波，所以只要修正的结束点没有与标示 #-1 的高点产生重叠，便有机会将修正结束点定位是 #-4 波，未来尚有机会出现 #-5 波的上涨。

从实际走势中可以看出，#-4 波的修正属于三角形收敛的修正形态，而在修正结束之后，股价上涨的 #-5 波满足初升段测量的 4.236 倍才止涨，随后股价便进入三波修正，因为修正的结束低点相较于整个 5 波来看，是属于相对位置较低的情形，同时没有跌破 #-2 波的谷底，故归属于图 2-40 与图 2-45 这两组模型的运用。

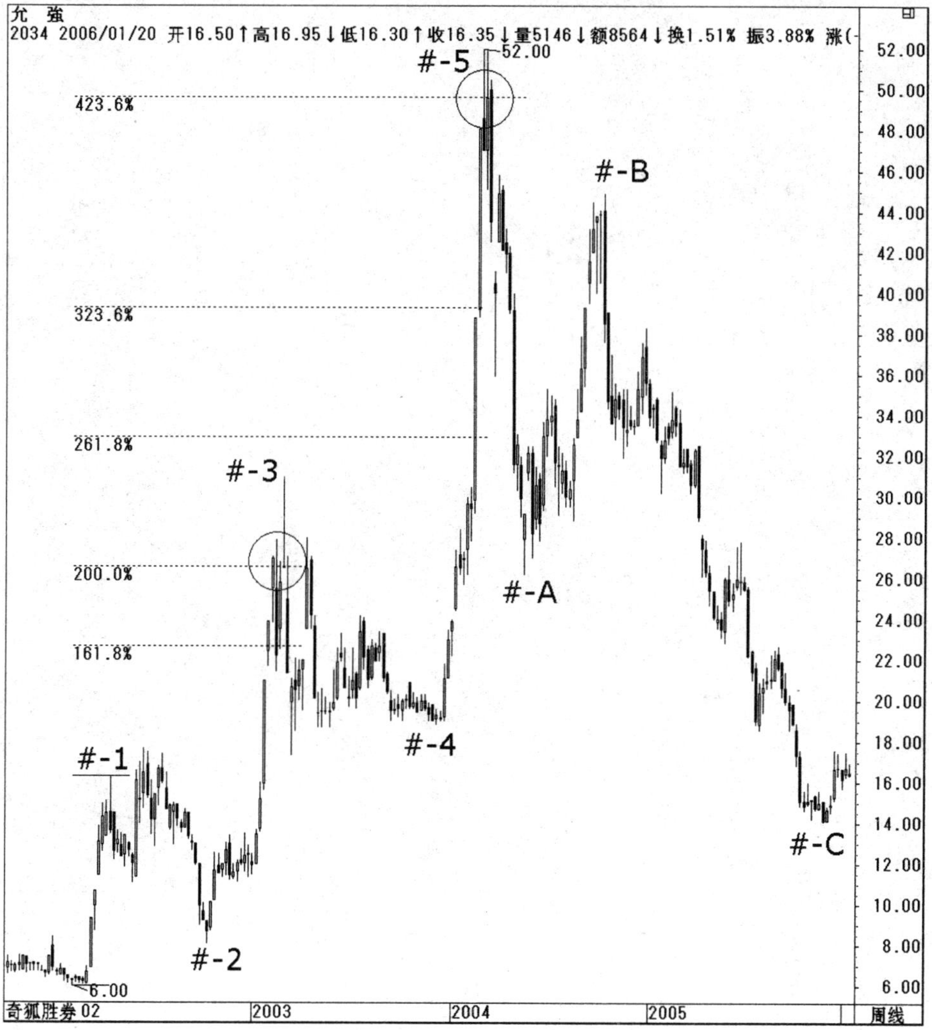

图 2-47　允强股价周线图(资料来源：奇狐胜券)

第三章　形态学

在形态的运用、辨识与切入的掌握上，无论是转折形态或是整理形态，通常会有一套参考流程：形态符合→确认突破(跌破)→幅度满足。在分析时只要符合几个关键分析点即可，并等待实际走势进行确认，确认的方法需要呈现真突破或真跌破的讯号，同时在突破或跌破之后，必须满足测量法则中最基本的测量幅度，如此才算完成一个完整的形态。在本章将加强投资人对于形态相对位置的辨认，并描述形态的基本定义，至于各种形态的详细定位、分析与运用，则推荐投资人阅读《主控战略形态学》这一本书。

形态的相对位置

在一个上涨的波动过程中，除了对走势进行波浪的区分，也可以搭配形态学进行分析，如图 3-1 所标示 P 的位置，均代表可能会出现底部形态的相对位置，且当层级越大时，这些位置出现的底部形态就会越明显，比如我们所见的折线图代表月线，那么日线应该就会有相较于月线走势更明显的底部，或者说我们所见的折线图代表日线，那么分时线应该就会有相较于日线走势更明显的底部。倘若折线图所代表的层级相对较小或者是K线数较少时，则从标示L到标示2这一个区域也可以直接看成是一个底部讯号，亦即标示L为第一只脚、标示2为第二只脚。

图3-1所标示Q的位置均代表可能会出现头部形态的相对位置，且当层级越大时，这些位置出现的头部形态就会越明显，比如我们所见的折线图代表月线，那么日线应该就会有相较于月线走势更明显的头部，或者说我们所见的折线图代表日线，那么分时线应该就会有相较于日线走势更明显的头部。倘若折线图所代表的层级相对较小或者是K线数较少时，则从标示5到标示B这一个区域也可以直接看成是一个头部讯号，亦即标示5为第一个头、标示B为第二个头。

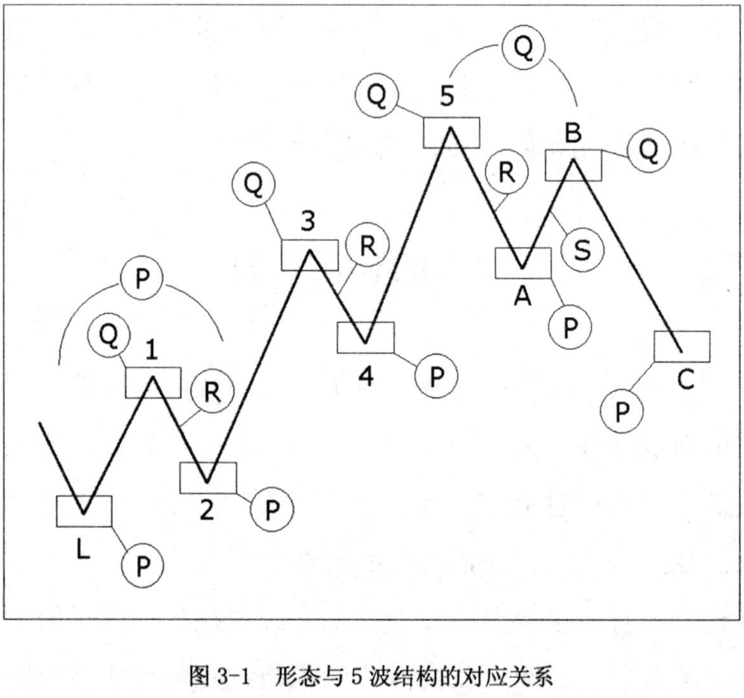

图3-1　形态与5波结构的对应关系

至于图 3-1 所标示 R 的位置，通常代表回落时出现的整理形态，层级的看法与头部、底部的描述相同。虽然回档时的折线图是习惯往下画，但实际的整理走势却是可以往上调整的，且当观察的层级越大或者是 K 线数较多时，整理形态的辨识就会更加显得不容易或是更加复杂，除了要观察传统的整理形态之外，大部分时间也需要配合波浪的定位以达到最佳的分析效果。

图 3-1 中所标示 S 的位置，通常代表反弹时出现的整理形态，层级的看法与头部、底部的描述相同。虽然回档时的折线图是习惯往上画，但实际的整理走势却是可以往下调整的，且当观察的层级越大或者是 K 线数较多时，整理形态的辨识就会更加显得不容易或是更加复杂，除了要观察传统的整理形态之外，大部分时间也需要配合波浪的定位以达到最佳的分析效果。

如果走势呈现的是三波的波动，我们以反弹的走势为例，请看图 3-2。在标示 L 和标示 B 的位置应该等候底部讯号，尤其是观察轮廓越大时、或者是 K 线数较多时，更需要明显的底部形态出现。相对的，在标示 A 和标示 C 的位置应该等候头部讯号，尤其是观察轮廓越大时，更需要明显的头部形态出现。但是这种走势如果层级比较小或者是 K 线数较少时，此折线图往往本身就能代表一个整理形态。

投资人在实际操作的过程中，往往发现最难以辨识的情形之一，是如何去认定在当时低点可能是某一个段落最终的谷底，而不会在后续的振荡过程中再度出现跌破谷底的行为。如图 3-3 所示之折线图为例，假如暂时不考虑标示 L 之前的走势情形，当股价从标示 L 开始上涨，接着在标示 H 之处止涨后，应分析这一段的上涨走势是否具备了让股价形成初升段的足够力道。

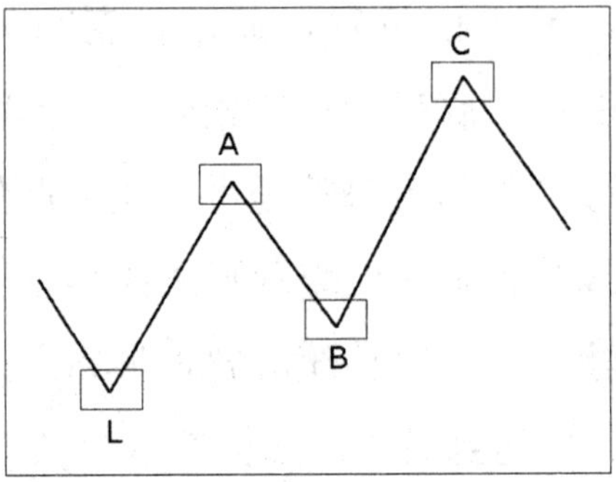

图 3-2　形态与 3 波结构的对应关系

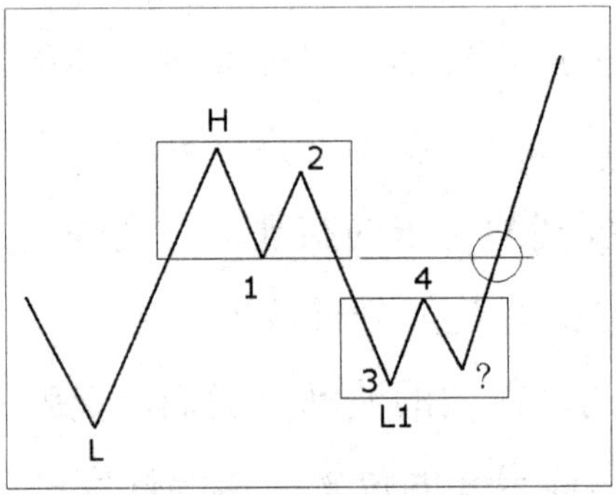

图 3-3　头部与底部的对应

如果能够掌握这些法门，自然可以规划比较吻合市场实际走势的操作策略，万一投资人未具备或者是忽略了此要素的分析，差别在于准备切入的时间不足或者是丧失一次操作的机会，或者是蒙受一些操作方向错误的损失，不至于造成操作仓位惨遭歼灭的窘境。之所以会造成严重亏损的结果，通常是不接受操作错误的事实，且不立刻处理错误的仓位所导致。但操作错误的结果，往往是由技术分析背负了原罪，却不愿意检讨自己的操作心态。

我们以看错方向的操作行为来进行探讨。假设我们认定股价还要再破底，那么在止涨后的第二头位置布空，或者是在头部完成时进行追空，都是属于标准的操作动作，请注意操作当时无论多么有把握，都不能忘记设下停损观察点以保护当时的操作。既然看空，出现5波下跌走势似乎成为必然，因此在看似第3波下跌之后，股价进入反弹时假设为第4波也属于正常。

但是我们所认为的第4波竟然呈现盘底成功，就暗示假设可能错误，最后确认的关键点在于破坏铁律，亦即让我们认为的第1波与第4波产生重叠，此时底部形态应该也发挥了上涨力道。在涨势稍竭股价压回时，是空方最后认输的位置，如果还不愿意认赔退出(如果运气好还能有些许的获利)，那么遭到轧空的几率将会大大提高，至于能否在盘底期就能有所警觉先行退出，仍然需要依赖技术分析的解读。

类似图3-3这种行为，被笔者称为头底对应，而较常出现头部与底部对应的时机，通常是在股价走势刚刚从长期的谷底期翻扬之后，投资人不妨尝试验证。

请看图3-4，当股价上涨到某一个阶段，投资人认为上涨已经结束，因此在止涨后股价进入盘头时，如图中标示b的位置布空并无不可，或者是认为该走势为双重顶形态，在跌破经过标示a的颈线时放空，也符合形态学中做空的要旨，但不必然是最佳时机。因为在疑为第二头之时放空，股价仍然会有再创新高的可能；在疑为双重顶成立时放空，股价若出现后抽行为时难免误判停损点而先行出场，或者是头部形态(如标示A)根本失败，走势仅是abc的三波修正。

许多认为形态学理论太过缓慢、或者是无法在实际操作中运用的投资人，最常以图3-4的走势来进行批评，然而这些人士在分析

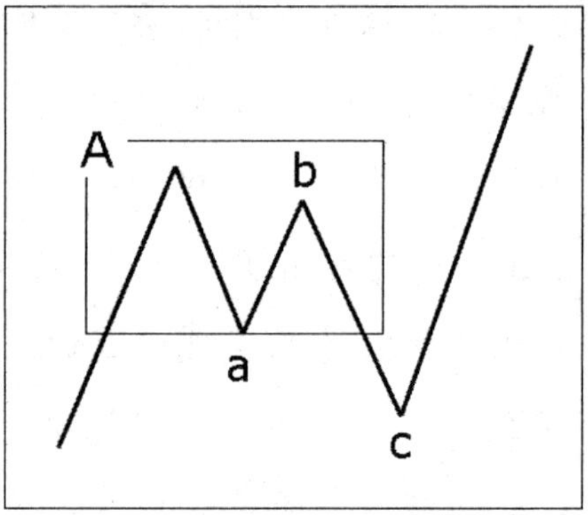

图 3-4　失败的头部形态

时却忽略了重要的因素，使修正走势与反转走势产生混淆，为了要使分析趋近于事实，除了要注意当时的时空背景外，该股走势的长期趋势也有绝对的关连性，切勿仅以眼前走势为主，而忽略了整体的走势。故请投资人在分析任何股价走势时，务必将观察的走势轮廓放大，以避免产生以管窥天的效应。

请看图 3-5，股价走势在未确定翻转成多头以前，不排除有再度破底的危机，然而操作者却会误判走势仅为修正，因此在临近前波低点时，便伺机进场操作多单，尤其是出现底部讯号之后，更加强多方操作者积极操作之心态。事实上，走势却呈现底部形态失败(如标示 B)，亦即出现假突破的技术现象，导致股价破底重挫。会造成类似这样的走势，往往是发生在空头初期或者是空头中期，避免误判的方法与前述无异，必须注意当时的时空背景、该股走势的长期趋势，并扩大观察的走势轮廓。

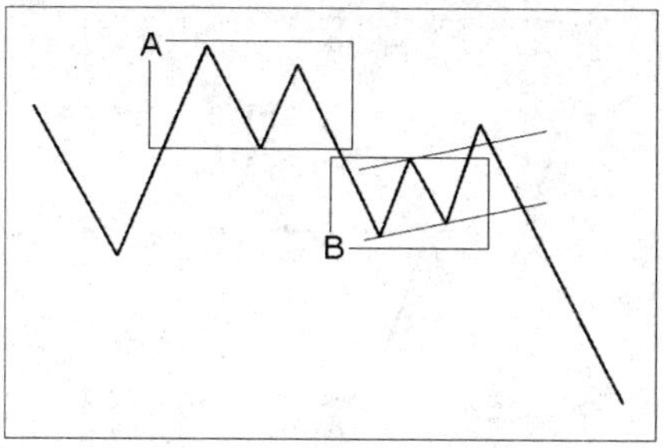

图 3-5　反弹走势与底部失败的形态

底部形态

当股价属于空头走势过程中，出现了向下停滞的走势，并进入所谓的整理过程，整理过程如果形成正反转低点垫高，即所谓低点不破前低的条件时，暗示股价进入较小层级的多头走势，此时出现的底部形态即为空转多讯号之前兆，多头若可以依赖形态的力道并加以适度地发挥，便可以确认趋势形成反转，否则底部形态也只是一个次级反弹波动而已。在实际经验中，底部形态经过统计归纳可以容易被辨识者有：V 形反转、双重底、三重底、头肩底、碟形底与盘坚式的复合型底部。

V 形反转

V 形反转的一般形态如图 3-6 所示，又称单脚反转、单脚跳。本形态通常发生在明显的下跌走势之后，即 K 线出现连续的日落下跌，接着以明确的多头 K 线呈现止跌(标示 L 处)，紧接着再以连续的日出线形，突破开始下跌的负反转高点(标示 H 处)，此即完成 V 形反转。

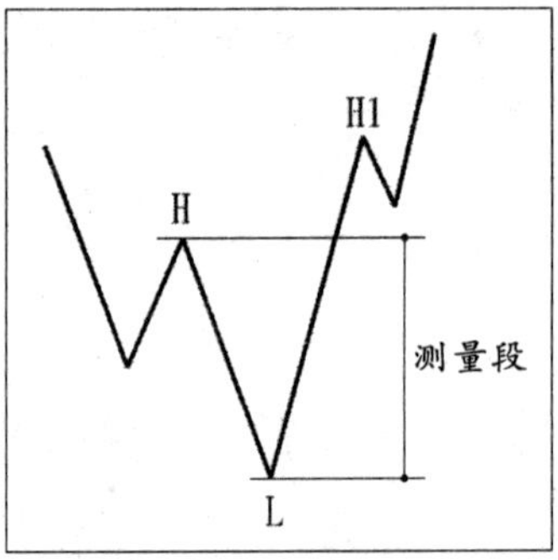

图 3-6　V 型反转

双重底

双重底又称为 W 底，请看图 3-7。双重底形态的形成，是股价从标示 L0 之处开始进行短线反弹，并止涨于标示 H0 的位置，接着压回测试前波低点附近的支撑，但是并没有再度创下新低点，形成标示 L1 的谷底，亦即维持 L1≥L0 的状态，最后再从 L1 开始上涨，并突破经过 H0 的水平颈线，此时双重底的形态才算初步完成。如果在突破颈线之后且尚未满足目标之前，先出现止涨压回，即标示 H1～L2 这一段的走势，通常被称为回测、后抽，亦可以视为短线洗盘。

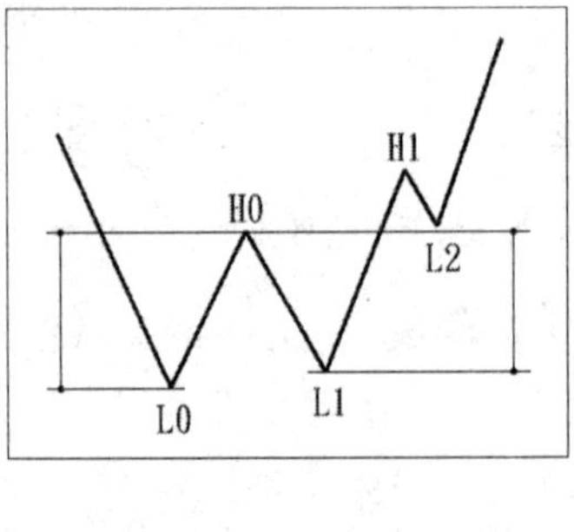

图 3-7　双重底

三重底

请看图 3-8，三重底是从标示 L1 开始上涨后，遭逢标示 H0 的水平颈线时，仅仅以上影线穿越，或是价格相等，或是攻击失败形成黑 K，同时止涨拉回修正，但却又没有跌破第二只脚的谷底，因此形成了第三只脚。就形态而言，其谷底应该呈现 L2≥L1，且 L1≥L0 的现象。

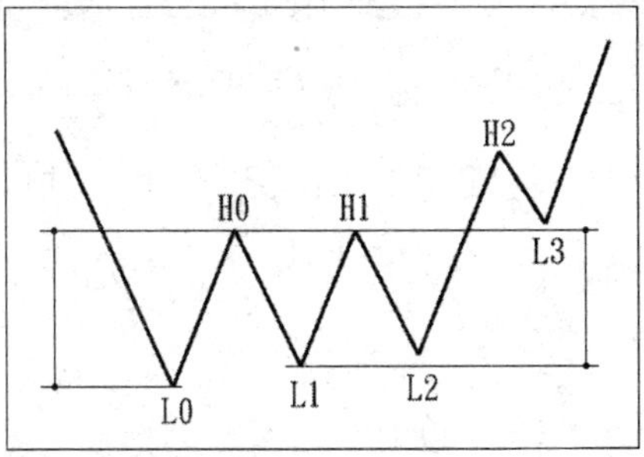

图 3-8　三重底

头肩底

请看图 3-9，在一个激烈的下跌走势或是较长周期的空头市场修正末端，因为价位过低使持股者开始出现惜售的现象，如此一来会使筹码逐渐稳定，此时若出现抢跌深反弹的买盘进驻，股价便会呈现跌深反弹的走势，此即为标示 L0～H0 的波段，是为左肩。

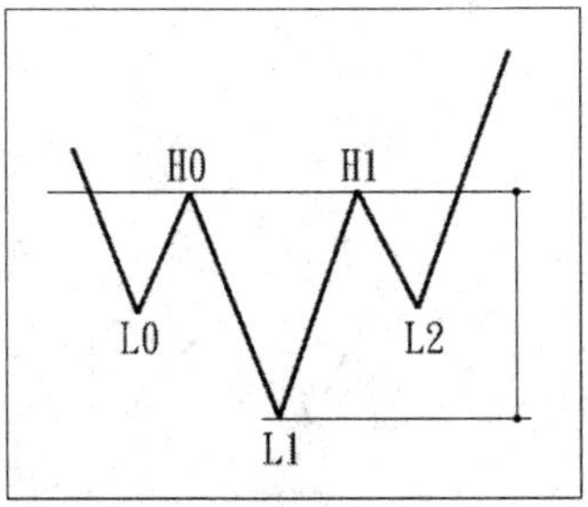

图 3-9　头肩底

当股价反弹告一个段落，抢短线的买盘出场，使股价再度回复下跌走势，且创下新低点(即标示 L1 的位置)，随后股价再度出现上涨走势，这一段涨势将相对明显，且幅度也较 L0～H0 这一段为大，通常会上涨靠近或是超过标示 H0 位置止涨形成 H1 的高点，而标示 L1 的这一个谷底便称为头。

从标示 H1 的高点开始下跌的走势，其幅度将不会大于前一段上涨，亦即下跌的终点 L2 不会跌破 L1 的谷底，此处是为右肩。通常标准的形态会使 L2 的低点与 L0 的低点呈现对称的情形，亦即时间对称或者是价位对称，同时会出现指针讯号暗示 L2 的支撑成立，最后再以多头攻击的 K 线突破颈线作为形态完成的确认。

碟形底

碟形底又称为圆弧底、潜伏形底部，是属于比较特殊的底部形态，请看图 3-10。其形成的原因是经过长期或是较为明显的下跌修正之后，多空双方的争斗趋于平缓，股价波动逐渐进入盘跌走势，接着因为成交量的萎缩，股价上下振荡的幅度减缓，渐渐的由盘跌走势转变成为盘坚走势，在盘跌到盘坚的这一段过程，短线操作者将不容易撷取操作利润，同时波动的谷底看起来类似一个碟形或圆弧形。

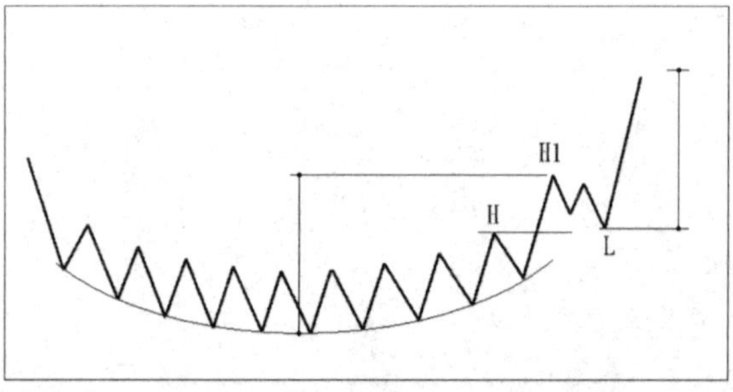

图 3-10 碟形底

在形态的末端，多空拉锯后多方逐渐占上风，并使股价出现明显的上涨，脱离原本的盘坚牛皮走势，在突破最后一个盘坚高点(标示 H 处)或者是开始盘跌下跌的高点时，会迫使第一批空单抢补，当冲刺的力道结束便形成 H1 的止涨高点，并使股价从此处开始回测，而 H1～L 这一段走势属于小波段洗盘的段落，俗称杯形带把。

盘坚式的复合型底部

请看图 3-11 为盘坚式的复合型底部。当股价出现明显的下跌走势之后，没有出现传统的底部讯号，反而以盘坚模式一路向上，形成盘坚进货的走势，并在突破最后一个盘坚高点，或是某一个下跌的起点之后，脱离盘坚的走势，形成止涨回测突破的颈线位置。标示 H1～L 的这一段为洗盘走势，也可以称为杯形带把，从线图来看，与碟形底的差异在于左半边的走势不同，故也可以称此形态为半圆弧底。

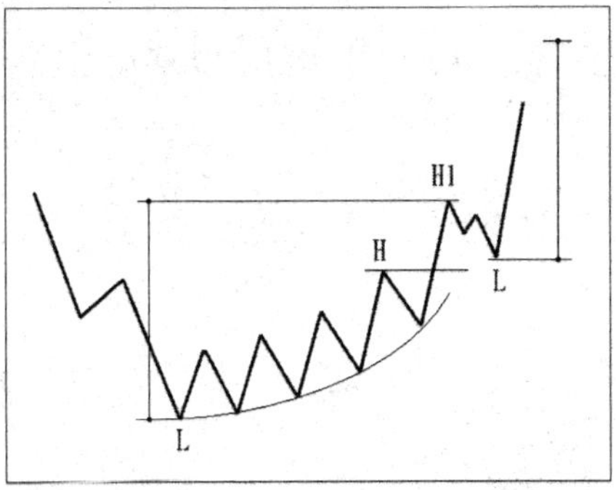

图 3-11 盘坚式的复合型底部

整理形态

整理形态又被称为中继形态或者是趋势休息站。一般而言，整理形态的讨论将会比反转形态复杂一些，因为在整理过程中，尚未完成的整理形态与尚未完成的反转形态，其波动模型与成交量等指针的变化，有其极为雷同之处，往往会使投资人误判整理形态是反转形态而太早投入。为了避免这样的困扰，严谨地定义形态模型，等待确认讯号再进场操作，同时善用测量法则来恰当地定位相对位置，将可以提高形态分析的准确率并降低操作上的风险。

水平箱形

请看图 3-12，水平箱形一般称为箱形或是矩形，也可以称为水平旗形，意思是他是属于走平的一面旗子。本形态是指在某一段时间内，利用趋势线的切法，可以取出上下两条水平颈线来包覆住当时的整理走势，此时便可以将其走势定位成水平箱形的整理形态。本形态又称为整理形态之母，这是因为刚刚开始假设任何整理走势时(包含反转形态)，均是以水平箱形为基础，然后再根据实际走势调整为其他形态。

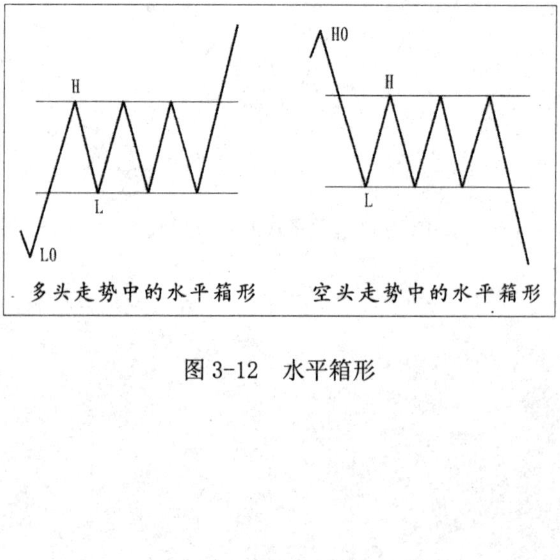

图 3-12　水平箱形

取水平趋势线时，每一条至少要切过两个关键点，但越多越好。取线的时候请注意以切过上下影线且未切过 K 线实体为原则，当有实体穿越原始画好的趋势线时，代表该线需要被调整，如此实际走势在股价波动的过程中就能藉调整之作用而渐渐被分辨出来。本形态可以出现在多头与空头行进间的整理走势中，唯不宜视为反转形态。

上升旗形

请看图 3-13，当行情经过一段时间的上涨或是下跌之后，股价走势进入整理阶段，由于多空双方呈现拉锯，但是多方略占上风致使走势图以盘坚向上的方式振荡，取其高对高、低对低的切线，形状类似一个向右上方走势的平行四边形，因为外形又与迎风飘扬的旗子一般，故称为上升旗形。本形态属于水平箱形的变化形态。上升旗形的走势可以出现在多头与空头过程中，除了可以属于中继形态之外，在多头涨升过程也可以当成多转空的转折形态。

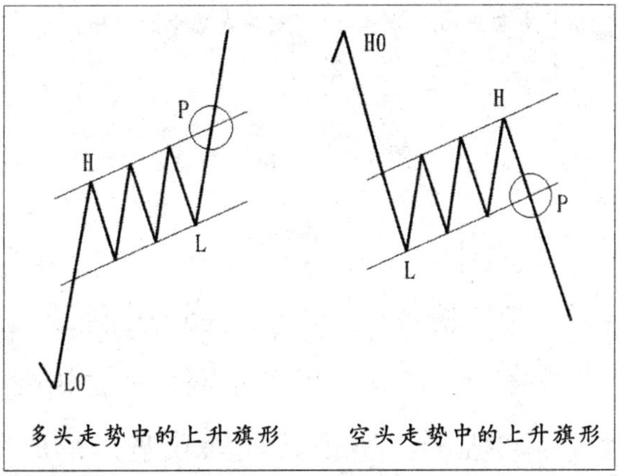

图 3-13　上升旗形

下降旗形

请看图 3-14，当行情经过一段时间的上涨或是下跌之后，股价走势进入整理阶段，由于多空双方呈现拉锯，但是空方略占上风致使走势图以盘跌向下的方式振荡，取其高对高、低对低的切线，形状类似一个向右下方走势的平行四边形，因为外型又与迎风飘扬的旗子一般，故称为下降旗形，本形态属于水平箱形的变化形态。下降旗形的走势可以出现在多头与空头过程中，除了可以属于中继形态之外，在空头下跌过程也可以当成空转多的转折形态。

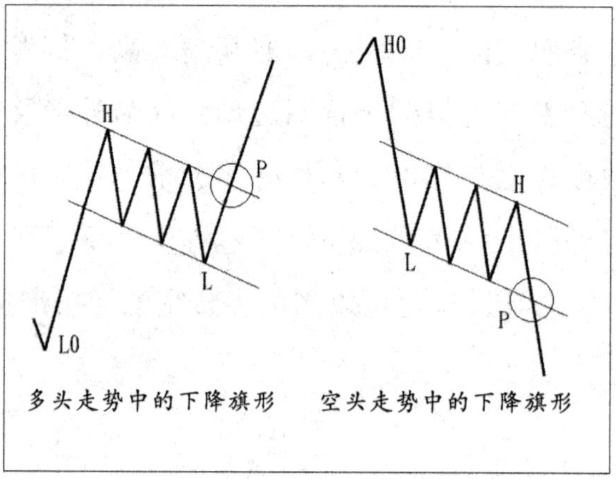

图 3-14　下降旗形

反转旗形

请看图 3-15，当行情经过一段长时间的上涨或是下跌之后，股价走势可能进入最终阶段，并呈现多空双方的拉锯战，在多头走势的末端时，以多方较强的盘坚模式逐渐攻坚，形成上升旗形的形态，最后跌破上升趋势线，使走势出现反转，或者是在空头走势的末端时，以空方较强的盘跌模式不断创低，形成下降旗形的形态，最后突破下降趋势线，使走势出现反转，此时即可以称此旗形为反转旗形。

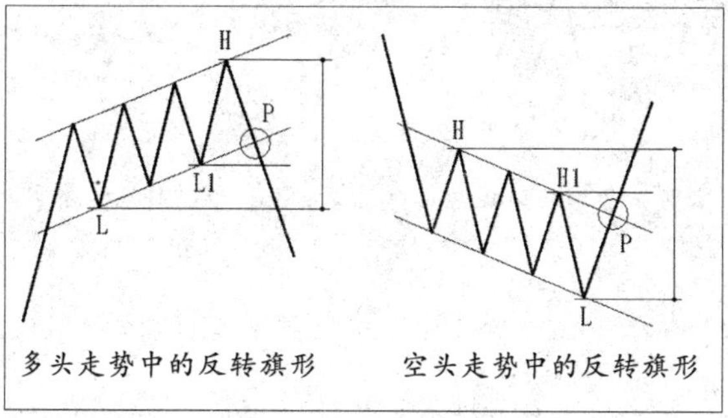

图 3-15 反转旗形

对称收敛三角形

请看图 3-16，对称收敛三角形一般称为收敛三角形、对称三角形，或是简称为三角形，当股价走势进入整理时，股价振荡的幅度逐渐减少，形成高点越来越低、低点越来越高的走势，利用高点与高点、低点与低点所连接起来的的切线，形成上下两条趋势线的角度大约相等，其延长线交会于线图的右侧，而两条趋势线的夹角为锐角，故又有人称为锐角三角形。

根据波浪理论的描述，标准的对称收敛三角形走势是每一个段落与前一个段落的比例约为 0.618 倍，但在形态的探讨上只要符合收敛走势即可。又有部分技术分析人士宣称，当走势呈现三角形整理时，股价会在距离两条趋势线交会的尖端大约 2/3～3/4 处突破或跌破，其力道的反映会较为明显，若超过这样的距离才突破或跌破，其效用将会大减；或者说盘整到趋势线的交会处将会产生走势的变化。然就实际操作经验得知，无论是三角形或是楔形突破、跌

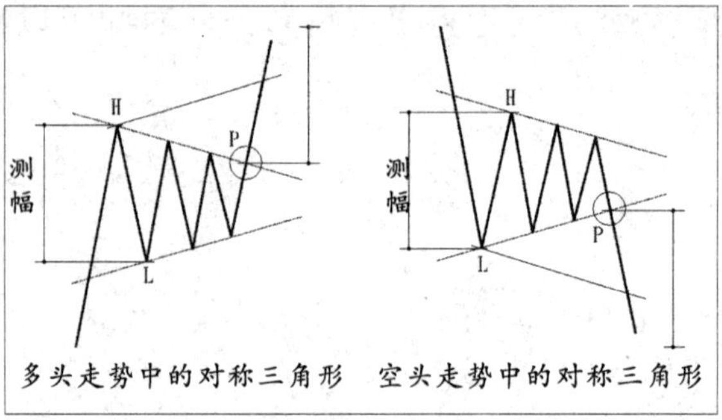

图 3-16 对称收敛三角形

破的时间，并无定论，故请投资人参考即可，不必将这样的说法列为必要条件。而本形态可以出现在多头与空头行进间的整理走势中，唯不宜视为反转形态，出现类似三角形的反转形态，请以三重顶(底)或是其他复合式的头部(底部)来进行分析。

上升收敛三角形

请看图 3-17，本形态属于对称收敛三角形的变化形态，一般称为上升三角形，其走势的分析重点与对称收敛三角形无异，主要的差异是利用走势所画出的趋势线有所不同，无论在多头或是空头，其上限为水平趋势线，其下限为往右上方倾斜的趋势线，而两条趋势线的夹角为锐角，故又有人称为直角三角形。本形态不宜当成反转形态，若在空转多时出现类似这样的走势，请以三重底进行规划。

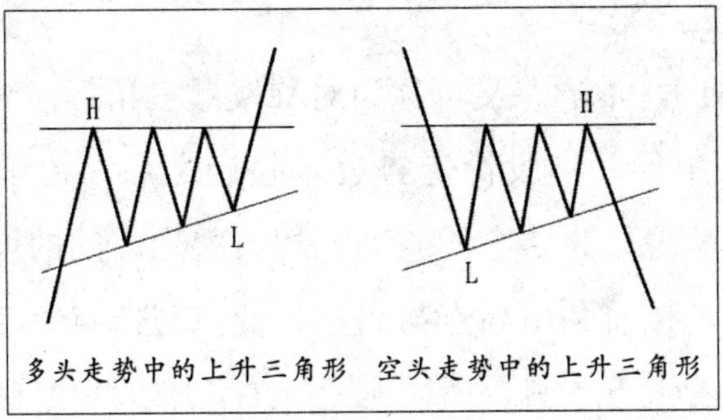

图 3-17　上升三角形

下降收敛三角形

请看图 3-18，本形态属于对称收敛三角形的变化形态，一般称为下降三角形，其走势的分析重点与对称收敛三角形无异，主要的差异是利用走势所画出的趋势线有所不同，无论在多头或是空头，其下限为水平趋势线，其上限为往右下方倾斜的趋势线，而两条趋势线的夹角为锐角，故又有人称为直角三角形。本形态不宜当成反转形态，若在多转空时出现类似这样的走势，请以三重顶进行规划。

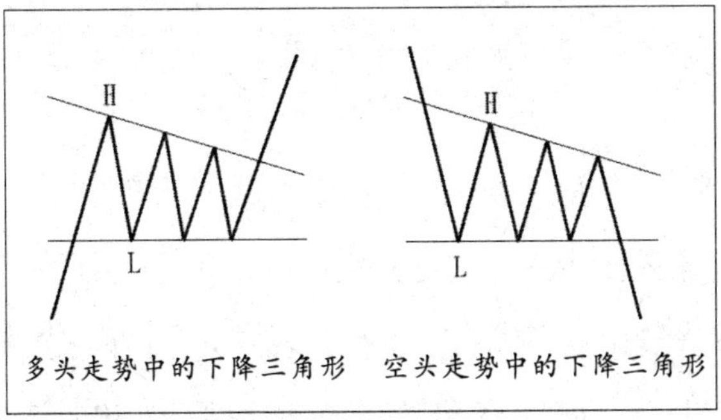

图 3-18　下降三角形

对称扩散三角形

请看图 3-19，本形态又可称为对称发散三角形，简称扩散三角形或是发散三角形。当股价走势进入整理之后，由于多空双方相争，整理初期呈现较为狭窄的波动，随着整理时间的增加，振荡的幅度逐渐扩大，接着利用高点与高点、低点与低点所连接起来的的切线，上限往右上方倾斜，下限则是往右下方倾斜，两条趋势线的角度大约相等，其延长线交会于线图的左侧，走势为对称收敛三角形的水平镜射，故又被称为倒转的三角形。

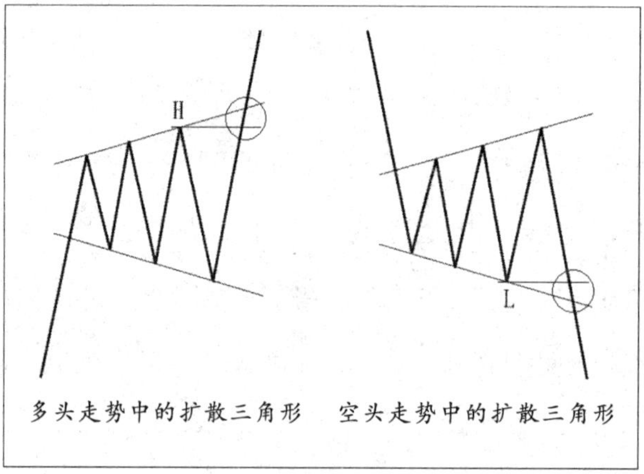

图 3-19　对称扩散三角形

本形态与其他三角形一样，不宜当成是反转形态，也可如收敛三角形一样，再变化出扩散走势的上升三角形与下降三角形，其走势也会呈现每个段落符合黄金比率的现象。另外，扩散三角形有一个时间上的特性，当日线格局的整理时间超过 50 个交易日以上时，并未出现跌破或突破趋势线进行表态，那么我们应该要怀疑走势图有可能不是以此形态进行整理，需要有针对形态定位进行修正或是放弃以本形态分析的心理准备。

收敛下降楔形

请看图 3-20，当行情经过一段时间的上涨或是下跌之后，股价走势进入整理阶段，由于多空双方呈现拉锯，越靠近整理末端，走势振荡幅度逐渐缩小，但是仍维持盘跌向下的方式振荡，若取其高对高、低对低的切线，将会形成上下限均向右下方倾斜的趋势线，且两条趋势线往右下方逐渐靠拢闭合，属于收敛的三角形态，但因为两条趋势线同方向，故称为收敛下降楔形，简称下降楔形。本形态又属于下降旗形的变化形态，除了可以属于中继形态之外，在空头下跌过程也可以当成空转多的转折形态。

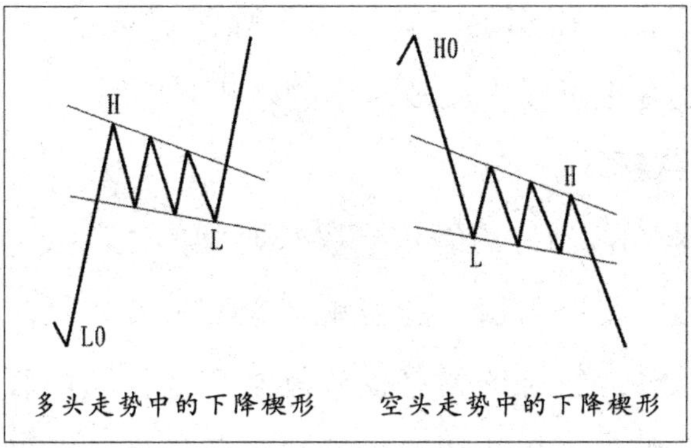

图 3-20　收敛下降楔形

收敛上升楔形

请看图 3-21，当行情经过一段时间的上涨或是下跌之后，股价走势进入整理阶段，由于多空双方呈现拉锯，越靠近整理末端，走势振荡幅度逐渐缩小，但是却仍维持盘坚向上的方式振荡，若取其高对高、低对低的切线，将会形成上下限均向右上方倾斜的趋势线，且两条趋势线往右上方逐渐靠拢闭合，属于收敛的三角形态，

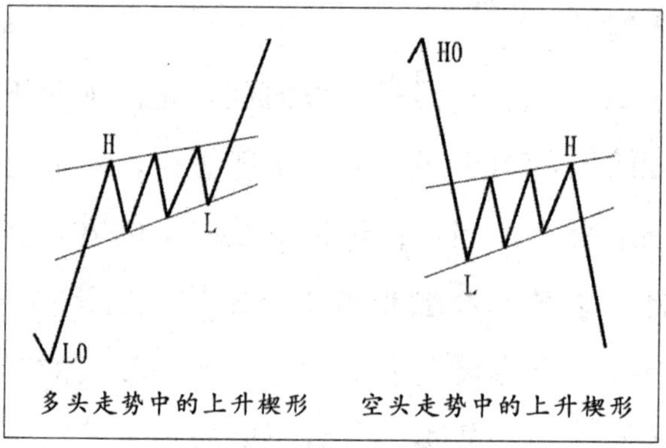

图 3-21 收敛上升楔形

但因为两条趋势线同方向，故称为收敛上升楔形，简称上升楔形。本形态又属于上升旗形的变化形态，除了可以属于中继形态之外，在多头涨升过程也可以当成多转空的转折形态。

收敛反转楔形

请看图 3-22，当行情经过一段长时间的上涨或是下跌之后，股价走势可能进入最终阶段，并呈现多空双方的拉锯战，在多头走势的末端时，以多方较强的盘坚模式逐渐攻坚，形成收敛上升楔形的形态，最后跌破上升趋势线，使走势出现反转；或者是在空头走势的末端时，以空方较强的盘跌模式不断创低，形成收敛下降楔形的形态，最后突破下降趋势线，使走势出现反转，此时即可以称此形态为收敛反转楔形，简称反转楔形。本形态又属于反转旗形的变化形态。

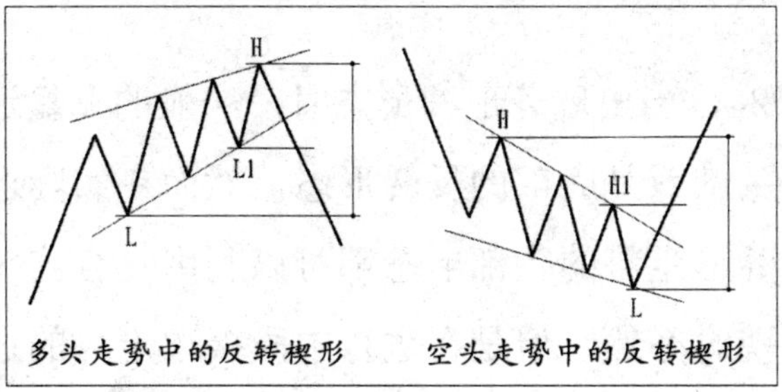

图 3-22　收敛反转楔形

扩张反转楔形

请看图 3-23，当行情经过一段长时间的上涨或是下跌之后，股价走势可能进入最终阶段，并呈现多空双方的剧烈振荡，且幅度越来越大，在多头走势的末端时，以多方较强的盘坚模式逐渐攻坚，形成扩张上升楔形的形态，最后跌破上升趋势线，使走势出现反转；或者是在空头走势的末端时，以空方较强的盘跌模式不断创低，形成扩张下降楔形的形态，最后突破下降趋势线，使走势出现反转，此时即可以称此形态为扩张反转楔形。本形态又属于反转旗形的变化形态。扩张楔形与收敛楔形的形态一样，也会出现中继的整理形态，可以分别在多头上涨过程、与空头下跌过程中出现，其名称为扩张上升楔形与扩张下降楔形，请投资人自行分辨。

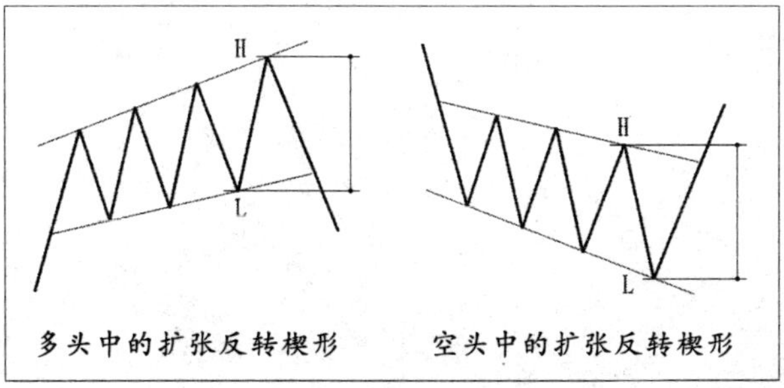

图 3-23　扩张反转楔形

菱形

请看图 3-24，当出现菱形的形态时，一般的书籍通常会将本形态定位在中级头部或是底部的反转形态，然而在实际运用的过程中发现，类似像菱形走势的头部形态都可以利用复合式头部来进行定位，在低档出现时亦然，但是在进行中段整理走势的过程中，实际运用时其重要性超过头部或底部，因此本书将菱形定位为整理形态。

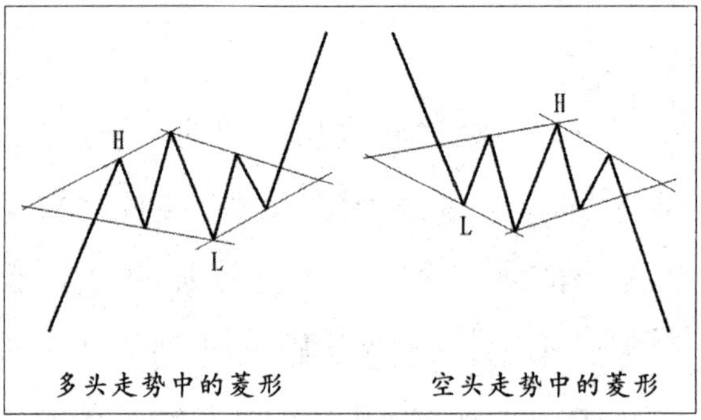

图 3-24　菱形

当股价走势暂告一个段落后进入整理，图形出现类似扩张的形态，但却又没有跌破或是突破当时之趋势线，反而形成一个收敛的走势，此种左边扩张、右边收敛的复合形态，根据其高低点切线便形成一个类似平行四边形的走势图，此即为菱形走势，又称为钻石形态。

头部形态

当股价在多头走势过程中出现了向上停滞的走势，并进入所谓的整理过程，整理过程如果形成负反转高点渐低，即所谓高点越来越低的条件时，暗示股价进入较小层级的空头走势，此时出现的头部形态即为多转空讯号之前兆。空头若可以依赖形态的力道加以适度的发挥，便可以确认趋势形成反转，否则头部形态也只是一个次级回档波动而已。在实际经验中，头部形态经过统计归纳可以容易被辨识者有：V形反转、双重顶、三重顶、头肩顶、碟形顶与盘跌式的复合型顶部。

V形反转

V形反转的一般形态如图3-25所示，又称单脚反转、单脚跳。本形态通常发生在明显的上涨走势之后，即K线出现连续的日出上涨，接着以明确的空头K线呈现止涨(标示H处)，紧接着再以连续的日落线形跌破开始上涨的正反转低点(标示L处)，此即完成V型反转。

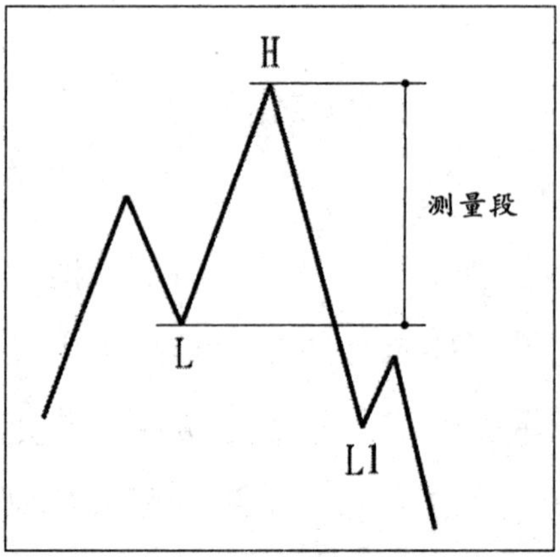

图 3-25　V 型反转

双重顶

双重顶又称为 M 头，请看图 3-26。双重顶形态的形成，是股价从标示 H0 之处开始进行短线回档，并止跌于标示 L0 的位置，接着反弹测试前波高点附近的压力，但是并没有再度创下新高点，形成标示 H1 的峰顶，亦即维持 H0≥H1 的状态，最后再从 H1 开始下跌，并跌破经过 L0 的水平颈线，此时双重顶的形态才算初步完成。如果在跌破颈线之后且尚未满足目标之前，先出现止跌反弹，即标示

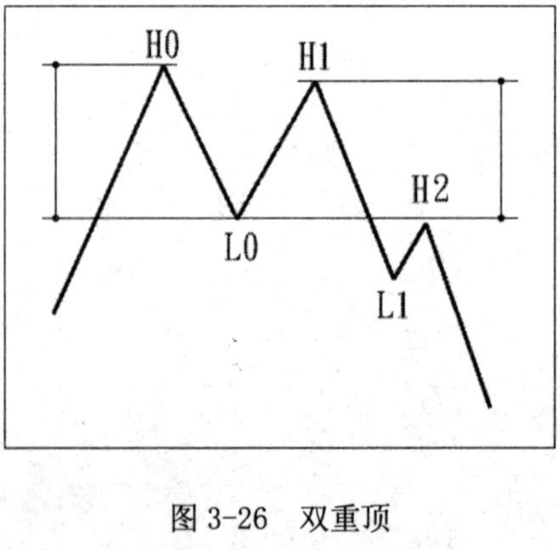

图 3-26　双重顶

L1～H2 这一段的走势，通常被称为回测、后抽，亦可以视为短线逃命。

三重顶

请看图 3-27，三重顶是从标示 H1 开始下跌后，遭逢标示 L0 的水平颈线时，仅仅以下影线穿越，或是价格相等，或是攻击失败形成红 K，同时止跌反弹修正，但却又没有突破第二个头的峰顶，因此形成了第三个头。就形态而言，其谷底应该呈现 H2≤H1，且 H1≤H0 的现象。

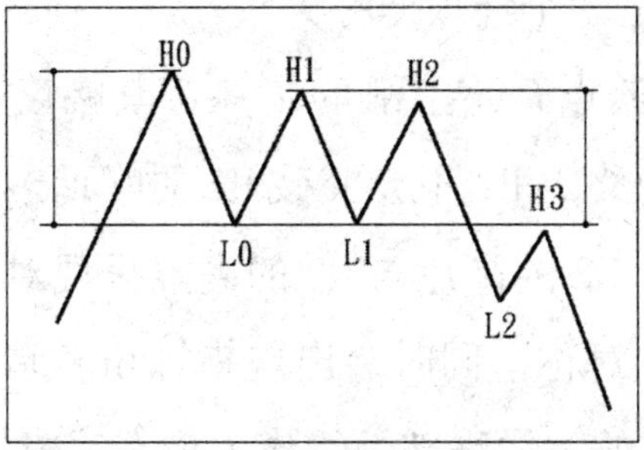

图 3-27　三重顶

头肩顶

请看图 3-28，在一个激烈的上涨走势或是较长周期的多头市场涨势末端，因为价位过高使持股者开始出现获利回吐的现象，如此一来会使筹码逐渐凌乱，此时若出现获利了结的卖盘，股价便会呈现涨多拉回的走势，此即为标示 H0～L0 的波段，是为左肩。

当股价回档告一个段落，逢低买进的短线买盘进场，使股价再度回复上涨走势，且创下新高点即标示 H1 的位置，随后股价再度出现下跌走势，这一段跌势将相对明显，且幅度也较 H0～L0 这一段大，通常会下跌靠近或超过标示 L0 的位置，再止跌形成 L1 的低

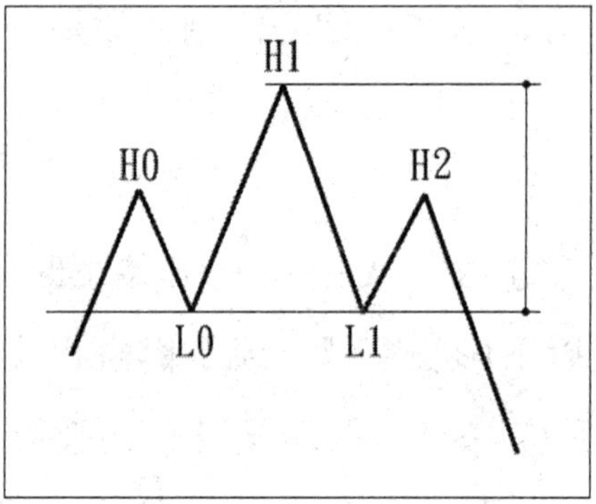

图 3-28　头肩顶

点，而标示 H1 的这一个峰顶便称为头。

从标示 L1 的低点开始上涨的走势，其幅度将不会大于前一段上涨，亦即上涨的终点 H2 不会突破 H1 的峰顶，此处是为右肩。通常标准的形态会使 H2 的高点与 H0 的高点呈现对称的情形，亦即时间对称或者是价位对称，同时会出现指针讯号暗示 H2 的压力成立，最后再以空头攻击的 K 线跌破颈线作为形态完成的确认。

碟形顶

碟形顶又称为圆弧顶、潜伏形顶部，是属于比较特殊的头部形态，请看图 3-29。其形成的原因是经过长期或是较为明显的上涨走势之后，多空双方的争斗趋于平缓，股价波动逐渐进入盘坚走势，接着因为成交量的萎缩，股价上下振荡的幅度减缓，渐渐的由盘坚走势转变成为盘跌走势，在盘坚到盘跌的这一段过程，短线操作者将不容易撷取操作利润，同时波动的峰顶看起来类似一个碟形或圆弧形。

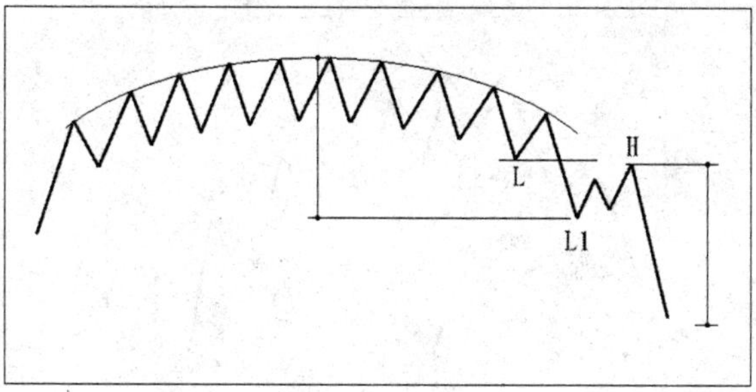

图 3-29 碟形顶

在形态的末端，经过多空拉锯后，空方逐渐占上风，并使股价出现明显的下跌，脱离原本的盘跌牛皮走势，在跌破最后一个盘跌低点(标示 L 处)或者是开始盘坚上涨的低点时，会迫使短线多头停损退出，当卖压减轻结束下跌的力道后便形成 L1 的止跌低点，并使股价从此处开始反弹，而 L1～H 这一段走势属于反弹逃命的段落，俗称杯形带把。

盘跌式的复合型顶部

请看图 3-30 为盘跌式的复合型头部。当股价出现明显的上涨走势之后，没有出现传统的头部讯号，反而以盘跌模式一路向下，形成盘跌出货的走势，并在跌破最后一个盘跌低点，或是某一个上涨的起点之后，脱离盘跌的走势，并形成止跌反弹回测跌破的颈线位置，标示 L1～H 的这一段为逃命走势，也可以称为杯形带把，从线图来看，与碟形顶的差异在于左半边的走势不同，故也可以称此形态为半圆弧顶。

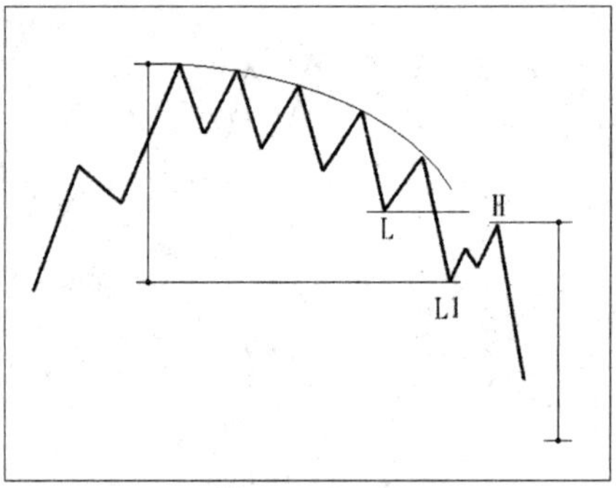

图 3-30　盘跌式的复合型头部

范例

请看图 3-31 乡林股价日线图，当股价反弹到 115 元的高点时，正好碰触到前一波除权的缺口，接着盘出一个头肩顶的头部形态，标示 A 的反弹走势是跌破头部颈线的后抽行为，在标示 B 的位置则是满足头部形态的幅度测量，但股价并未在此尝试反弹，反而持续向下修正，这种现象暗示需要调整测量目标的工具。

若改用 115 元到标示 L 的幅度当作测量波段，并以黄金螺旋进行计算，标示 C 的位置满足 2.618 倍的目标，标示 D 的位置则是因为除权的关系，满足了 3.236 倍的幅度。在成交量的变化上，标示 B、C 的位置分别爆出大量，推论是因为目标满足，有人看好后市进场，但却有被趁机倒货的嫌疑，而标示 E 的爆大量，是因为接近除权时间，利用消息面拉抬的短线操作手法。

请看图 3-32 亚弘电股价周线图，该股上涨浪潮(或是中长线反弹浪潮)在 49.3 元暂告一个段落，并以标示 L 为颈线盘出双重顶的头部形态，在标示 A 的位置跌破颈线使形态完成，利用第二头(标示 H)到颈线的距离为形态的测量幅度，于标示 B 的位置得到满足，但股价并未出现反弹反而持续修正，因此应考虑改用黄金螺旋计算。当使用黄金螺旋的计算方法时，所取的测量段落应该是 49.3 元到标示 L，而实际走势在标示 C 的位置穿越 2.618 倍。

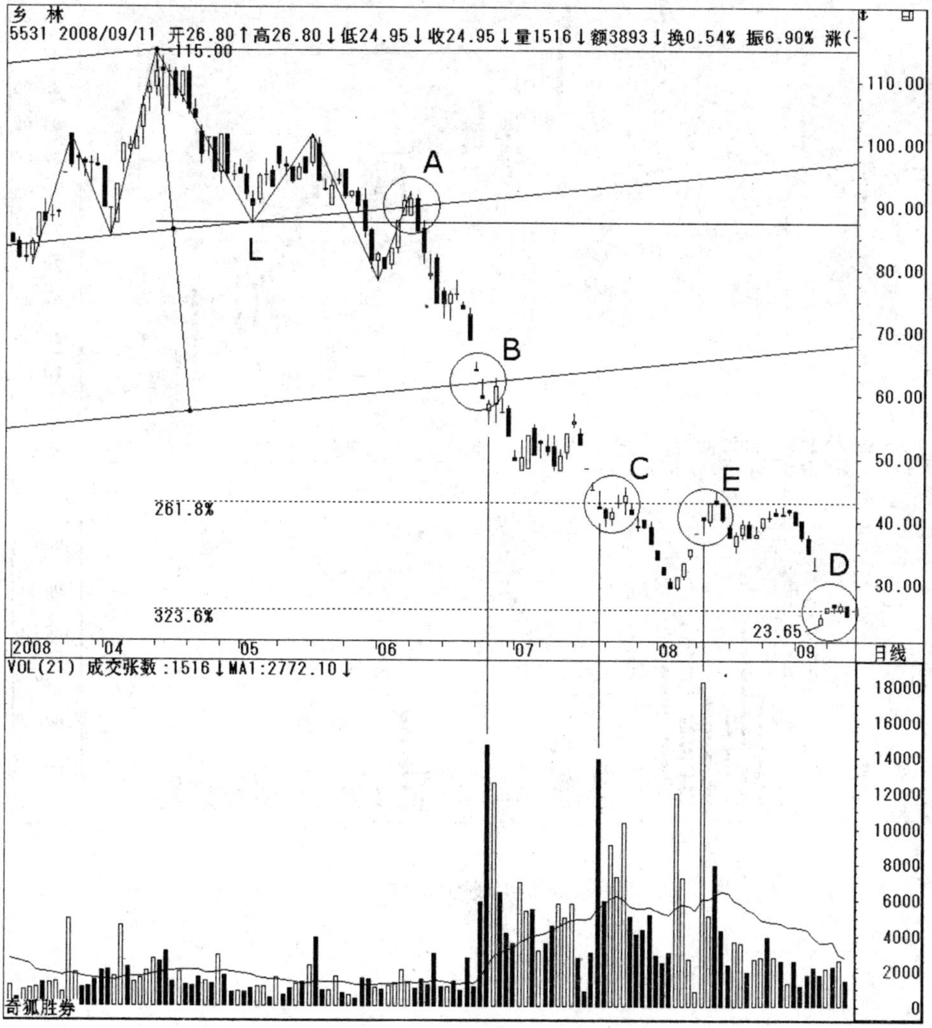

图 3-31　乡林股价日线图(资料来源：奇狐胜券)

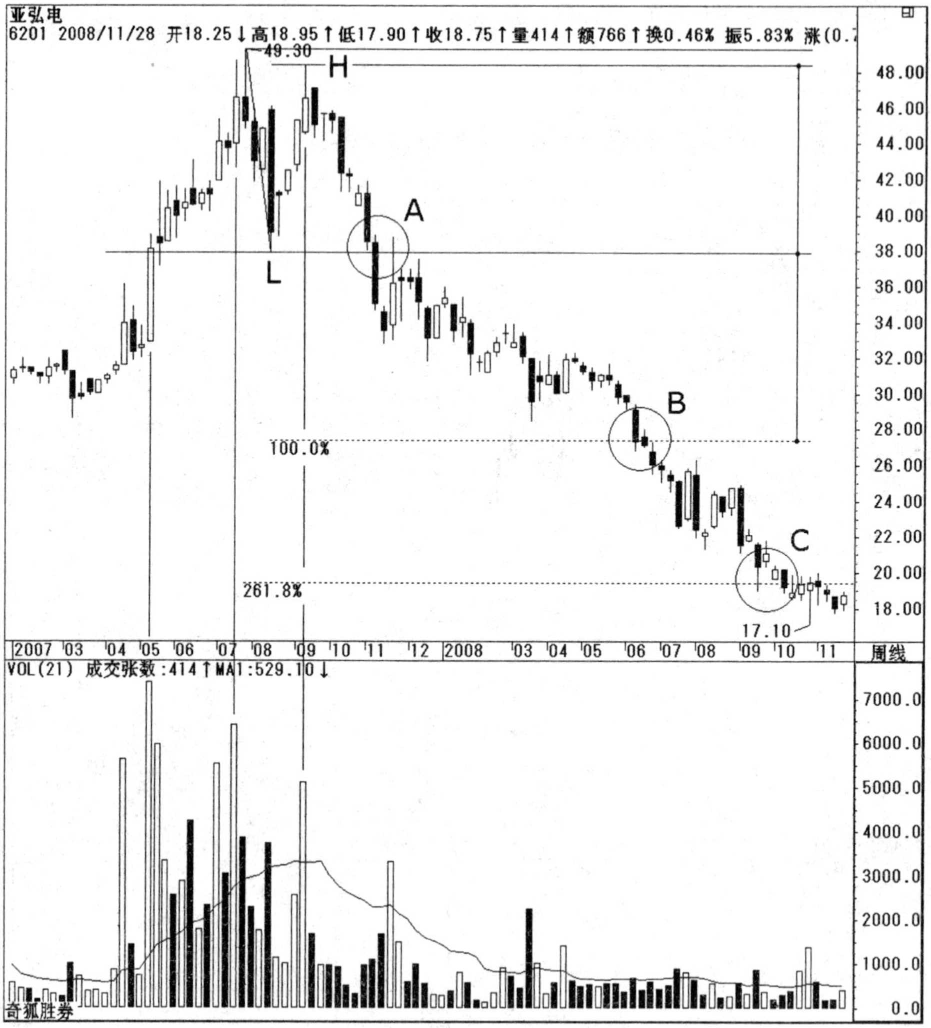

图 3-32 亚弘电股价周线图(资料来源：奇狐胜券)

请看图 3-33 远纺股价日线图，该股上涨到 57.9 元的高点后开始进入振荡走势，并以标示 N 为颈线盘出三重顶的头部形态，该颈线是经过调整的结果，在标示 A 的位置跌破颈线使形态完成，利用第二头(标示 H)到颈线的距离为形态的测量幅度，于标示 B 的位置得到满足，股价接着出现反弹且呈现一个底部的形态，但在标示 C 的位置宣告底部形态失败，股价持续向下修正，代表未来修正的目标参考值应考虑采用黄金螺旋计算。故取 57.9 元到标示 L 为测量段，实际走势在标示 D、E 的位置分别穿越 2.618 倍与 3.236 倍。

请看图 3-34 楚天高速股价日线图，走势以标示 L 为颈线盘出双重顶形态，标示 A 跌破颈线，标示 B 则呈现破颈线的反弹惯性，在标示 C 满足头部形态测量的基本幅度之后，开始振荡盘出底部讯号，并于标示 D 的位置得确认，后续的走势则是再创新高点。这种现象就是所谓的头底对应，即当头部的卖压被消化告一个段落后(即满足基本下跌幅度)，多头重新整军再攻(盘底)。但请投资人注意，盘底成功与否与当时走势整体轮廓有关，故需注意是否仅为反弹走势而造成盘底失败，并导致股价持续向下修正。

请看图 3-35 古越龙山股价日线图，该股上涨到 32.68 元的高点是属于中长期反弹，随后开始进入振荡盘出头肩顶的头部形态，并利用除权跳空跌破颈线，使头部形态完成，在标示 A 的位置满足头部形态的测量幅度，股价并未止跌反而持续向下修正，因此需要采用黄金螺旋计算其他下跌目标，我们可以看见在标示 B、C 的位置分别穿越 2.618 倍与 3.236 倍。

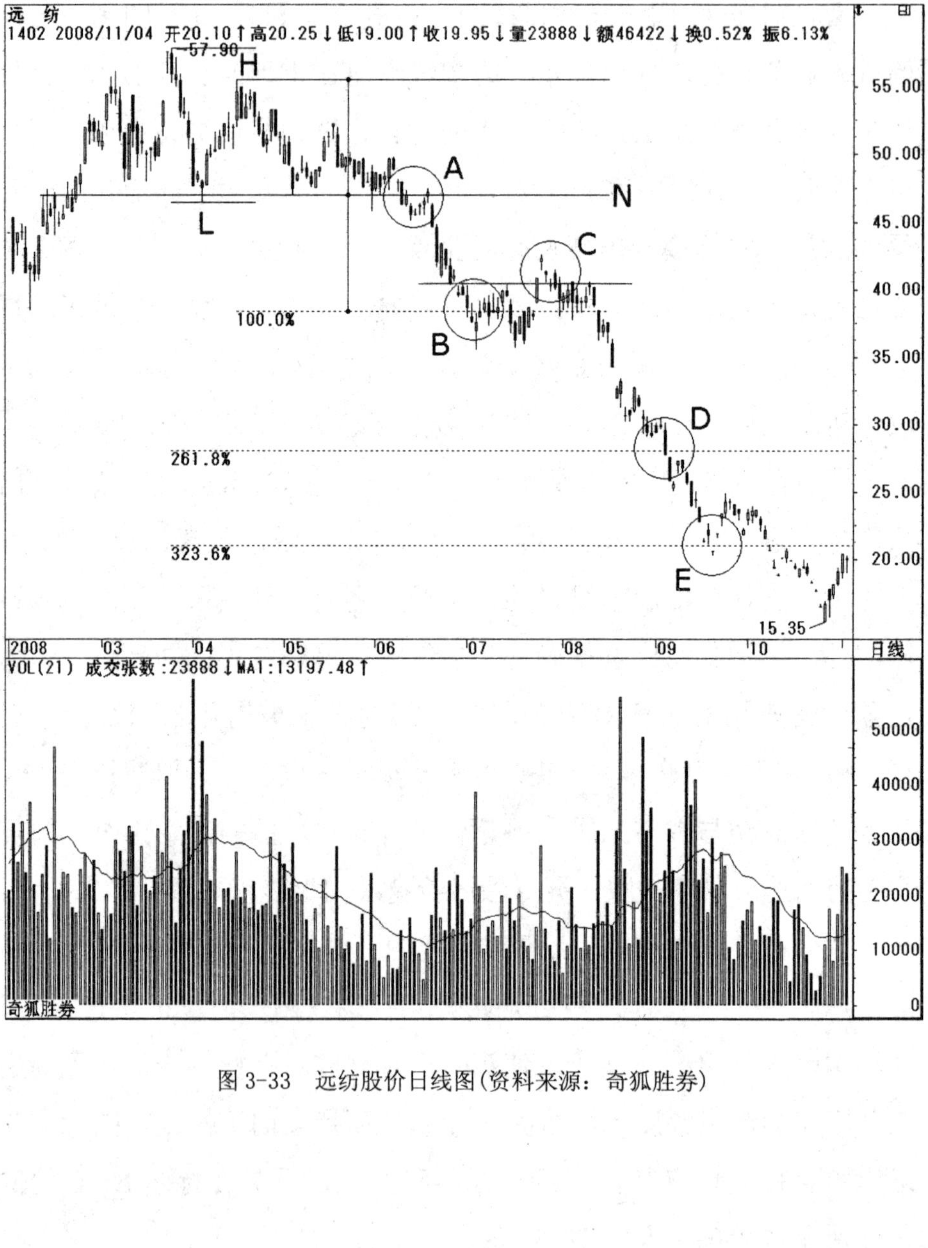

图 3-33 远纺股价日线图(资料来源：奇狐胜券)

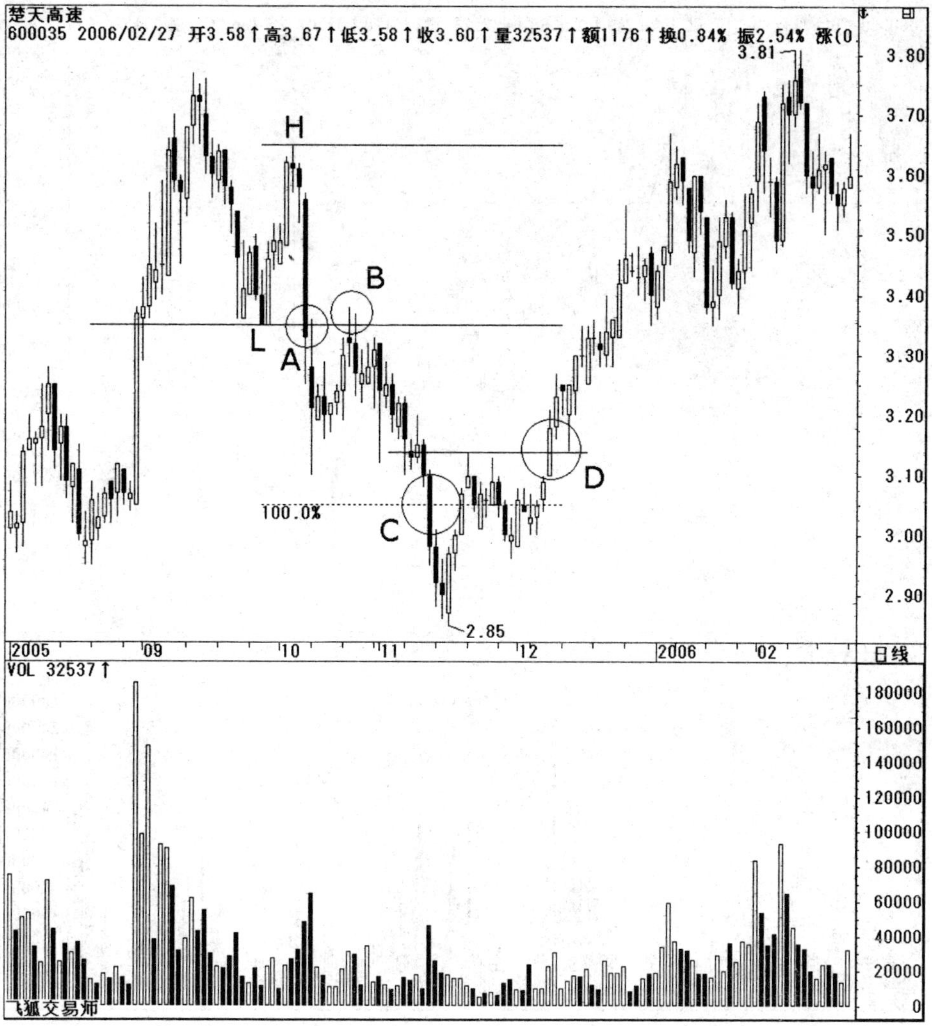

图 3-34　楚天高速股价日线图(资料来源：飞狐交易师)

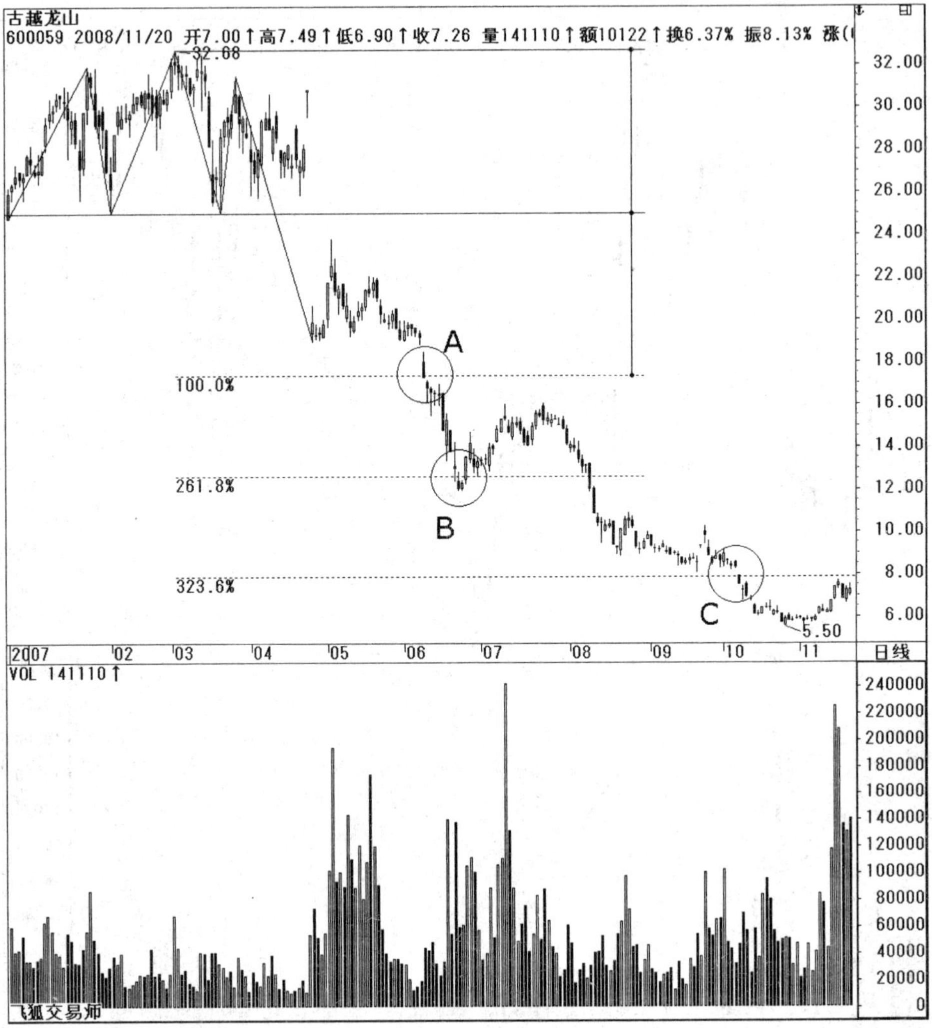

图 3-35 古越龙山股价日线图(资料来源：飞狐交易师)

请看图 3-36 宏远股价日线图，从反弹高点 8.99 元开始下跌，并于 5.3 元低点开始反弹，并形成一个底部的形状。投资人必须检视当时时空背景是否有结束修正并盘底之机会，或者修正尚未结束仅为反弹走势。若是前者，可以考虑逢低布局；若为后者，则需要真假突破的讯号来进行分析确认。实际走势虽然在标示 A 的位置突破底部的颈线，但却呈现假突破讯号，配合当时的时空背景，应假设为反弹走势为宜。

请看图 3-37 嘉泥股价周线图，从 10.65 元低点开始上涨后，于标示 H 止涨并进入修正，在当时只要修正低点没有跌破 10.65 元，宜将标示 H 这一段视为初升段走势。当股价从标示 L 的谷底再度上涨，以形态学的角度视之，在标示 A 的位置突破颈线，并在标示 B 的位置满足底部形态的测幅，至此均为股价波动的合理行为。

但在标示 B 之后股价并没有止涨，反而持续攻坚，即代表要利用标示 H 到 10.65 元这一段为测幅进行黄金螺旋的计算，实际走势在标示 C 的位置穿越 2.618 倍后才进入修正。因为上涨走势满足了 2.618 倍的幅度，我们可以认定这是一个攻击波段，因此在进行走势的假设时，暂时定位有机会呈现 5 波的上涨结构，故先在转折点的对应位置上分别标示上 #-1、#-2 与 #-3，未来产生回档的低点不与标示 #-1 波的高点重叠，波位的假设就有机会成立，亦即未来还有第 5 波上涨的可能。

而当走势修正到标示 L1 的低点后，盘出底部形态(第二只脚在标示 L2 的位置)，并于标示 D 的位置穿越底部颈线，于标示 E 的位置满足底部形态的测幅，到这时标示 L1 与标示 H 并未产生重叠，故可以在标示 L1 的低点上再标上 #-4 的记号，而股价在标示 E 之后续涨，故利用标示 H1 到 L1 为测幅进行黄金螺旋的计算，于标示 F 的位置穿越 2.618 倍止涨进入修正，因此可以在当时 23 元的高点标上 #-5 的注记。

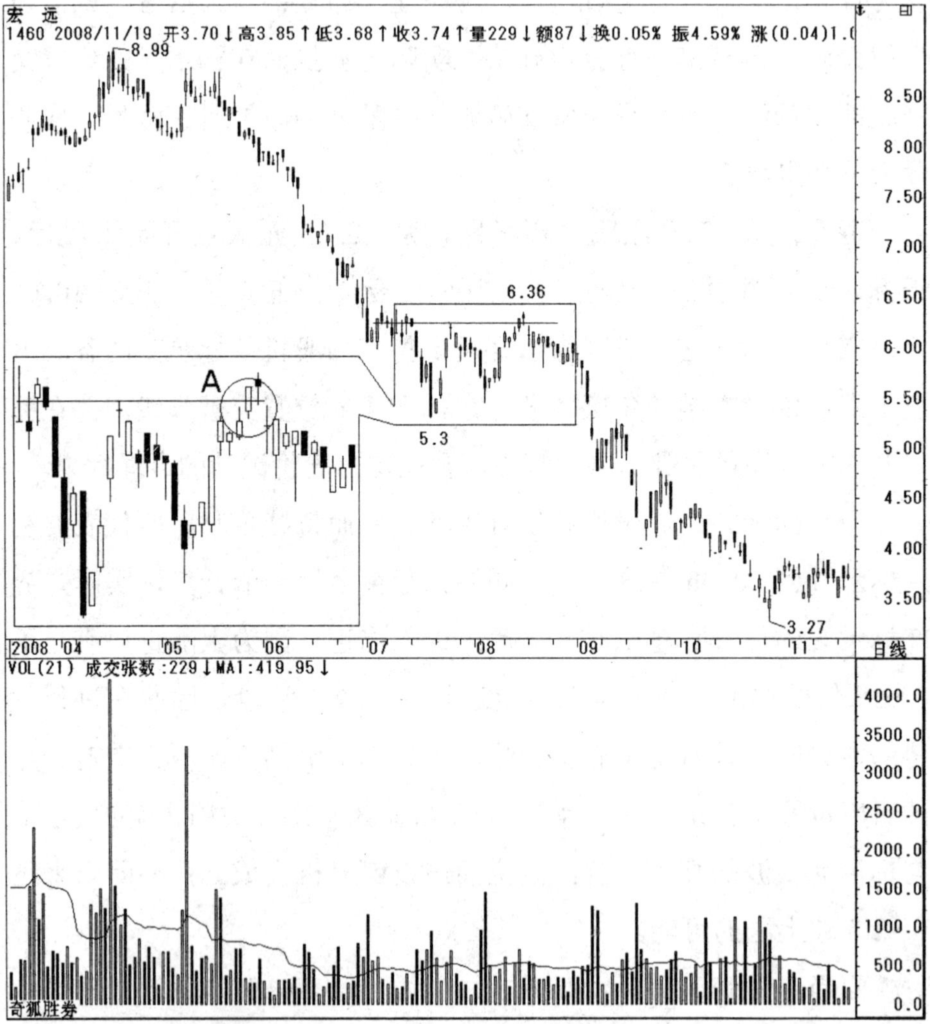

图 3-36 宏远股价日线图(资料来源：奇狐胜券)

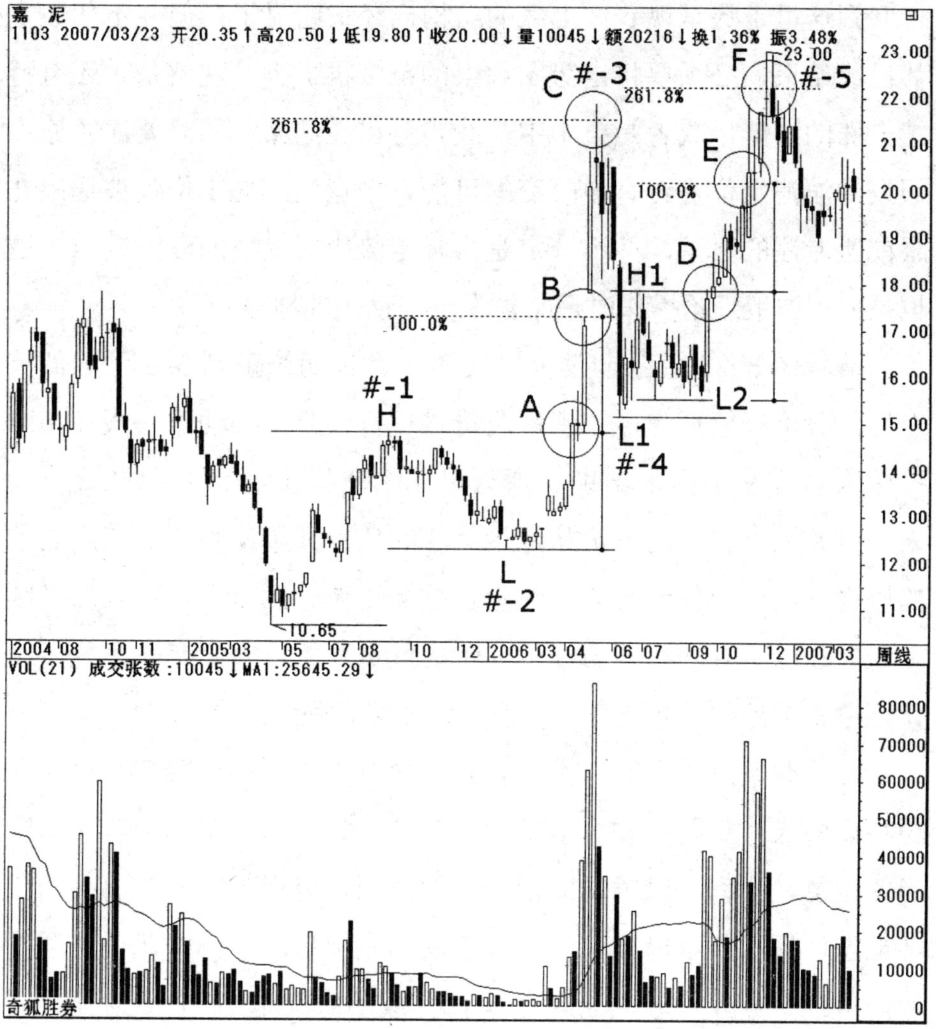

图 3-37　嘉泥股价周线图(资料来源：奇狐胜券)

到这里走势呈现 5 波上涨的结构已经很明显了，但并不代表走势已经结束，必须要将走势图观察的范围再扩大，观察是否还有持续上涨的可能，或者是整个中长线走势已经结束。同时要注意原本假设的波浪定位是否有被改变的可能。毕竟当时的定位仅被局限在眼前所专注的段落，并不一定是实际走势所要呈现的波浪定位，这也是使用波浪理论操作时最常被误导与误用的地方。

请看图 3-38 金像电股价日线图，当长期修正到 5.9 元的低点之后，股价开始反弹，止涨后股价进行持续修正的动作，假设当时投资人认为空头尚未结束，那么以图中所标示的 #-1、#-2 与 #-3 来定位并无不妥，而股价从标示 #-3 的位置开始反弹，对应到之前的假设，应该定位当时的反弹走势是 #-4 波。然而实际走势却持续上涨并在标示 C 的位置与标示 #-1 的低点产生重叠，亦即违反了铁律，也就是当时认为还有第 5 波下跌的假设确定消失。

既然假设是错误的，操作者必须面对事实，执行减少亏损的动作与调整操作策略，并重新检视走势图，针对当时实际走势做出恰当的定位。我们可以发现，标示 A 的区域可以视为一个头肩顶的头部形态，标示 B 可以视为一个双重底的底部形态，亦即此处出现头底对应的效应，比较巧合的是头部完成的时间是 24 个交易日，而底部完成的时间为 23 个交易日，非常接近。虽然这种时间对应不一定成为铁律，但却也不失为一个参考的依据。

我们在操作时如何避免误判走势呢？首先我们必须要承认，误判是难以避免的，因此必须要具备调整与修正看法的能力与决心，接着就需要以正确的技术分析逻辑不断地观察历史线图的走势，以增加技术分析的推演能力。尤其在使用技术分析时，更需要放大观察的轮廓，以避免因为以管窥天所产生的错觉，导致操作时的定位出现偏差。

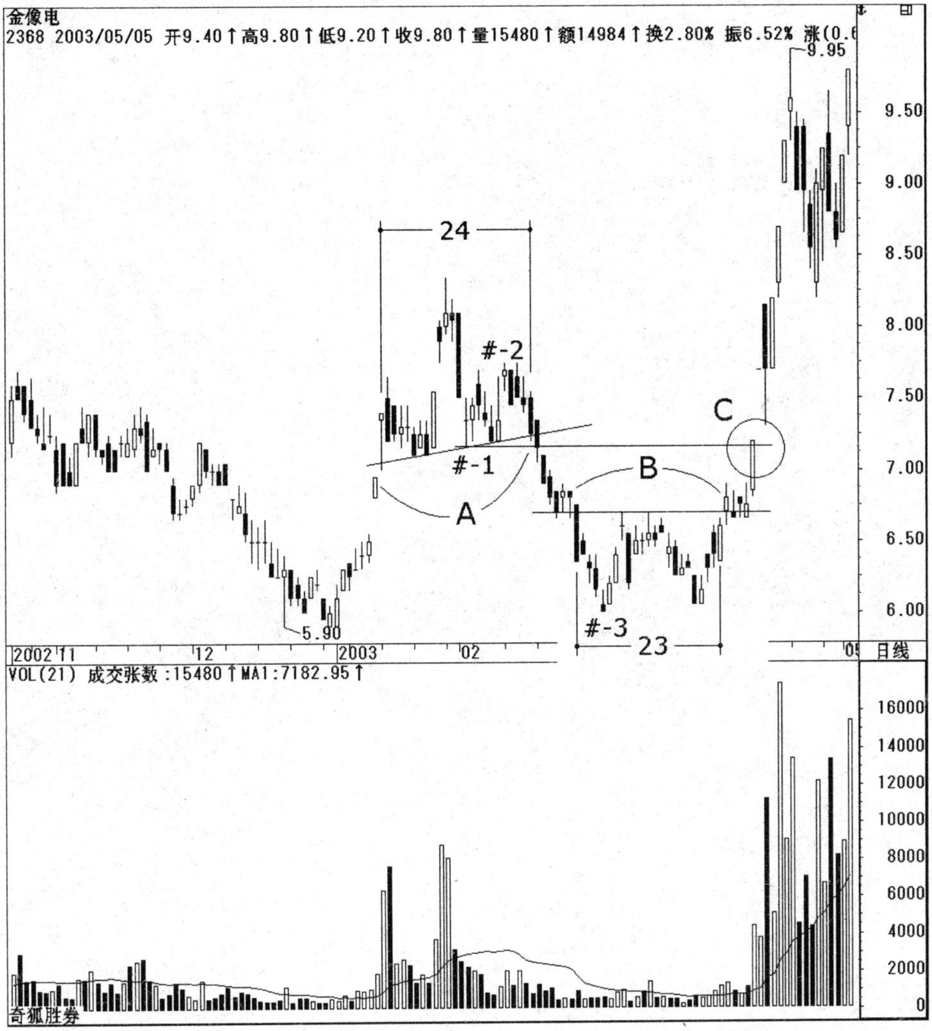

图 3-38　金像电股价日线图(资料来源：奇狐胜券)

第四章　移动平均线

股价的移动平均线(Moving Average)因为计算简单而且取得容易，造成不少股民认为，移动平均线是一个平淡而无味的技术指标，更有人以数学的逻辑批判这一项指针，比如说，平均线代表的不是平均成本(价格)，因为在计算过程中没有考虑到成交量；或者说均线至少落后 1/2 的周期时间，拿来评估股价走势的方向属于事后诸葛的分析。

以数学的观点看待这样的批判，的确是无可辩驳，但我们想要的是操作，不是数学过程的计算与证明，因此尝试用科学去解剖技术分析，或者是某一个指标，自然会找不到恰当的答案。事实上，移动平均线的目的只是提供股价波动过程中的一个平均参考值，而操作者根据目前股价走势与这一个参考值之间的相互关系，进行走势分析并拟定操作策略。因此使用的过程着重于股价与均线之间的摆动关系，以及分辨摆动中所产生的可靠模型是哪些而已，与决定该周期的参数并无绝对的关系，所以在季线的参数设定上，使用 60、65 或者是 72 的周期，并不会影响我们对股价波动的分析，甚至在更小层级的 K 线图中，运用的观念仍然如此，无须刻意去追寻特别的参数。

至于有部分的使用者认为，应该针对不同产业的循环周期与特性调整相对适合的指标参数，就学理上而言，这是非常恰当的观念，然而要完成这一项工程，难度颇高，尤其是投资人不必然具备与产业相关的专业知识，而且就算投资人能够掌握产业的循环周期，但是对于均线摆动的真实内涵没有真正的认识，仍然会导致操作落后或是操作方法错误的结果。而想要认识股价与均线之间的摆动关系与运用方法，必须要从最基本的葛兰碧八大法则与均线的十种的特性开始。

葛兰碧八大法则的运用

平均线的菁华浓缩在葛兰碧(Granville)发表的八种法则当中，但这八个法则是属于简单的买卖法则与趋势分析，深入的用法与思考并没有被详细地揭露，或者我们可以说，在该法则被发展出来的初期，原本就存在着实际运用上的缺陷，只是后来的技术分析研究者站在前人的肩膀上，能够对理论加以修正、调整与精进罢了。如果将八大法则做简单的综合，其重点即是平均线的变动趋势，做为买卖时机之认定与运用，应用原则归纳如下：

(1)移动平均线上升时，寻找买进时机，且不宜作空；移动平均线下降时，找寻卖出时机，且不宜作多。

(2)移动平均线本身具有支撑、阻力与助涨、助跌功能，并可做为多空分析的趋势线作用。

(3)利用短、中、长期三条以上均线分析时，在多头时会出现多头排列，亦即短期均线大于中期均线，中期均线大于长期均线；在空头时会出现空头排列，亦即短期均线小于中期均线，中期均线小于长期均线。

(4)均线黄金交叉讯号，是指短期均线由下往上突破中期均线，且均线持续上扬时，属于买进信号；均线死亡交叉讯号，是指短期均线由上往下跌破中期均线，且均线持续下跌时，属于卖出信号。

(5)短线投资人在利用穿价控盘法则进行买卖时，应注意真假突破的分析与认定。

(6)在多头相对满足区，当移动平均线的正乖离过大，或者是上涨力道减缓(即指标产生顶背离时)，原本持续上升的移动平均线开始走平，多头应获利了结。在空头相对满足区，当移动平均线的负乖离过大，或者是下跌力道减缓(即指标产生底背离时)，原本持续下降的移动平均线开始走平，空头应平仓回补。

上述法则均需要考虑股价波动的相对位置，并在部分时机需要进行逆向思考与运用。

在图 4-1 当中，我们以一、二、三、四、五代表股价上涨的 5 波(属于推动波)，也就是多头市场；再以 A、B、C 表示修正 3 波(属于调整波)，也就是空头市场，当我们将股价与一条可靠的移动平均线配合在一起的时候，理想的情形就如图所示。其中以 1、2、3……7、8 数字标示的，分别对应到葛兰碧八大法则，在本单元中仅对八大法则做简单的描述，详细的推论请参阅《主控战略移动平均线》这一本书。

法则 1：移动平均线在下降后逐渐走平或上扬，而股价由下往上突破移动平均线的时候是买进信号。

法则 2：移动平均线持续上扬，股价虽一度跌到移动平均线下面，但很快又回复到移动平均线上面的时候，是买进时机。

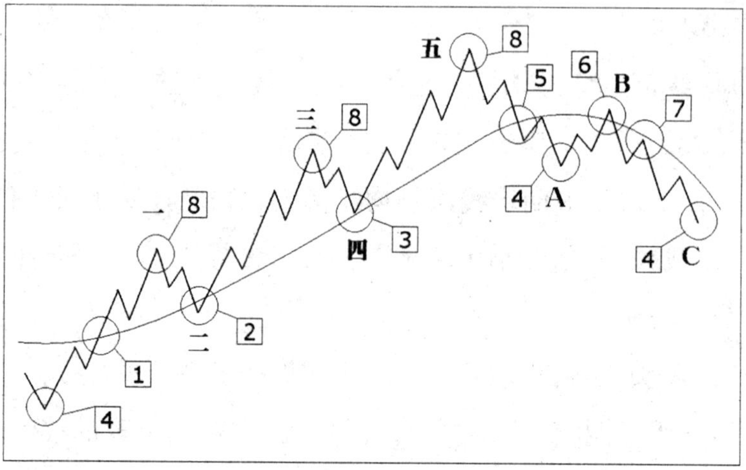

图 4-1　股价浪潮循环与均线多空循环示意图

法则 3：股价持续上扬，股价远离移动平均线之上以后股价突然下跌，但股价并没有跌破上升的移动平均线，当股价再度上升的时候，可以加码买进。

法则 4：股价跌破移动平均线后突然连续暴跌远离移动平均线时，由于负乖离过大随时有机会再次向移动平均线弹升，是买进讯号。

法则 5：移动平均线在上扬后逐渐走平或下滑，而股价由上往下跌破移动平均线的时候是卖出信号。

法则 6：移动平均线持续下滑，股价虽一度涨到移动平均线上面，但很快又回复到移动平均线下面的时候，是卖出时机。

法则 7：股价持续下滑，股价远离移动平均线之下以后股价突然上涨，但股价并没有突破下跌的移动平均线，当股价再度下跌的时候，可以加码放空。

法则 8：股价向上突破移动平均线之后突然连续暴涨远离移动平均线的时候，由于正乖离过大随时有机会再次向移动平均线拉回，是卖出的讯号。

范例

请看图 4-2 兖州煤业股价日线图，我们利用 65MA 为中期趋势走向的参考，以 21MA 为中短期趋势走向的参考，当股价跌破 21MA 并测试上升中的 65MA，仅能视为中短期修正，中期趋势仍视为对多头有利。虽然葛兰碧法则宣称移动平均线在上扬时，股价由下往上突破移动平均线为买进信号，但是在均线刚刚被明显跌破，且造成负乖离过大的背景下，根据股价的惯性作用，宜先将上涨走势视为短线反弹，因此在标示 A 突破均线的讯号，不必然是可靠的买进讯号。

等到股价再度于标示 L1 的位置测试 65MA，在标示 B 出现穿越均线的买进讯号，将会相对可靠。其中标示 L1 的低点高于标示 L0 的低点，亦为对多头有利的讯号之一，而当股价穿越 21MA 并被确认是真突破之后，逢正乖离过大时亦有修正之惯性，若当时回测已经上升的 21MA，且支撑成立并出现多头攻击讯号，如标示 C 所示，则将为另一次短线多头进场时机。

请看图 4-3 有研硅股股价日线图，当 65MA 持续走扬时，我们可以定位当时走势对中期多头有利，同时搭配目标的测量，便可以分辨在哪个相对位置已经接近短线多头的风险区，短线的多单操作就要逐渐保守，而在短线修正后若仍保持中期多头优势，则应注意短线再介入的时机，以撷取可能满足下一个目标的短线多方利润。

首先，在该股穿越 1.618 倍的测量幅度之后，进入一个 ABC 三波的修正，同时在均线的摆动观察中，C 小波末端有机会修正负乖离过大惯性反弹，在标示 A 的位置则对 21MA 突破，此处不必然是安全的买进讯号，因为当时均线已经转折向下，因此穿越均线时通常被视为挑战压力，标准的买进讯号应该是突破压力后的再攻击讯号。细看当时的变化，可以察觉突破之下一笔止涨，接着日落并测试 21MA，接着再日出攻击，鉴于当时有可能三波修正结束，因此这样的短线买进讯号可以尝试买进。

图 4-2　兖州煤业股价日线图(资料来源：飞狐交易师)

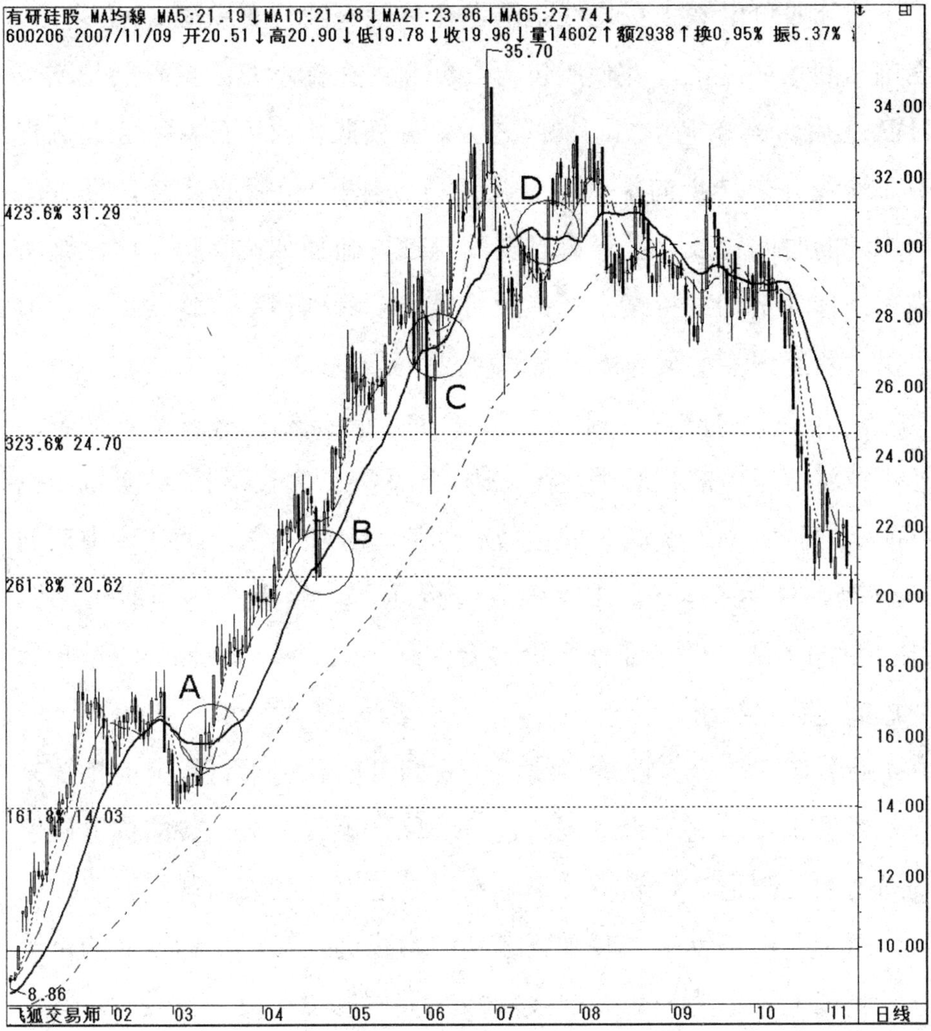

图 4-3　有研硅股股价日线图(资料来源：飞狐交易师)

后续股价沿着上扬均线上涨，在标示B的位置跌破21MA之后，立刻站回均线之上，并使股价再度创高；在标示C的位置则是跌破21MA之后，第3笔才站回均线之上，并使股价再度创高。在此过程中，均线并未转折向下，但是就B、C这两个位置来比较，后者站回均线的时间拉长，已经有转弱的嫌疑，即使如此，仍符合法则所描述：移动平均线持续上扬，股价虽一度跌到移动平均线下面，但很快又回复到移动平均线上面的时候，是买进时机。

在标示D的位置，相较于B、C的位置显然弱势多了，除了已经穿越4.236倍的相对满足区之外，出现较大的获利了结卖压，也可能是导致站回均线的时间被拉长的原因。在当时虽然代表中期的65MA仍持续上扬，但21MA曾经转折向下，最重要的是股价站回21MA后的上涨，并未能使股价再度创高，此一技术现象强烈地暗示中短期走势已经进入修正期。

请看图4-4光磊股价日线图，我们可以利用乖离通道的指针来观察股价正负乖离是否过大的技术现象。该股在标示A的位置碰触到通道的上限值，代表当时正乖离已经过大，只要出现空方攻击讯号，暗示股价将针对当时乖离参考的均线进行修正，标示B的位置则是测试上升中的65MA，当支撑成立并再度出现攻击讯号时，则为短线多头的进场点，在图中标示C的位置突破下降趋势线，标示D的位置则是底部完成的上涨讯号，故这两个买讯均符合法则。当股价持续上扬，股价远离移动平均线之上后股价突然下跌，但股价并没有跌破上升的移动平均线，当股价再度上升的时候，可以加码买进。

请看图4-5 ST国农股价日线图，均线法则说：股价跌破移动平均线之下，突然连续暴跌远离移动平均线的时候，由于负乖离过大随时有机会再次向移动平均线弹升，是买进的讯号。该股在标示A的位置，正是呈现负乖离过大后，出现短线止跌盘底的买进讯号，而在标示B的位置，因为跌破21MA之后，股价虽然站回21MA，但并未使股价上涨并创新高，因此暗示走势进入中短期的修正走势，目的是为了修正从标示A开始的这一段上涨。

图4-4　光磊股价日线图(资料来源：奇狐胜券)

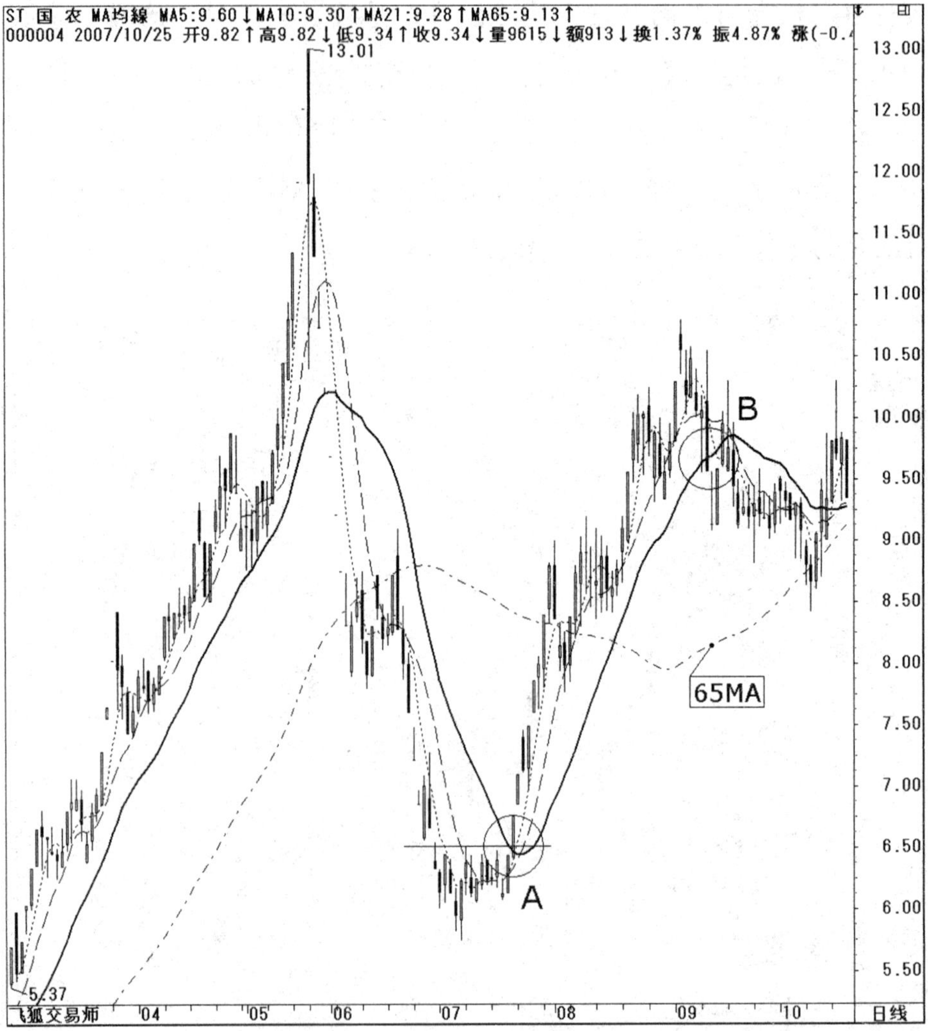

图 4-5　ST 国农股价日线图(资料来源：飞狐交易师)

请看图 4-6 联阳股价日线图，利用乖离通道的指针可以观察股价正负乖离是否过大的技术现象。该股在标示 A 的位置碰触到通道的下限值，代表当时负乖离已经过大，只要出现多方攻击讯号，暗示股价将针对当时乖离参考的均线进行反弹，标示 B 的位置则是测试下降中的 65MA，当压力成立并再度出现攻击讯号时，则为短线空头的进场点，只是因为当时已经接近除权日期，并不适合进场操作空单。图中标示 C 的位置利用除权跳空缺口跌破上升趋势线，应在当时伺机操作空单。

请看图 4-7 零壹股价日线图，我们再利用乖离通道指针来观察，在 A 处碰触到通道的下限值，代表当时负乖离已经过大，只要出现多方攻击讯号，暗示股价将针对当时乖离参考的均线进行反弹，B 处则是测试下降中的 65MA，当压力成立并再度出现攻击讯号时，则为短线空头的进场点。图中标示 C 的位置不但跌破上升趋势线，也使短期头部成立，故此卖出讯号符合法则所述：当股价持续下滑，股价远离移动平均线之下以后股价突然上涨，但股价并没有突破下跌的移动平均线，当股价再度下跌的时候，可以加码放空。

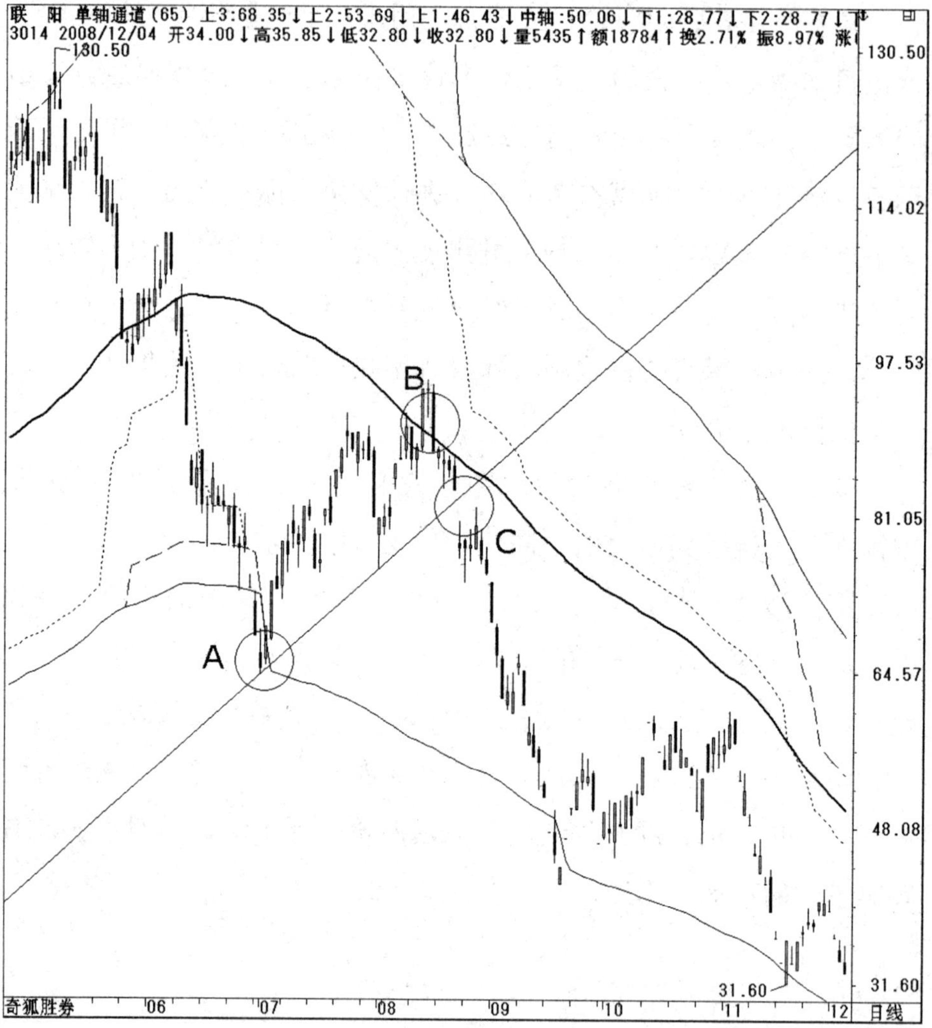

图 4-6　联阳股价日线图(资料来源：奇狐胜券)

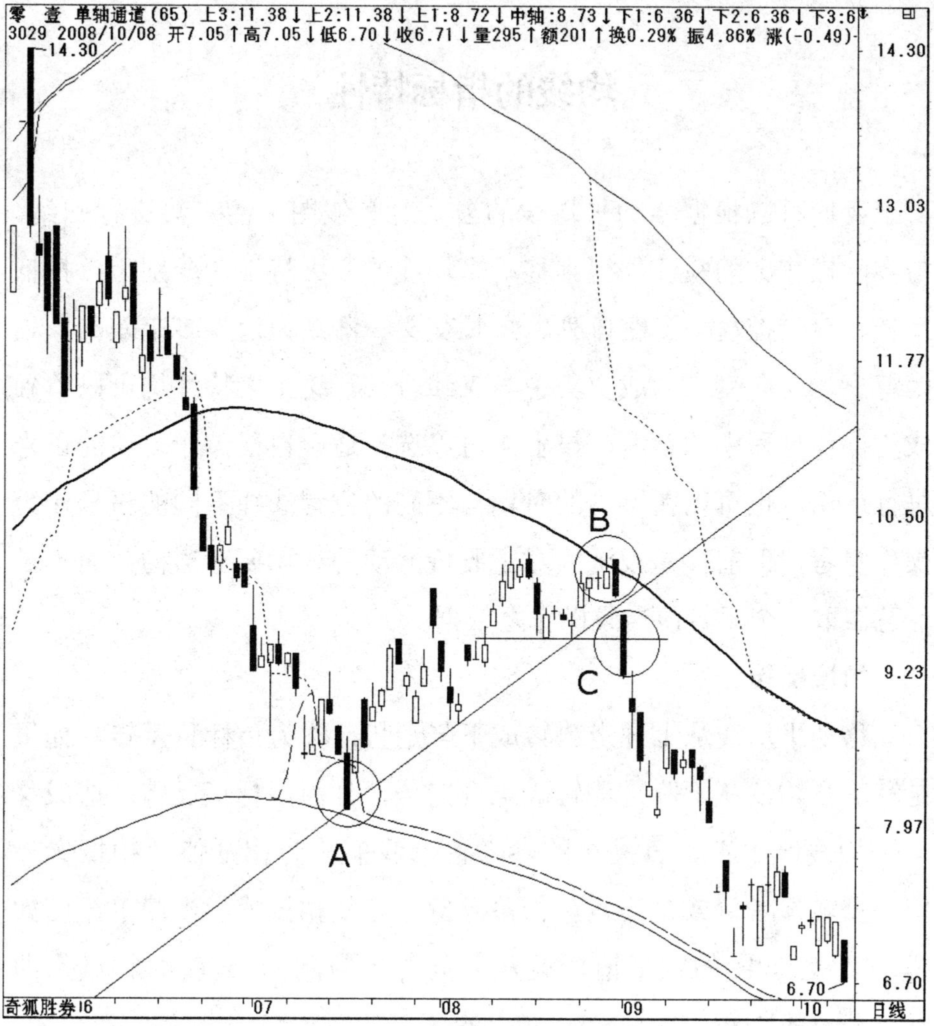

图 4-7　零壹股价日线图(资料来源：奇狐胜券)

均线的指标特性

我们可以根据移动平均线的公式对 K 线图上的走势进行归纳，与实际操作上的验证，得到移动平均线的十大特性，分别为：扣抵反转、穿价控盘、多空排列、短长交叉、涨跌力道、多空差离、顶底背离、逆向交点、成交集中与三线合一。这十大特性均可以单独成为操作过程中的参考，投资人可以选择适合自己操作习惯的讯号进行运用，也可以在不同的时期与不同的位置选择不同的讯号作为操作参考，但前提是投资人对于股价波动的认识要够透彻，而不是任意撷取一个讯号便当成操作之依据。

扣抵反转

移动平均线从上升走势转成下降走势，称为指标负反转，如果是移动平均线从下降走势转成上升走势，称为指标正反转。造成移动平均线产生正、负反转的参考价，我们称为扣抵值、扣抵参考价、反转参考价或是均线转折参考价。寻找扣抵值相当简单，比如说，要找 65MA 的扣抵值，就从今天开始数到 65 天前的收盘价即是；若要找 21MA 的扣抵值，就从今天开始数到 21 天前的收盘价。

扣抵反转属于移动平均线的应用分析技巧，假设我们以移动平均线做为操作参考，如果移动平均线原本维持下降趋势，当明日收盘价大于扣抵价时，则代表下降的移动平均线将反转向上；反之，若移动平均线原本维持上升趋势，当明日收盘小于扣抵价时，则代表上升的移动平均线将反转向下。

而扣抵的目的是什么？其实是告诉我们均线在当时是属于助涨

或是助跌，同时告诉我们现在的股价与扣抵价的对应关系及力道比较。而扣抵高档与扣抵低档的主要目的是可以预先知道移动平均线的方向是否产生改变，假设出现一根关键的长红棒线，则可能将整个下跌走势扭转成上涨走势；一根关键的长黑棒线，则可能将整个上涨走势扭转成下跌走势。实战操作者必须重视这一根关键的棒线，因为他代表的是多空临界点，也是移动平均线的真谛。

请看图 4-8 ST 达声股价日线图，若以 10MA 为操作参考，可以利用股票软件设计出扣抵价的参考指标，并放在 K 线图上以方便操作时的判读。在标示 A 之前股价虽然已经落在 10MA 之下，但是当时股价仍维持在扣抵价之上，因此均线保持向上的助涨力道，虽然在标示 A 的位置股价已经落在扣抵价之下，但又因为股价已经站回均线，因此当时均线将再度提供支撑力道。后续在标示 B 的位置不但站回扣抵价指标，也利用日出攻击站上 10MA，因此曾经跌破 10MA 的股价走势将被定位为假跌破。

请看图 4-9 嘉泥股价日线图，在标示 A 的位置股价分别站上均线与扣抵价，故均线转折向上形成助涨的力道。但是均线刚刚从向下走势转成向上走势时，通常会有惯性的力道将股价拉回再测试均线，因此在标示 B 的位置跌破均线时，先考虑支撑成立与否，同时以扣抵价观察均线是否能维持助涨力道。实际走势中，股价并未跌破扣抵价，因此均线持续助涨，原本跌破均线的技术现象将被定位为假跌破。

而在标示 C 的位置，股价以一笔长黑跌破 10MA 与扣抵价，使均线走势转折向下，通常会有惯性的力道让股价反弹测试均线，但当时均线向下已经成为助跌，因此撞击均线通常先考虑压力成立与否，同时以扣抵价观察均线是否能维持助跌力道。实际走势中，标示 D 的位置股价虽然再度站上均线，但其 K 线形态属于弱势组合，且股价并未突破扣抵价，因此均线持续助跌，原本突破均线的技术现象，将被定位为假突破，而此处也被称为短期头部第二头。

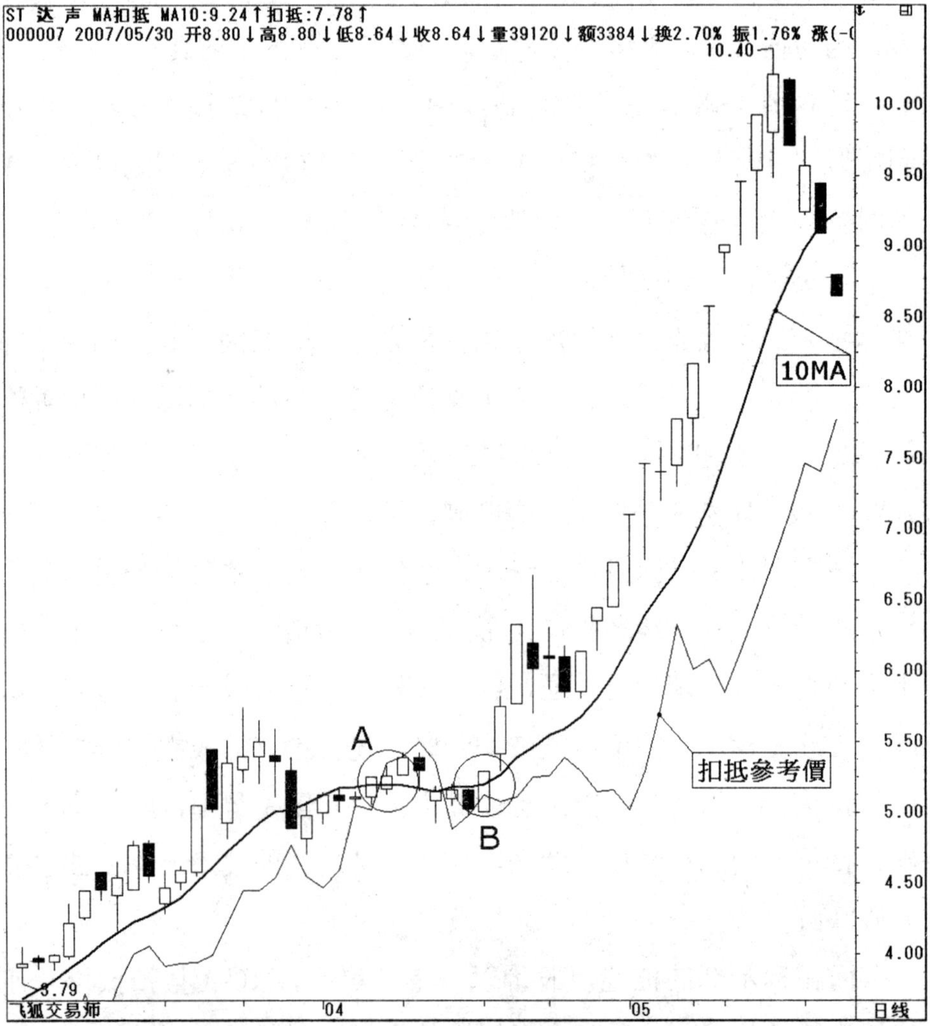

图 4-8　ST 达声股价日线图(资料来源：飞狐交易师)

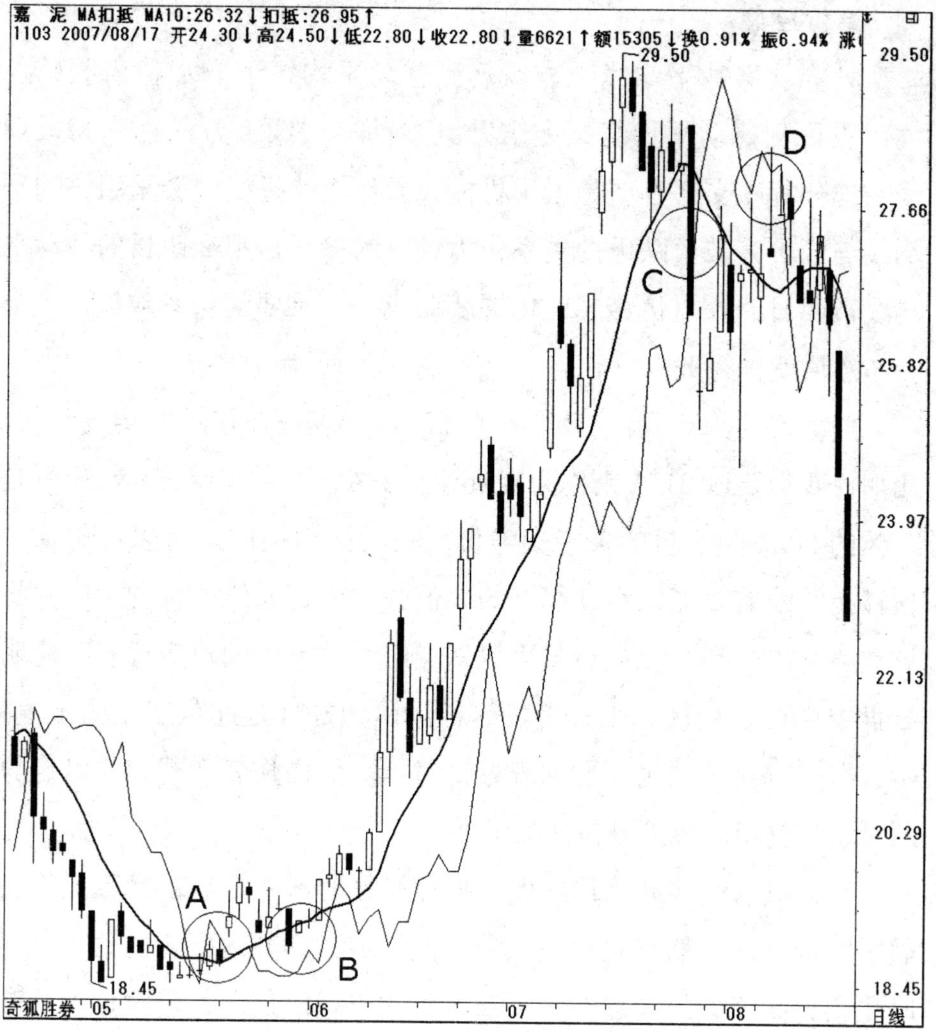

图 4-9　嘉泥股价日线图(资料来源：奇狐胜券)

穿价控盘

股价从移动平均线上方跌落到移动平均线下方，称为跌破均线；股价从移动平均线下方涨升到移动平均线上方，称为突破均线。部分程序交易者或是采用机械式操作法的投资人会采用移动平均线与股价突破、跌破的关系作为进出的参考，那么明日的移动平均线被明日的收盘价穿越的位置就变成一个重要的参考数值，这个参考数值就称为关卡价。

关卡价的公式是：Y＝(N－1)MA。N代表正在使用的均线参数，比如说我们要以21MA来作为穿价控盘来参考，则Y＝20MA，也就是今天的20MA为明日的关卡参考价。在实际运用时，可以利用软件偏移指针线的功能，将计算好的Y值画在明日K线的位置上，并将该数值秀出，在今日盘后就可以知道明日关卡价的对应位置，而明日盘中也可以直接拿来参考，这样运用的好处是此数字是固定值，不会在实时盘中产生浮动的现象，对于短期操作者在观察实时走势图时，具有相对容易分析的参考性。

假设我们用移动平均线做为控盘操作的参考均线，当收盘价突破关卡价时，虽然代表买进讯号，但仍需考虑其他配合的条件，同时注意真假突破的问题与停损观察价的设置。反之，当收盘价跌破关卡价时，固然属于卖出讯号，但仍需考虑其他配合的条件，同时注意真假跌破的问题，与停损观察价的设置。

请看图4-10加权指数股价日线图，在2008/08/15当天收盘后，K线组合属于长黑母线，因此明日除了观察是否呈现多头抵抗的技术现象之外，又因为收盘接近10MA，明日也须要观察股价是否会穿越均线，此时可以利用关卡价原理，计算出明日参考值为

7167.54，同时将数据画在分线走势图上，方便在明日实时走势图中观察盘中变化。

请看图 4-11 道琼工业股价日线图，在 2008/11/07 当天收盘后，K 线组合是属于跌破均线的多头抵抗技术现象，因为该组合呈现阳母子，短线对多方尚称有利，因此在拟定明日众多可能的对应策略

图 4-10　加权指数股价日线图(资料来源：奇狐胜券)

中，其中一点应该要假设走势有机会持续反弹。既然如此，我们必须找出明日的压力参考价，利用均线观察是方法之一。利用关卡价原理，计算出明日参考值为 9142.83，同时将数据画在分线走势图上，借此在明日实时走势图中观察盘中变化。

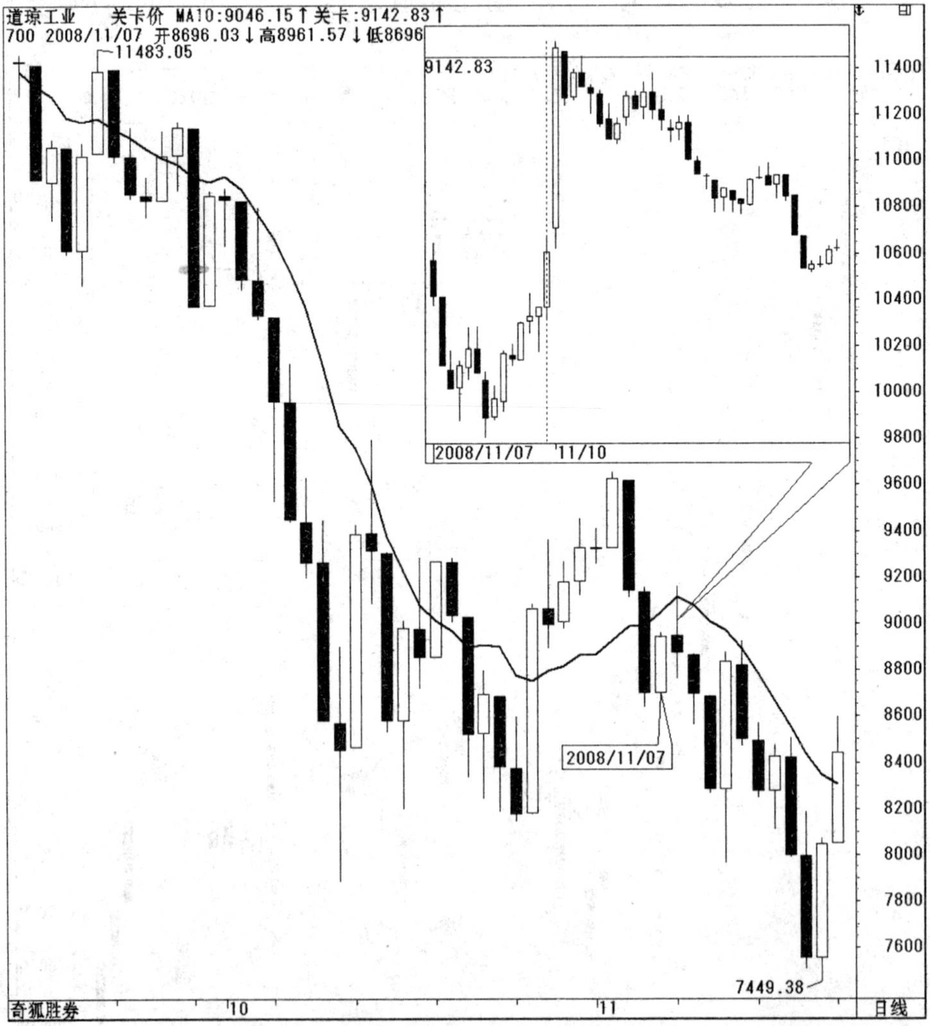

图 4-11　道琼工业股价日线图(资料来源：奇狐胜券)

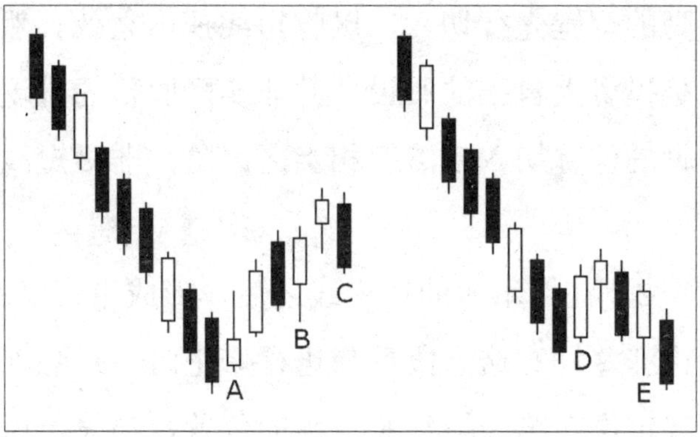

图 5-1　日出与日落的思考

直至标示 C 这一笔日落 K 线，其收盘价收低在前一笔 K 线低点之下，确定第一个反弹段落已经结束，股价走势应先假设为从此处开始的针对前一段反弹上涨的修正。修正的过程可以区分为破底与不破底，不破底的讨论请详见图 5-2 的说明。

而标示 D 属于日出形态的中红 K 线，且收盘价站上前一笔日落黑 K 的高点，就收盘价位置而言应属于强势表态，故后续走势理应持续日出攻击，然而实际走势却不如预期般强势(出现日落长黑)，此时就需要采取逆向思考法则，并观察股价是否破底。接着股价走势于标示 E 的位置再创波段新低点，此时我们将怀疑标示 D 的攻击是极短线逃命，或者是受短期利多刺激而造成的一日行情而已，并非有实质买盘进驻，故此走势是代表止跌失败股价将持续下探之意。

以图 5-1 的模型而言，固然在下跌波段中，出现日出线可以暂时视为止跌讯号，但没有形成底部行为的反弹，其未知的风险仍然相当高。一般的操作均是等待底部完成之后再行切入，但对于极短线操作者显然缓不济急，且有套在短线高点的可能，因此可以在可能是第二只脚的位置先行切入，以收短线搏击之效。然而所谓的第二只脚不过是投资人自己的假设，并非实际股价的呈现，因此在可能是第二只脚的位置切入依然有相当之风险，非极短线操作者不一定要操作。

请看图 5-2，在标示 A 的日出线之后，形成第一段的反弹波动，若股价出现止涨并针对这一段反弹进行修正时，最强支撑依主力控盘操作法则宜定位在第一笔红 K 日出的位置，当股价压回时能如标示 B 所示，守在第一笔红 K 日出线的低点之上，可以暂时视为防守成立。当上述条件符合，且出现《实时盘态》这一本书中所描述的拉抬盘态时，即可以视当时走势先行酌量试单买进，并以形成如标示 C 的日出线低点作为短线多单的停损点，此处宜定位疑为反弹波动中的第二只脚。但请注意，反弹形态短底成立的讯号仍是要股价越过标示 N 的价位，此时应交由形态学中所描述的底部形态进行辨识。

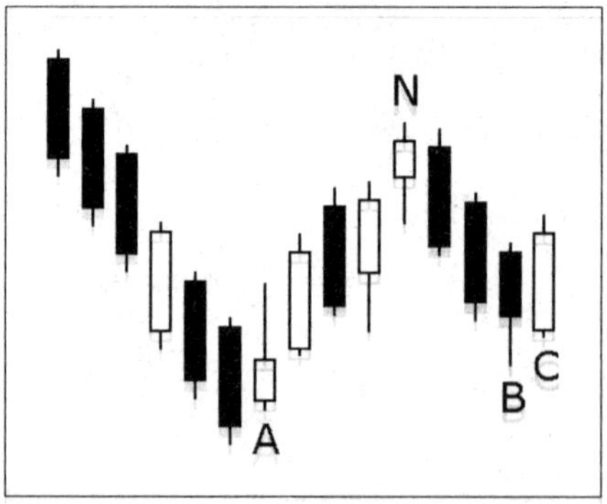

图 5-2　日出的有效攻击

至于日落线的思维与逻辑推演，只要将日出线的描述反过来使用即可，在此不再另述。又如果我们再进一步思考 K 线阴阳的变化，那么光是日出线，就可以分成：先阴后阳、先阴后阴、先阳后阴与先阳后阳这四类组合，探讨如后。

先阴后阳的日出线

形态定义：

(1)第一笔 K 线为阴线，第二笔 K 线为阳线。

(2)阳线走势为高开高走或平开高走。

(3)阳线收盘价突破阴线实体。

(4)阳线最高价突破阴线最高价。

(5)阳线最低价高于阴线最低价。

阴线在 K 线理论一般都是空头力道的表现，故当形成日出阳线时，便有破坏空方走势之企图，同时可以根据相对位置分析主力做价的可能暗示。图 5-3 中标示 A 的组合属于标准形态；标示 B 的组合，因为阳线的收盘价在阴线的最高价之上，代表多头攻击意味较为浓厚；而标示 C 的组合，阳线之收盘价未收在阴线的实体之上，显然气势较弱。然而 K 线的阴阳变化反复，三者实际之强弱，仍需后续走势定夺。

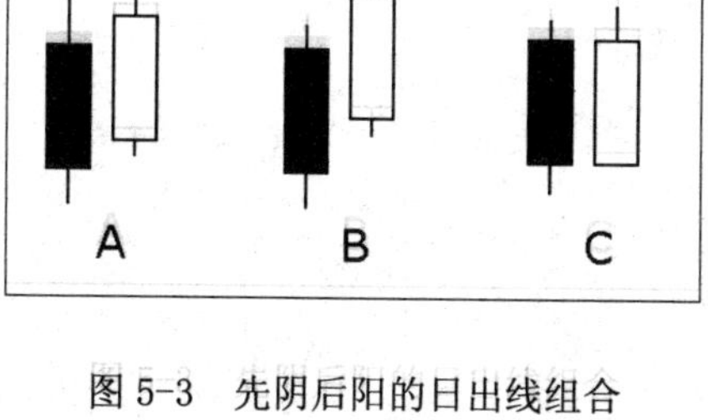

图 5-3　先阴后阳的日出线组合

先阴后阴的日出线

形态定义：

(1)第一笔K线为阴线，第二笔K线为阴线。

(2)第二笔高开在第一笔实体之上。

(3)第二笔盘中创高，或者是高开时已创高。

(4)第二笔收盘收在第一笔实体之内。

(5)维持高点突破昨高、低点不破昨低。

此组合固然有涨势停滞的疑虑，但在趋势不明或大势不佳时，部分控盘主力反而会利用这样的K线组合进行盘中过滤跟轿浮额的行为。若要确定为主力洗盘，必须在守住支撑时呈现高开高走的现象。图5-4中标示A的组合属于标准形态；标示B的组合，第二笔的开盘价在第一笔的最高价之上，代表短线追价套牢者卖压较重，洗盘时间可能会被拉长；而标示C的组合，第二笔阴线之收盘价已经收跌，颇有主力弃守短线支撑的暗示，因此后续的短线变化将会更加复杂。

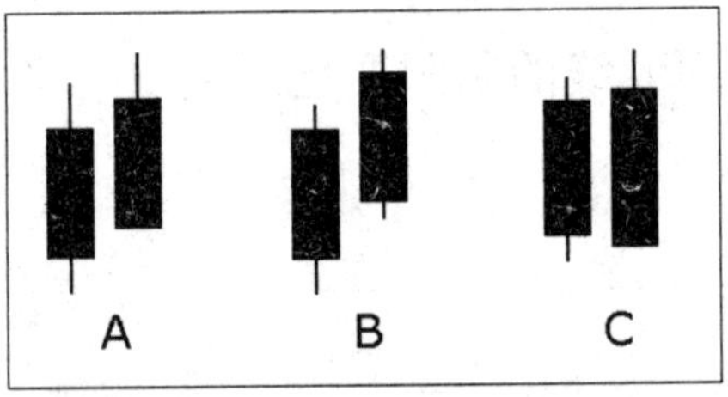

图5-4　先阴后阴的日出线组合

先阳后阴的日出线

形态定义：

(1)第一笔K线为阳线，第二笔K线为阴线。

(2)第二笔高开在阳线高点之上。

(3)第二笔收盘收高至少在阳线实体1/2以上。

(4)维持高点突破昨高、低点不破昨低。

在下跌趋势过程中，主力进行控盘做线时，并不必然会用日出阳线来呈现止跌讯号，有时逢大环境不佳，或者是在扩底过程中，在中线趋势已经有机会转成多头时，也会利用阴线破价的手法来做出止跌讯号，除此之外，这种走势也可以视为一日洗盘的模式，但仍需成交量、相对位置与下一笔K线的组合等诸多因素综合分析。

图5-5中分别胪列A、B两种形态组合，标示A这一组属于标准形态，若下一笔K线再形成先阴后阳的日出线组合，那么形态即转成标准的多头战车。标示B这一组属于多头较为弱势的现象，虽然第二笔K线的收盘价收低在阳线实体的1/2以下，却维持日出的形态，故有洗盘力道较为强劲之暗示，但仍需要下一笔进行多头确认，如果下一笔多头出现明确表态，则代表筹码集中的程度较高，对后市的发展以正面看待。

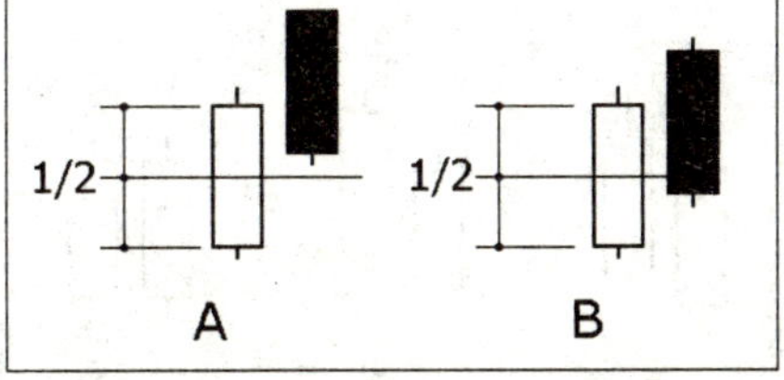

图5-5 先阳后阴的日出线组合

先阳后阳的日出线

形态定义：

(1)第一笔 K 线为阳线，第二笔 K 线也为阳线。

(2)第二笔开盘在阳线实体之内。

(3)第二笔收盘收高在第一笔实体以上。

(4)维持高点突破昨高、低点不破昨低。

在下跌趋势中出现日出阳线时，在条件符合定义的情况下，通常可以暂定出现止跌契机，但也有主力诱多再出货的可能性存在，因此必须检视当时时空背景与相对位置，避免因为抢进日出阳线而再度惨遭套牢。从图 5-6 中的三种组合来思考，标示 A 为标准形态组合；标示 B 则因为第二笔收盘已经收高在前一笔 K 线高点之上，故属于多头强势的组合；而标示 C 的第二笔收盘与前一笔收盘相等，为较弱势的表现。

但如果走势是受到利多刺激的上涨，或者是短线修正结束后的再度上涨，往往会因为走势的明朗化，吸引买盘积极进驻，此时先阳后阳的日出线，其第二笔反而会以高开高走的组合来呈现，这就不单只是止跌的企图而已，而是一种攻击行为的呈现。

接着我们针对日落线区分为：先阳后阴、先阴后阴、先阴后阳与先阳后阳这四类组合，兹探讨如后。

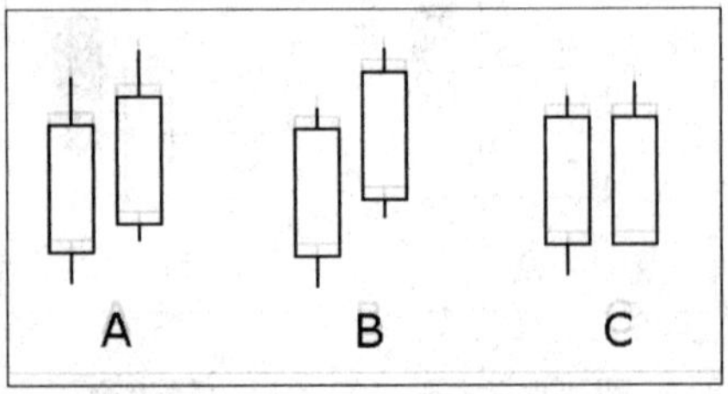

图 5-6 先阳后阳的日出线组合

先阳后阴的日落线

形态定义：

(1)第一笔 K 线为阳线，第二笔 K 线为阴线。

(2)阴线走势为低开低走或平开低走。

(3)阴线收盘价跌破阳线实体。

(4)阴线最低价跌破阳线最低价。

(5)阴线最高价低于阳线最高价。

阴线在 K 线理论中一般都是空头力道的表现，故当形成日落阴线时，便有破坏多方走势之企图，因此波段出现当日阴线跌破阳线，再辅以相对位置分析，通常可以定位主力调节持股的企图心强烈，属于多头力道竭尽之明显暗示。图 5-7 中标示 A 的组合属于标准形态；标示 B 的组合，因为阴线的收盘价在阳线的最低价之下，代表空头攻击意味较为浓厚；而标示 C 的组合，阴线之收盘价未收在阳线的实体之下，显然气势较弱。然而 K 线的阴阳变化反复，三者实际之强弱，仍需后续走势定夺。

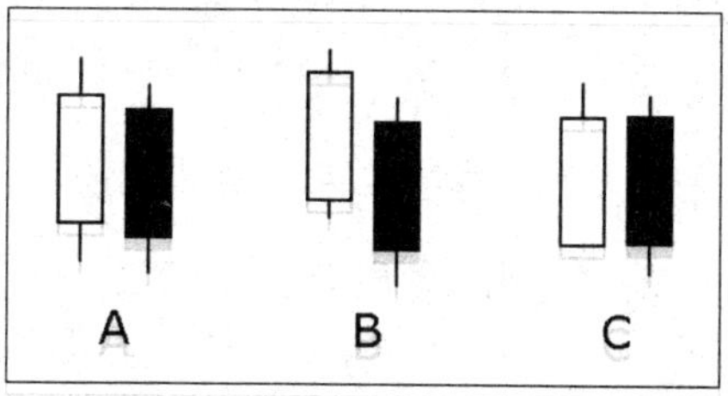

图 5-7　先阳后阴的日落线组合

先阴后阴的日落线

形态定义：

(1)第一笔K线为阴线，第二笔K线为阴线。

(2)第二笔开盘开在第一笔实体之内。

(3)第二笔收盘收在第一笔实体之下。

(4)维持高点低于昨高、低点低于昨低。

当上涨趋势出现阴线时，下一笔K线仍然以日落阴线呈现，代表原趋势有转弱之疑虑，同时也代表主力曾经利用此时机进行短线振荡出货。因为极短线走势是低开低走，不免有空方攻击的意味存在，但低开低走若由临时性的利空所导致，主力反而容易借此良机进行短线的强悍式洗盘。

然而出现这样的组合，仍宜先以涨势停滞视之，到后续的K线行为出现之后，才可以定位是出货或是洗盘的行为，若当时趋势是在反弹过程的末端，则应直接以空方角度定位。图5-8中标示A的组合属于标准形态；标示B的组合，第二笔的开高盘幅度较低，且收盘收在第一笔的最低价之下，代表短在线档套牢较重，走势由空方所主导；而标示C的组合，第二笔阴线之开盘高于或等于前一笔之开盘，但收盘为平盘，代表尚有些许的支撑力道，若为标准的并排形态，则应以其形态之分析法则套入运用。

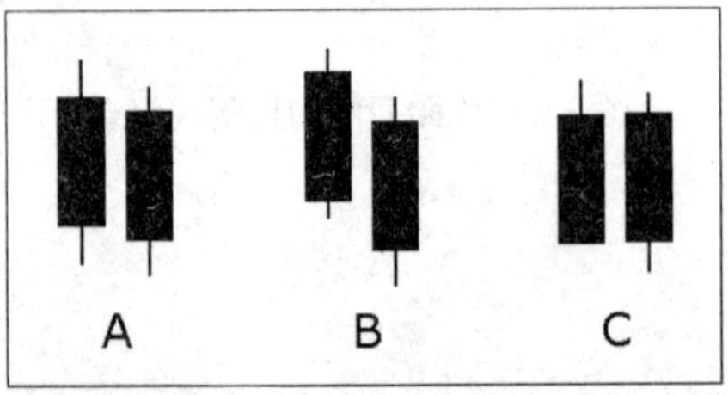

图5-8 先阴后阴的日落线组合

先阴后阳的日落线

形态定义：

(1)第一笔K线为阴线，第二笔K线为阳线。

(2)第二笔低开在阴线低点之下。

(3)第二笔收盘收在阴线实体1/2以下。

(4)维持高点低于昨高、低点低于昨低。

上涨趋势中若主力利用高档调节出货，当日盘中走势往往上下振荡幅度会相对较大，虽然尾盘偶而会做偷拉走势，但K线仍属于中长黑架构，在次日若是利用低开高走的控盘手法，便同时有压低出货与拉高出货这两种短线意义存在。如果是下跌趋势，则此讯号便应定位是短线逃命，同时也可以说是单日出货的模式，但仍需结合相对位置与下一笔K线的组合等诸多因素综合分析。

图5-9中所列举的A、B两种形态组合，标示A这一组属于标准形态，若下一笔K线再形成先阳后阴的日落线组合，那么形态即转成标准的空头战车。标示B这一组属于空头较为弱势的现象，虽然第二笔K线的收盘价收在第一笔实体的1/2以上，但仍维持日落的形态，难免有短线积极出货之嫌，尤其是当日出现爆量的技术现象，但仍需下一笔走势进行空头确认，如果下一笔空头出现明确表态，则代表出货的完整性较高，未来下跌的走势也会相对明显。

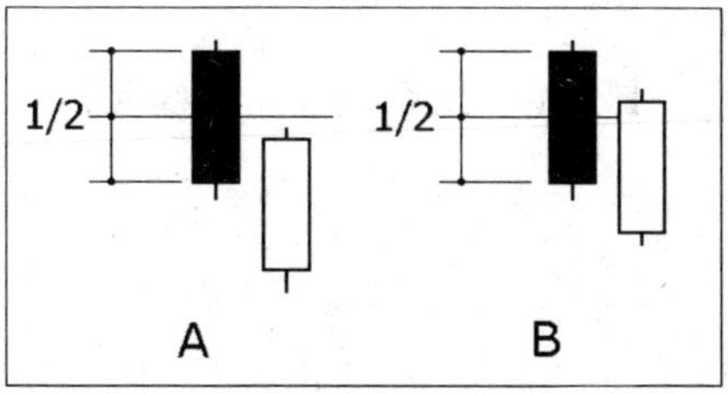

图5-9 先阴后阳的日落线组合

先阳后阳的日落线

形态定义：

(1)第一笔K线为阳线，第二笔K线也为阳线。

(2)第二笔低开在阳线实体之下，最低点之上。

(3)第二笔收中长红棒线，但为价跌走势。

(4)维持高点低于昨高、低点低于昨低。

这一种形态组合为主力掩护出货时常用的控盘手法之一。由于散户投资人喜见红K，主力只要维持连续的收红K线，便会让散户以为趋势持续上涨，导致忽略风险，并造成在追高的过程中惨遭套牢。因此在上涨趋势中，尤其是上涨目标可能被满足的时候，出现的日落阳线暂定为止涨疑虑无妨，以避免遭到主力诱多出货。从图5-10中的三种组合来思考，标示A为标准形态组合；标示B则因为第二笔开盘，直接开低在前一笔K线低点之下，故属于空头较强势的组合；而标示C的第二笔收盘与前一笔收盘相等，为空方较弱势的表现，若形成并排时则以该形态分析重点来讨论。

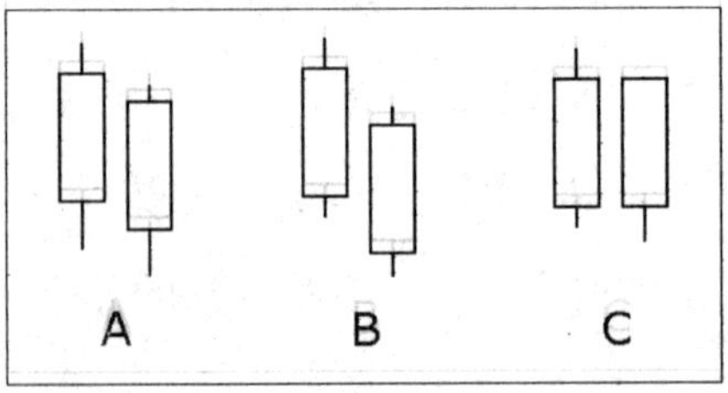

图5-10　先阳后阳的日落线组合

反转K线的进阶运用

何谓反转K线？其实在转折处所出现的K线形态或是组合，就可以称为反转K线，经过统计与观察，部分K线组合较常出现或是容易辨识，因此就被冠上了反转K线的名称。比如说避雷针、母子之类，就常被认为是反转K线，但投资人若细读过《主控战略K线》这一本书，应该会明白K线所发生的位置将会影响是否成为反转的重要参考依据，而这些所谓的反转K线出现时，也不必然会造成趋势的反转，投资人必须要有这样的体会，否则在运用K线时将会产生错判的结果。

在这一个单元我们举出了大家耳熟能详的形态，并深入探讨它的分析关键，投资人若可以掌握本单元所述的原则，并加以变化运用，自然可以衍生到其他形态上。但仍要请各位注意，在此描述时会将其他分析要素暂时抽离，实际运用过程中，关于K线的三大关键应该要不断地套入运用，以收最佳之效果。

岛状反转

所谓的星、岛，一般是指K线的实体、振幅均较小，同时在K线的左侧留有实体缺口，如果两侧都留有实体缺口的组合，往往被定位是反转形态，事实上并不尽然。如果上述组合可以使股价产生反转，在低档出现的组合称为“晨星”，在高档出现的组合称为“夜星”，此两者均可以称为岛状反转，如图5-11便可以称为是“晨星”或岛状反转。

图5-11中单纯地探讨了形态组合的强弱程度。以标示A这一个

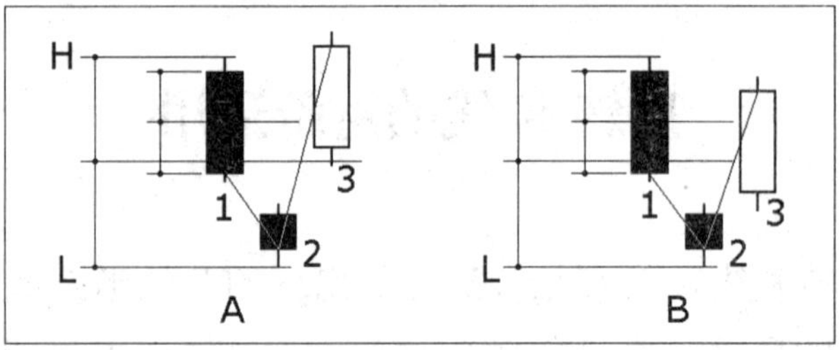

图 5-11　岛状反转的强弱

组合而言，第 2 笔与第 1 笔留有缺口(若留有完全缺口则代表力道更强)，故第 2 笔是谓的星线，当第 3 笔与第 2 笔再度留下缺口时，才可以定位该组合是“晨星”。第 3 笔若要呈现强势的多头表态，开盘点宜开在标示 H～L 这一段的 1/2 以上，且收盘收在第 1 笔 K 线实体的 1/2 以上。如果收盘收得更高，将第一笔 K 线整个吃掉更佳，尤其是在长期多头中的中短线修正结束之后，能够出现这样的强度，往往可为中线波段的起涨点。

标示 B 的组合稍嫌弱势，除非有波浪的基础辅助分析，不然以等待下一笔的表态为最佳良策。形态的弱势表现在第 3 笔的开盘点，落在标示 H～L 这一段的 1/2 以下，但收盘仍收在第 1 笔 K 线实体的 1/2 以上，仍属形态完整。最怕收盘未能达到这样的标准，就会显得更加地弱势。但请注意多头时的逆向思考，既然属于弱势的表现，接下来就不应该再转强，若再度转强则有多头故意示弱，引诱空头入瓮之意味存在。

图 5-12 的模型，称为复合型岛状反转或是丛岛反转，意思是代表“岛”的 K 线在两根以上，分析的方法与图 5-11 所述无异。因为形成岛的 K 线笔数较多，在当时会让原方向的操作者认定胜券在握，同时也会吸引更多的操作者进驻，故当本形态形成反转时，

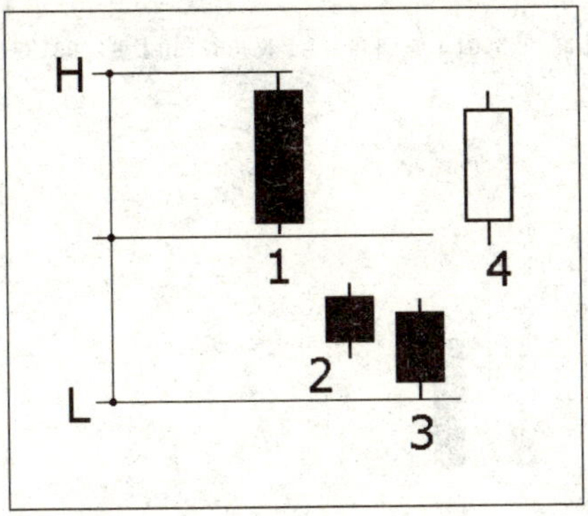

图 5-12　复合型岛状反转的分析

其转折力道会较孤岛的力道强劲。但是要注意根数与其比例的关系，比如从岛的区间幅度过大时，就不适合将这样的形态归类在复合型岛状反转之内。

在这一个单元，要与各位投资人分享一个测量上的散手绝招。一般而言，K 线形态要进行测量，需要等待形态完成并且出现突破，但往往形态才进行到半途走势便结束，鉴于此可以利用对称理论进行测量，实际的运用方法将在后续的例子说明，而关于对称理论的完整运用，以后再另以专书讨论。

范例

请看图 5-13 加权指数股价日线图，在 2008/09/18 当天为跳空日落 K 线，与前一笔 K 线之间留有完全缺口，下一笔 K 线高开高走，也留下完全缺口，就形态而言是所谓的岛状反转。但在当时属于明显下跌的趋势中，K 线组合虽然属于有利多方的反转形态，是否能够让趋势产生变化则须保持怀疑，故在短线针对上涨幅度进行测量时，则应先采用相对较为保守的方法进行目标的评估。

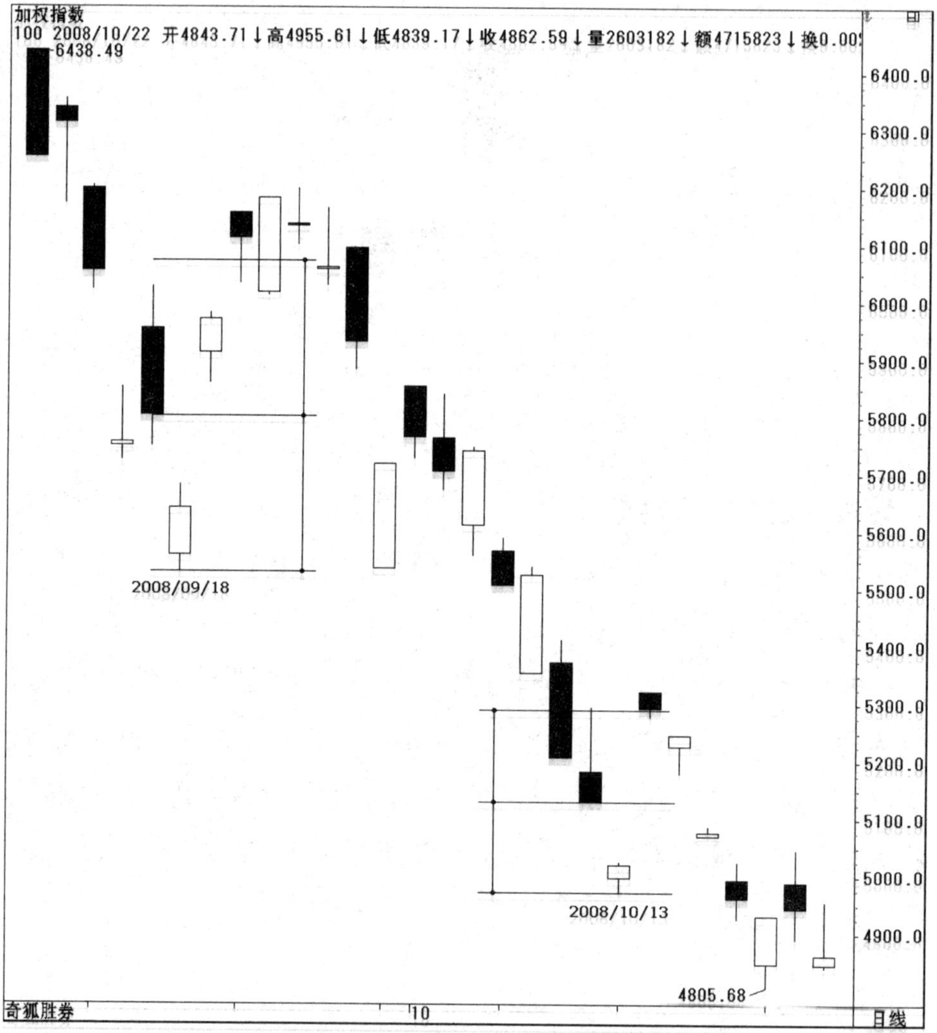

图 5-13　加权指数股价日线图(资料来源：奇狐胜券)

又 2008/09/18 的下一笔跳空开盘在前两笔高低幅度的 1/2 以上，属于气势开盘，因此短线便可以根据对称理论的运用法则进行目标测量，即将 2008/09/18 的前一笔收盘价当成参考支点，取该支点到形态最低为测量幅度，并从支点往上计算等幅，即为该形态力道应该被满足的基本幅度。实际走势在穿越满足后，股价又回到原始下跌趋势，并未形成有效的岛状反转，故此反转形态仍属失败。

请投资人注意，利用对称理论进行计算的目标，其观念与利用其他方法计算是相同的，亦即预估的目标不必然会在实际走势中被满足。

接着再看图 5-13 中标示 2008/10/13 的位置，当日形成星线，下一笔高开在形态最高点之上，故属于气势开盘，但是利用对称理论进行目标测量时发觉，高开盘时已经将目标穿越，代表的涵义是警示，提醒短线操作者不宜再追高，实际走势则持续向下修正。在当时如果投资人误判此为对多有利的岛状反转，忽视趋势尚未改变且短线目标已经满足的事实，并进行短线操作，则将会遭受操作上的损失。

请看图 5-14 加权指数股价日线图，标示 A、B、C、D 这几笔虽然形成丛岛反转的 K 线组合，标示 D 的开盘也在标示 A～C 高低幅度的 1/2 以上，但利用对称理论所计算的测幅并没有满足，反而填补缺口，暗示走势持续向下修正，同时使标示 C、D、E、F 这几笔形成丛岛反转的 K 线组合，在当时原始趋势是属于向下修正的过程中，再出现对空方有利的 K 线组合，自然可以计算向下修正的可能目标。而股价在修正告一个段落之后出现反弹走势，在反弹的末端如标示 G 所示，出现丛岛反转的 K 线组合，宜定位是对空方有利。

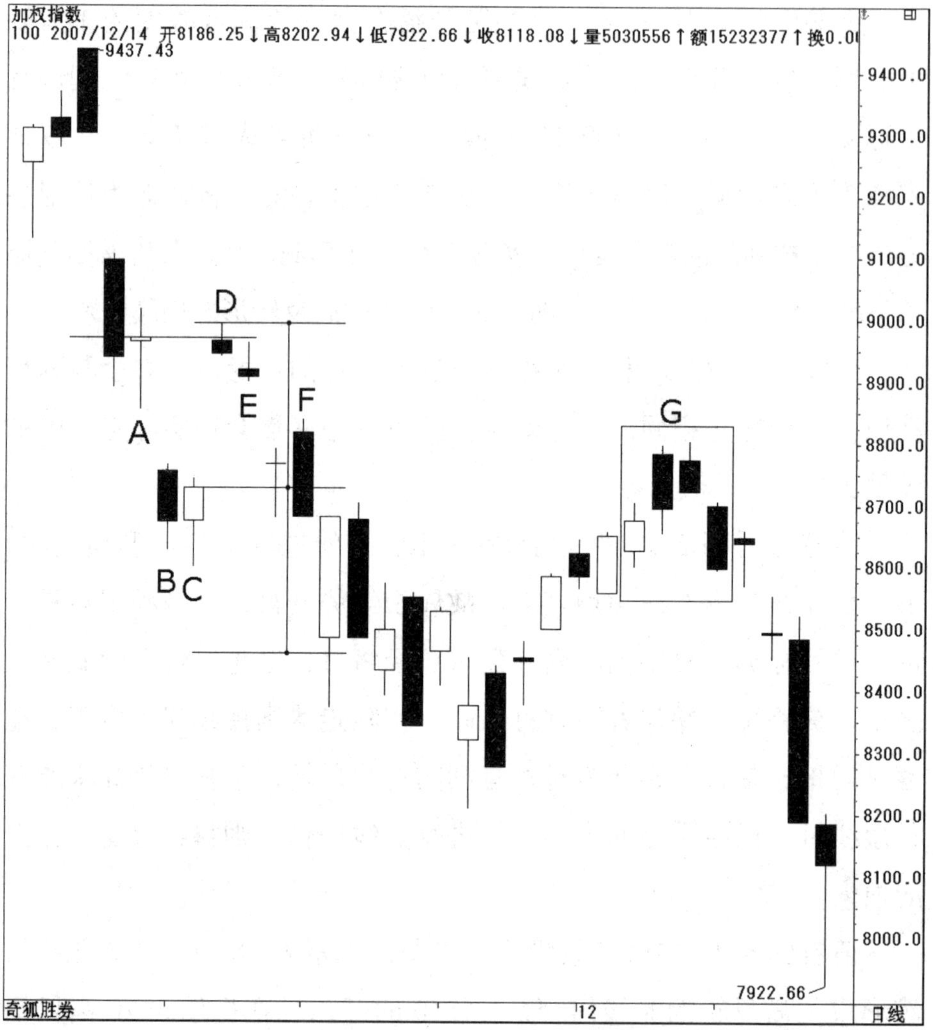

图 5-14 加权指数股价日线图(资料来源：奇狐胜券)

请看图 5-15 上证指数股价日线图，标示 A 的位置是属于丛岛，下一笔走势出现之后使该组合形成反转形态，走势并在标示 B 的位置满足对称原理所计算的下跌目标。股价在标示 B 形成阳“母子”的 K 线组合，左右两侧均留下缺口，呈现对多方有利的反转形态，但接下来的走势并没有直接出现攻击，反而在标示 C 的位置才突破头肩底的颈线。

就操作技巧而言，这样的突破表态有助于原目标的满足，但是 K 线形态的力道毕竟小于底部形态的力道，我们也可以这样说，走势是利用 K 线形态力道的发动，引动底部形态力道的发动，所以比较晚才完成的底部形态之目标，将会因为不同力道的作用而更有机会满足。

请看图 5-16 上证指数股价日线图，标示 A 属于有利于多方的丛岛反转，但是并没有发挥多方力道，而标示 B 的丛岛反转则是满足对称理论的测量。至于标示 C 的丛岛反转，其位置正处于多空交替的盘头区，因此能够发挥形态的力道使股价向下修正，是属于正常的走势推演。

图 5-15　上证指数股价日线图(资料来源：奇狐胜券)

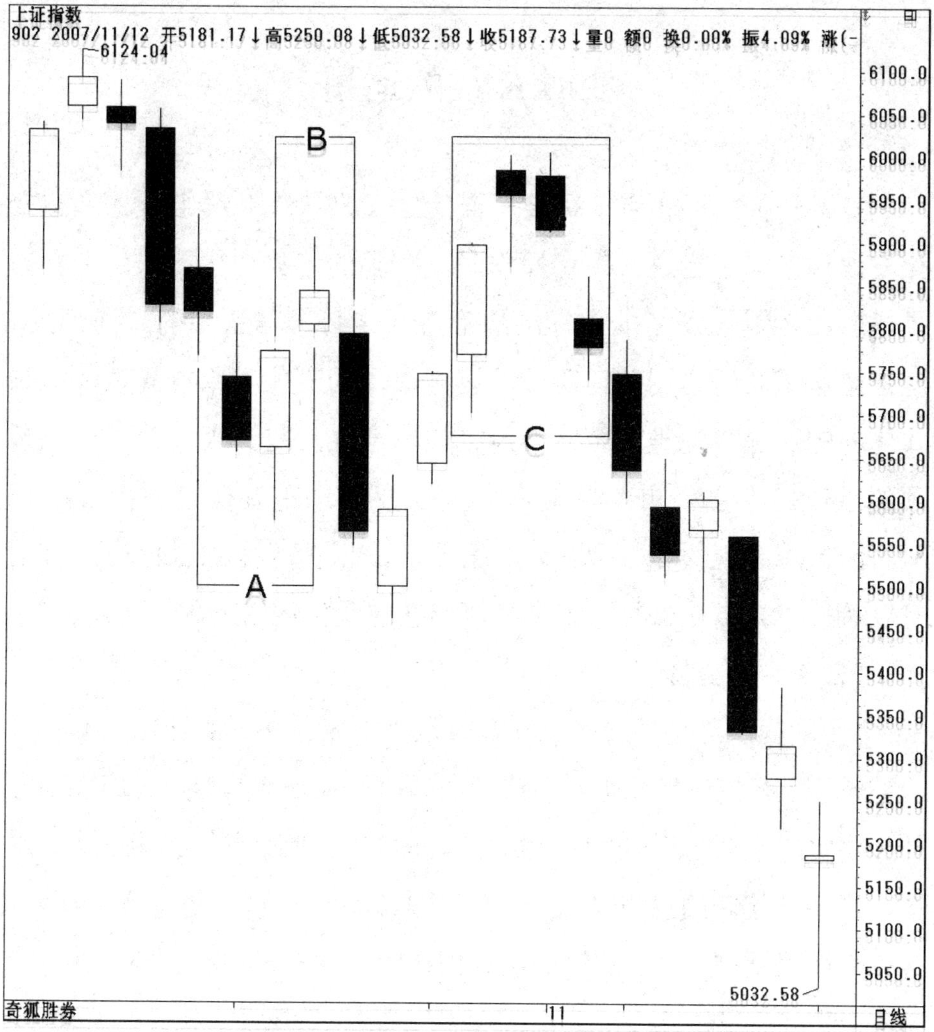

图 5-16 上证指数股价日线图(资料来源：奇狐胜券)

变形K线的运用

技术分析的初学者，需要严谨的定义来认识K线组合、形态变化与波动走势，当进入市场操作时，实际的走势往往不像定义般的描述，或者是出现了非常标准的形态，走势却与认知的方向相反。这是忽略了K线运用关键所致，婆娑市场的变化，原本就难以用制式化的定义加以完整规范，学习之始以严谨的定义来认识虽然是必须的手段，但进入市场后就需要灵通变化，不宜死抱教条照本宣科。因此本单元尝试以“三法”和回转线的变形来加以说明，希望可以让投资人借此自行衍生到其他形态的变化运用上。

“三法”的变形

“变形三法”是“上扬三法”或是“下跌三法”的变化形态，且走势较“上扬三法”或是“下跌三法”还要强劲，其变形运用在《主控战略实时盘态》一书中曾经讨论过。图5-17是变形的上扬三法形态图，形态所代表的意思是在中长红棒线之后，出现三笔小实体棒线，这三笔红黑不拘，且这三笔的实体均在中长红棒线的收盘价之上，或是与中长红棒线收盘价相切，下影线穿越中长红棒线的收盘价则无妨。

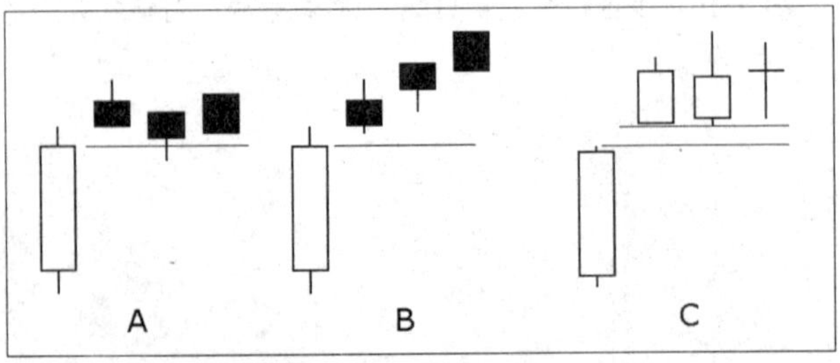

图5-17　变形的“上扬三法”

变形“三法”中实体小K线只要有两笔就可以成立，也不局限最多只能三笔，更多也符合这样的涵义，但众多较小K线其区间幅度不宜过大，且较小K线与长红K线留有实体缺口较强，若留有完全缺口则更强。而图5-18则为变形的“下跌三法”形态图，分析方法是图5-17的倒影。

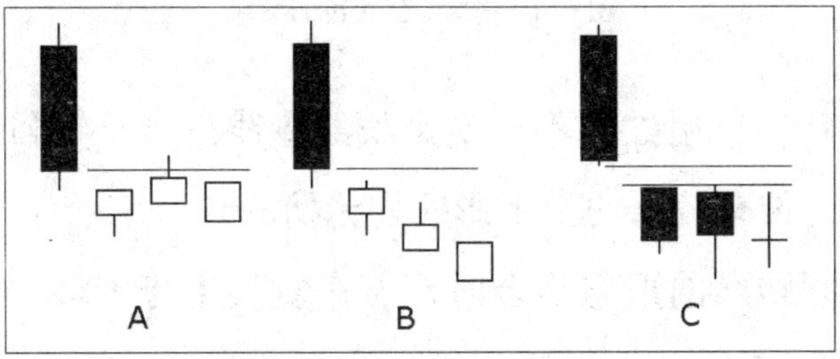

图5-18　变形的“下跌三法”

一般而言，出现“上扬三法”是多方在攻击过程中，遭逢上档压力，而导致股价压回修正的现象，但是修正过程中空方却无法让股价收在长红棒的收盘价之下，暗示多头的企图心更为强烈。空头压制多方走势的力道明显不足，也可以看成是前波下跌过程中有压力，多头在攻坚过程中无法一次突破，而以小黑振荡的方式去磨掉压力。因此出现这些形态时通常都是定位原方向走势持续，但有少部分将会成为形态反转，投资人在运用时需检视当时相对位置与时空背景。

回转线的变形

回转线是古传酒田十二法之一，标准的多转空的回转线如图5-19标示A所示，形态发生在一笔长红日出线上，隔笔开盘开在长红线之内，但是却收日落黑K，属于明显的反转讯号。变形的形态

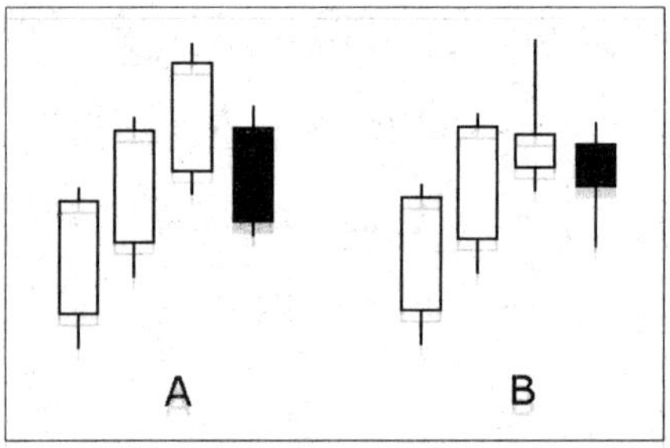

图 5-19　多转空回转的变化

如标示 B 所示，日出红 K 不一定是长红棒线，下一笔日落黑 K 也不一定是长黑，带有较长的上下影线均无妨。

当出现回转线的形态组合时，若在多头走势末端，宜尽速出脱手中持股，以避免股价迅速下挫。空转多的回转线其形态图如图 5-20 所示。

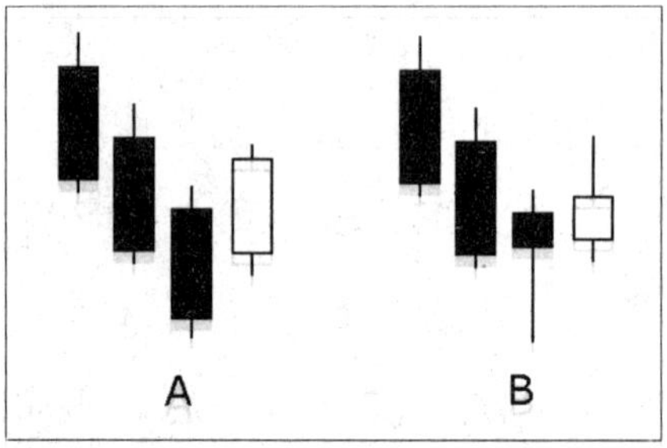

图 5-20　空转多回转的变化

范例

请看图 5-21 加权指数股价走势图，标示 A 区域里的第一笔，是一笔中长黑日落 K 线，下一笔留下很长的下影线，股价便开始从这里反弹。但是在反弹过程中，所有 K 线均被第一笔长黑压制住，形成了类似“下跌三法”的组合，在标示 A 的区域内也有其他 K 线组合形态存在，而在股价跌破形态组合下缘时，往往因为形态组成的K线较多，空方走势将会明确而且迅速。

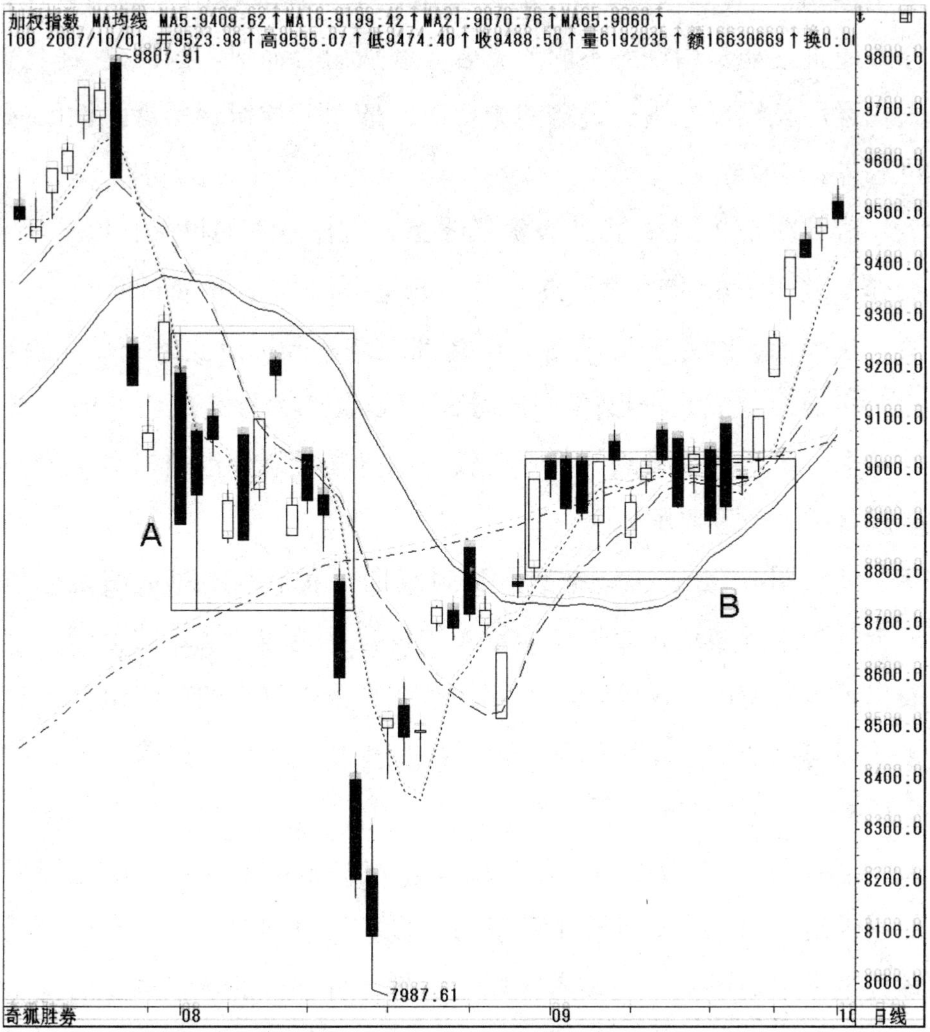

图5-21 “三法”运用范例之一(数据来源：奇狐胜券)

在标示 B 的区域则是形成了类似“上扬三法”的 K 线组合，该区域内的第一笔以中长红棒线表态之后，股价均在该笔棒线最低点之上振荡。当然，在标示 B 的区域内也有其他 K 线组合形态存在，亦即股价波动是由许多不同的复合 K 线所组合而成，因此建议投资人在运用 K 线形态进行走势的分析时，应对 K 线组合保持弹性的探讨心态。

请看图 5-22 上证指数股价日线图，在标示 A 的日落长黑之后，反弹三笔形成标准的“下跌三法”形态，在标示 B 的日落长黑之后，反弹的 K 线数相对较多，但终究无法突破标示 B 的长黑高点，因此将被定位成是变形的“下跌三法”，又因为该 K 线组合的 K 线数较多，暗示未来下跌的反映会较为明确，且该处也是未来走势需要观察的一个重要压力区。

请看图 5-23 在上证指数股价月线图，我们利用对数图坐标画出上升的平行轨道，股价在标示 A 的位置穿越辅助轨道的上缘，接着出现多转空的回转线，在长期的线图中出现这样的 K 线组合，对多头而言属于比较不利的讯号，因此在操作过程中，应该考虑将手中所持多单进行获利了结。

请看图 5-24 台积电股价日线图，在标示 A 的位置出现空转多的回转线，暗示长红低点未破以前，多头可以向上攻坚，同时代表该处是未来短线支撑的参考区域。同理，标示 B 的位置再度出现空转多的回转线，且守在标示 A 所形成的支撑区域之上，因此该回转讯号可以当成买进点之参考，暗示长红低点未破以前，多头可以向上攻坚，同时该处也是未来短线支撑的参考区域。

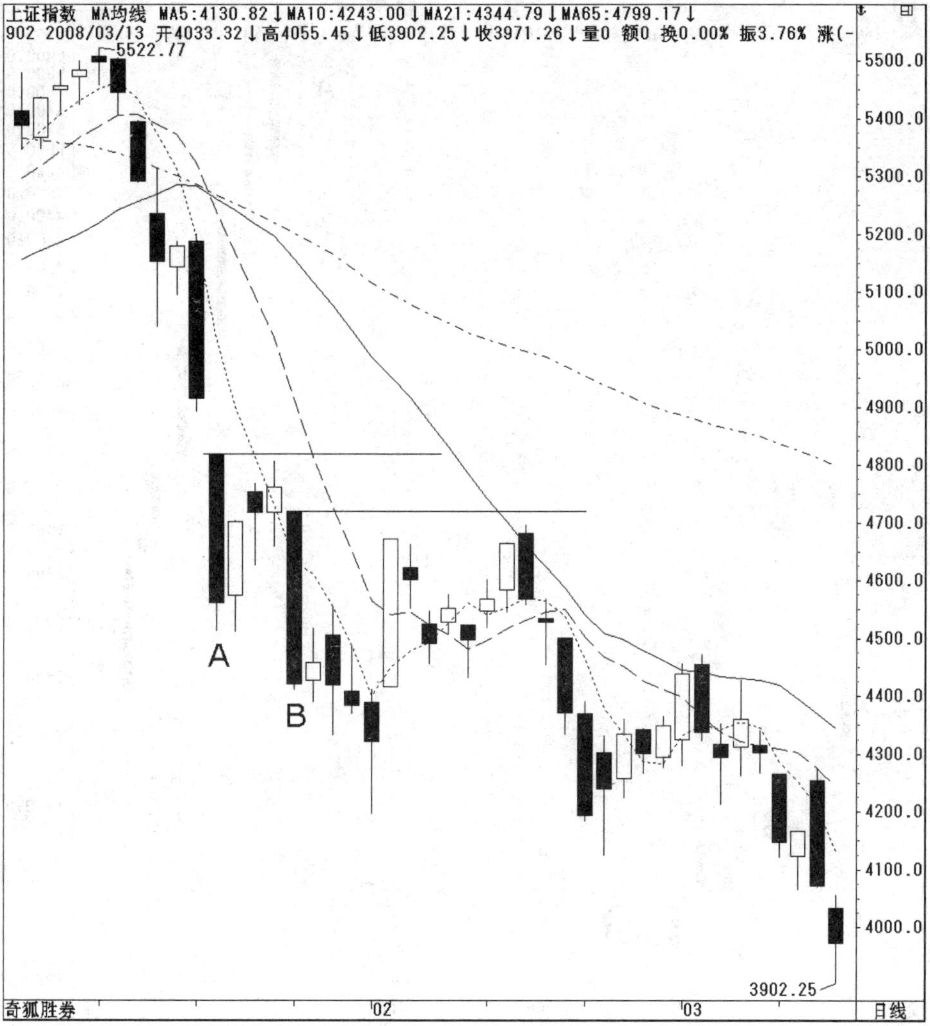

图 5-22 “三法”运用范例之二(数据来源：奇狐胜券)

图 5-23　回转线运用范例之一(数据来源：奇狐胜券)

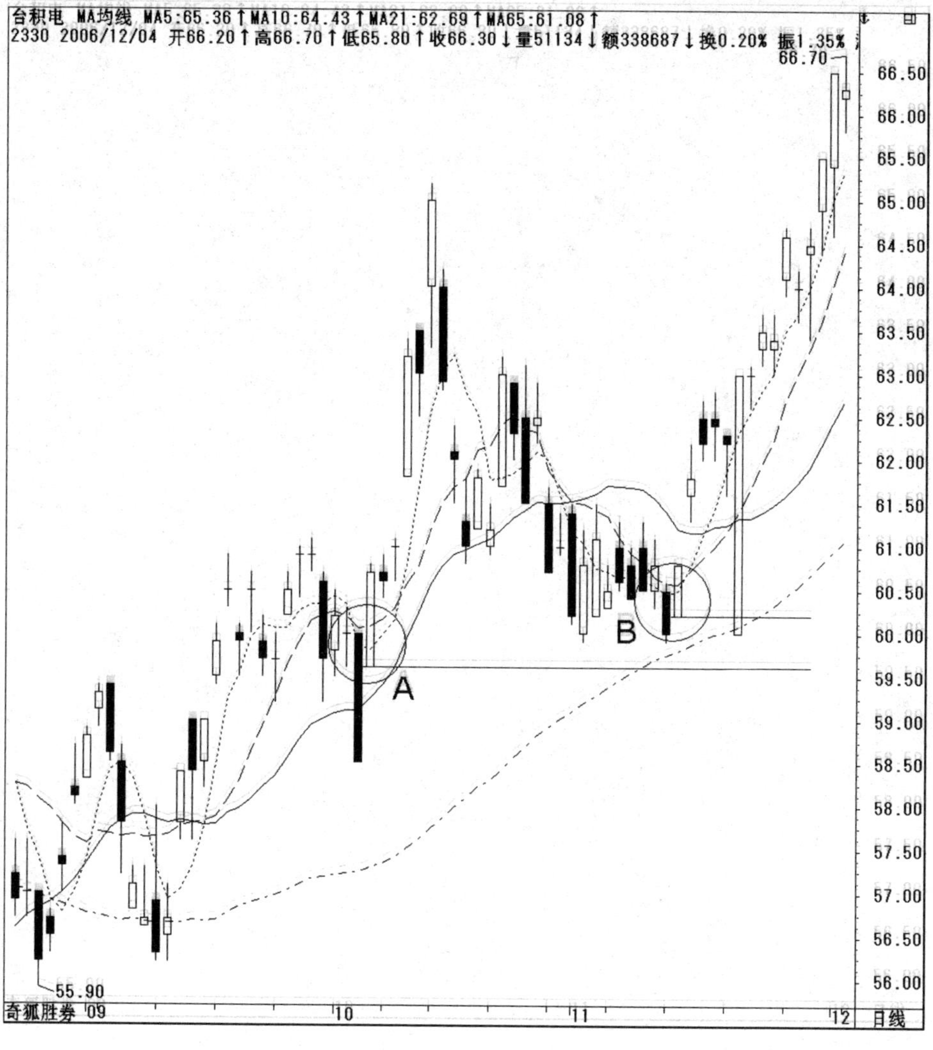

图5-24　回转线运用范例之二(数据来源：奇狐胜券)

第六章 成交量

投资人在学习技术分析的过程中，相关书籍或者是媒体等信息在解释量能变化时，往往会参考“新大量后必有新高价”、“新低量后必有新低价”、“价量背离股价反转”、“量大非头”、“量是价的先行指标”等观念，并且奉为圭臬。但就实际操作过程可以得知，这些观念(或被称为定理)不全然正确，以笔者个人认知，成交量是股价波动过程中众多的参考指标之一，在运用成交量时仍然需要先辨别多空趋势与产生讯号的相对位置。

市场上有云：“主力容易做价欺瞒投资人，而成交量是用金钱推砌起来的，所以不会骗人。”其实这一句话逻辑上大有问题，诚如笔者常与人说，给我看见K线图，那么我大致上可以猜出成交量的变化情形，可是只给我看见成交量的走势，我永远也无法猜出股价的波动方向。因此要能看出成交量进货、出货与洗盘的模式，仍然是要搭配股价波动的情形，毕竟成交量无论如何变化，终究还是要反映在股价的变化上。

所以利用股价走势并搭配成交量的辅助，就可以解读出主力可能的意图与动向，我们再据此拟定适合的操作策略并加以执行与修正，这就是我们要认识成交量的原因。

量价关系九句诀

股票的交易是连续不断的供需动作，价格交易的轨迹形成了当时的K线形态，成交量虽然被记录下来，但却很难精确地分析当中的多空分野，比如股价在连续上涨过程中，多头的基本趋势并未改变，却在看见爆量长黑线时便急于出脱手中持股，偏偏主力作手在短线的操作法中就有这一招，借压盘清洗筹码与短线套利的跟单浮额，随后股价持续拉高飙涨，因此短期K线的变化常为主力所掌控，比如故意拉抬制造多头气势以方便未来顺利出货，或故意施展惯压手法引起投资人恐慌杀出，以利主力在低档附近再度进货。

鉴于上述短线走势的变化无常，股市前辈在观察之后发展出所谓的量价关系九句，其目的是为了透视短线量价关系的变化，属于短线或者是两日K线组合的分析方法，经笔者根据相对位置之不同整理后发表于《主控战略成交量》书中，今将结论条列于此供投资人参考，并且以图6-1说明相对位置的关系。该图与波浪理论的波动并未成正相关，而是以主力作手惯用的波动走势之一为例，在阅读量价关系的说明时，请搭配图档所标示的相对位置进行理解。

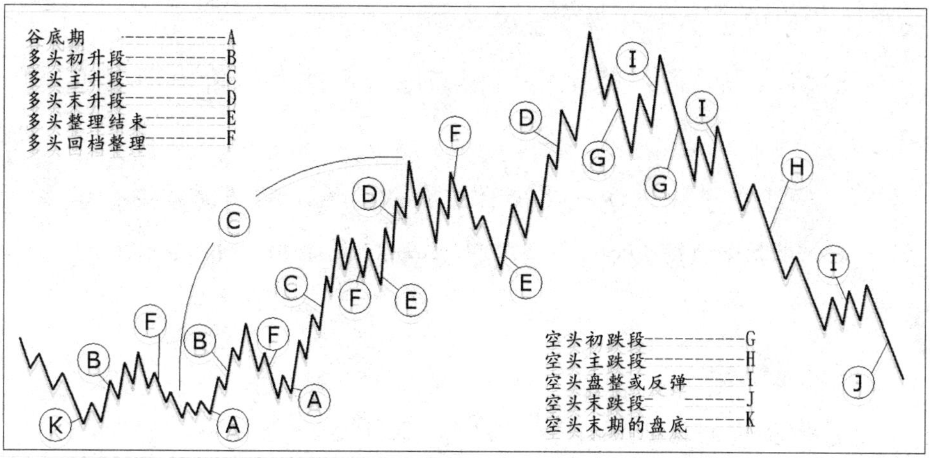

图 6-1　股价多空循环示意图

一、量增价涨

(1)多头初升段：可能为底部完成的讯号，新高量通常有新高价。

(2)多头整理结束：可能是股价回落修正结束的多头发动讯号。

(3)多头末升段：注意多头力竭的讯号，以防主力拉高出货。

(4)空头盘整反弹：量增价涨反弹持续，量增价不涨暗示反弹结束。

(5)空头末期的盘底：股价进入盘底期，筑底完成趋势将由空转多。

二、量增价平

(1)谷底时期：股价可能进入止跌打底，一般投资人宜暂时观望。

(2)多头初升段：暗示筹码良性换手，或是主力介入吃货。

(3)多头主升段：股价走势即将进入回档的先兆，有主力短线出货的嫌疑。

(4)多头回档整理：整理过程中，注意是否破坏多头关卡，若未破坏则将出现多头末升段，被破坏则提防盘头。

(5)多头末升段：暗示主力积极出货，注意股价出现多空反转讯号。

(6)空头主跌段：逢低买盘尝试介入，暗示将出现反弹行情。

(7)空头盘整或反弹：注意是否为反弹尾声，股价将持续下跌走势。

三、量增价跌

(1)多头主升段：暗示有主力进行吃货。

(2)多头末升段：高档卖压沉重，无法消化卖压股价将进行反转，亦为标准的主力出货模式手法之一。

(3)空头主跌段：代表卖压沉重，股价下跌趋势暂时无法改变。

(4)多空盘整反弹：空头为反弹结束的现象，多头为整理的修正幅度扩大。

(5)空头末跌段：特定人士进场承接，唯不能再破底。

四、量平价涨

(1)多头初升段：暗示攻击力道不足，涨势不会持久。

(2)多头主升段：量能不足的现象，虽然行情虽然可以持续，但需随时注意卖点。

(3)多头回档整理：暗示回升力道不足，股价持续整理。

(4)多头末升段：多空力道进入均衡，多头转强续涨，空头转强则形成反转。

(5)空头末跌段：大部分人处于观望，亦有可能是主力进场试单。

五、量平价平

(1)谷底区：多空不明，暂时观望。

⑵多头回档整理：暗示修正将告一个段落，等待进场时机。

⑶空头盘整反弹：即将出现反弹结束的讯号。

六、量平价跌

⑴多头主升段：若无特别大量出现，通常是散户卖单。

⑵多头回档整理：走势低迷，等待积极的攻击讯号。

⑶空头初跌段：卖压不大，下跌幅度有限，下跌趋势亦不容易改变。

⑷空头主跌段：卖压缩小，股价有机会出现反弹。

⑸空头盘整反弹：进入盘跌走势。

⑹空头末跌段：低档已经有限，注意止跌讯号。

七、量缩价涨

⑴多头初升段：涨势有限，并注意是否转成反弹波动的走势。

⑵多头主升段：筹码锁定，属于惜售行情，尚有高点可期。

⑶多头回档整理：暗示回升不易，并宜防盘整失败。

⑷多头末升段：涨势已弱，股价将出现反转或是盘头走势。

⑸空头盘整反弹：拉高解套或是短空进行回补所形成的反弹走势。

⑹空头末跌段：严重下跌后形成的反弹惜售走势。

八、量缩价平

⑴谷底时期：持续探底或是量已见底，须以后续走势分析。

⑵多头初升段：追价买盘不足，涨势有限，V 形反转走势除外。

⑶多头主升段：积极追价的意愿降低，暗示即将进入回档整理。

⑷多头末升段：股价即将进入盘头走势，不容易再创新高。

⑸空头主跌段：卖压减缓，行情将有机会出现反弹。

(6)空头末跌段：持续探底，但是卖压已经减缓，低档有限。

九、量缩价跌

(1)谷底时期：进行盘底走势，应注意底部完成讯号。

(2)多头主升段：在遇压后回档，股价将有机会止稳。

(3)空头初跌段：多方承接力道减弱，属于跌势的开始。

(4)空头主跌段：股价将持续下跌，为探底、杀多的走势。

(5)空头末跌段：买盘停滞，卖压减轻，有机会进入谷底期。

主控盘进货模式

操盘主力如何进货？不外乎是与公司派或是与内、外围主力一起锁定筹码，非圈内人士是没有办法得知的，而当炒作的消息被广为流传后，往往已经是主力准备出货的时机，所以利用消息面或是内线所得到的明牌显然相当不可靠。尤其所谓的内线消息，一个毫无相关背景且没有任何利害关系的散户，凭什么拿到所谓的内线消息？说穿了让散户知道这些消息，不过是为了顺利出货！

然而一档股票没有特定人士进场拉抬，却不容易有急涨的大波段行情，在无法得知内线消息的情形下，投资人仅能利用技术分析解读股价的波动，分辨出主力进货、洗盘、出货的讯号，那么自然可以找到恰当的切入点。

在本单元里，整理出十种比较基础的进货做线技巧，这些路径走法会不断地重复出现，而且进货模式主力不会单纯使用一种，而是多种交互替用，且在进货过程中，不免会有筹码凌乱的现象，为了让筹码趋于安定，进货后通常会伴随洗盘的行为，因此进货模式会与洗盘模式交替运用、混合进行。洗盘模式将在下一个单元讨论，进货盘则如下所述。

波段型进货(图 6–2)

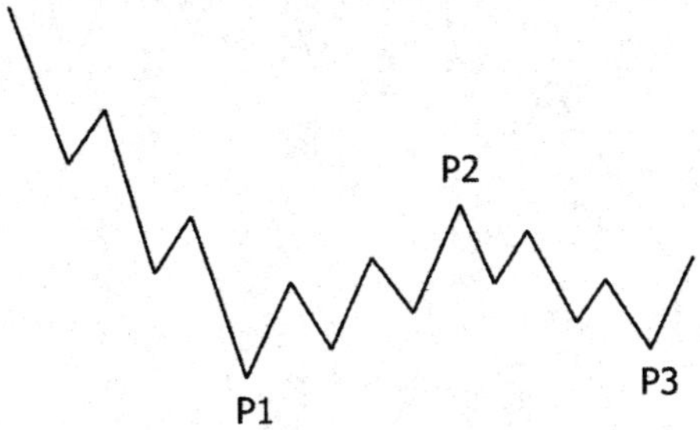

图 6-2　波段型进货的模型图

P1～P2 这一段称为熊市扭转，亦可以称为初升浪。投资人宜于 P3 完成以后寻找修正结束的可靠讯号，并且伺机接入。

盘坚型进货(图 6–3)

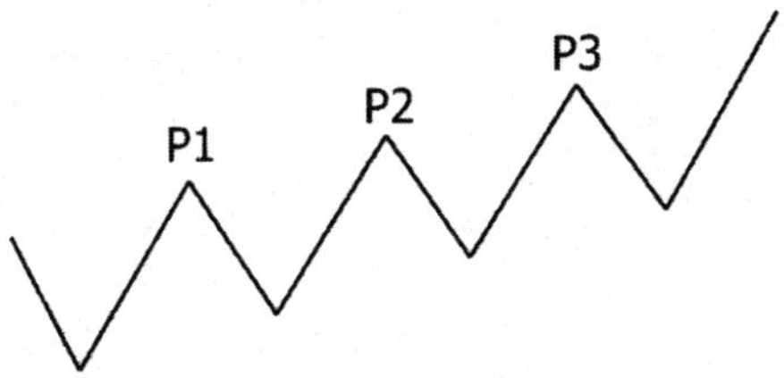

图 6-3　盘坚型进货的模型图

此模式其波峰会持续创高，波谷也会持续垫高，即 P3＞P2＞P1，成交量走势会出现波段起涨。盘坚过程中不一定是要创下 3 个高点，但通常是 3 个高点。

平台型进货(图 6–4)

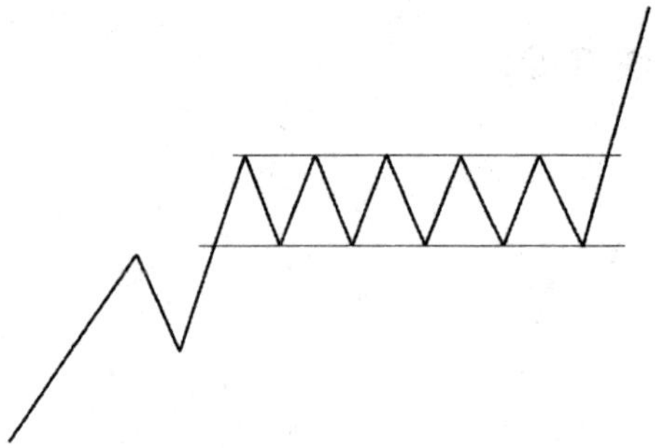

图 6-4　平台型进货的模型图

进货过程中会以顺势量的模式进行短线拉高进货，或者是呈现谷底量的量能沉淀模式，投资人宜注意洗盘结束的讯号与多头攻击讯号，并适时切入作多。

破底型进货(图 6–5)

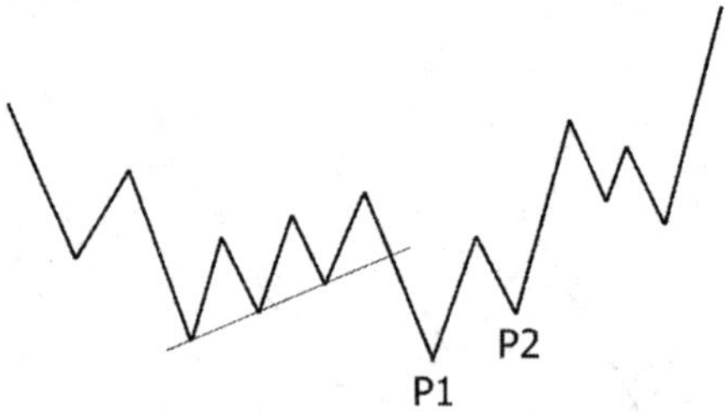

图 6-5　破底型进货的模型图

破底进货手法，有进货和洗盘的意义存在，投资人注意到盘坚型吃货可能结束的洗盘点(即 P2 的位置之后)之后出现的多头攻击讯号便可以伺机介入。

盘跌型进货(图 6–6)

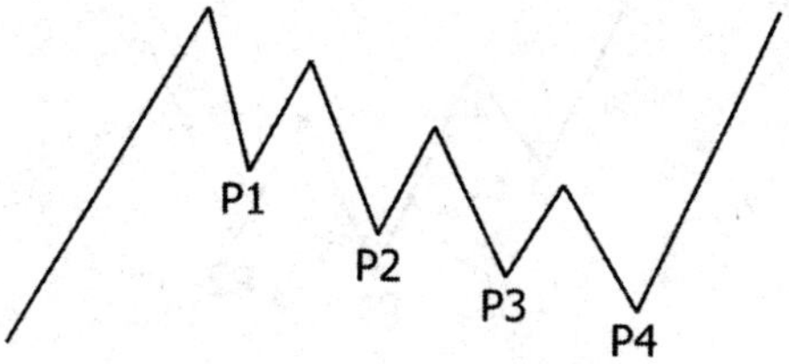

图 6-6 盘跌型进货的模型图

本进货模式通常会出现 3 个以上的盘跌低点，且低点会有对应的支撑量，每一个低点会持续创低，最后一个低点会非常接近前波最低点，但是却不会破底。

肩头型进货(图 6–7)

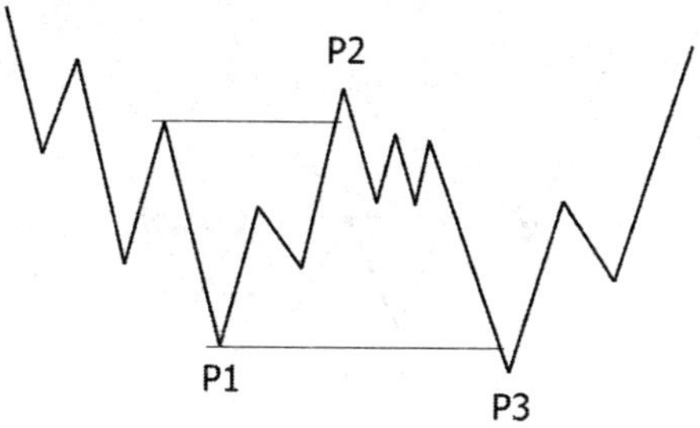

图 6-7 肩头型进货的模型图

P1～P2 会呈现两段式反弹，再从 P2 进行攒压，P2～P3 会出现两段式下跌，此模式称为假破底、真穿头，暗示操盘主力态度积极，筹码掌握程度良好，未来出货时也必定不会留情。

双重底进货(图 6–8)

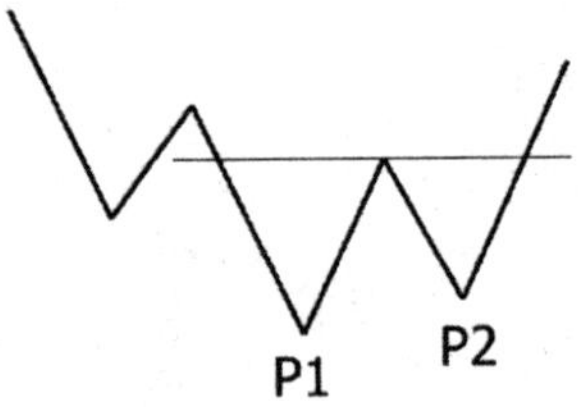

图 6-8　双重底进货的模型图

标准形态为 P2≥P1，P2 称为第二只脚，且 P1、P2 到颈线会出现上涨顺势量，在 P2 附近出现对应的凹洞量，而从 P2 的起涨不但会有上涨顺势量的结构，在突破颈线时，往往还会出现大量来突破关卡。

三重底进货(图 6–9)

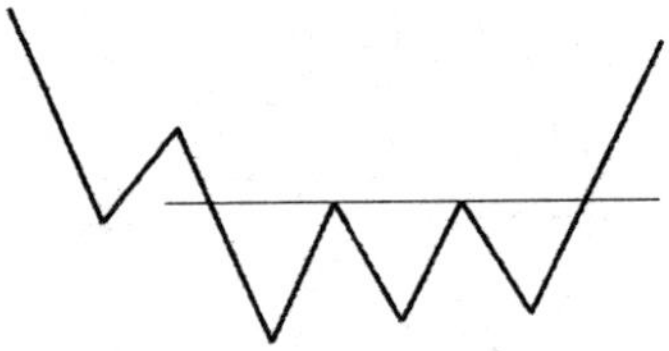

图 6-9　三重底进货的模型图

在颈线位置以大量止涨，拉回低点会出现凹洞量，突破颈线会以大量来过关卡。第一只脚必定最低，第二只脚与第三只脚没有严格规定谁比较高，但一般是第三只脚会高于第二只脚。

横盘扩底型进货(图 6-10)

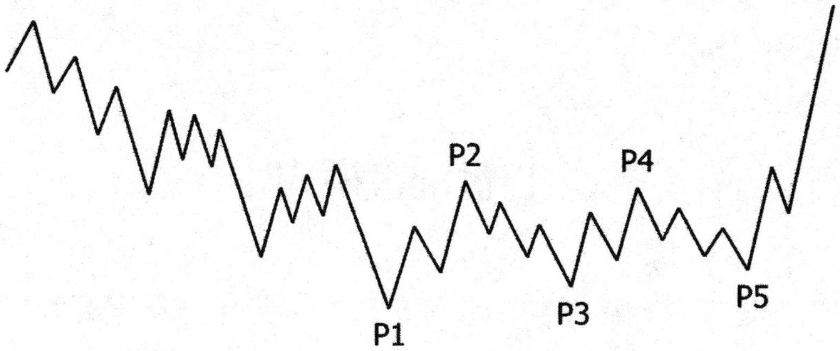

图 6-10　横盘扩底型进货的模型图

进货过程中成交量会出现 3～4 次不等的爆量，在 P4 之后容易呈现谷底量，当我们发现量能结构如此，价又突破 P4 以后的下降压力线时，就可以伺机介入做多。

高档扩底型进货(图 6-11)

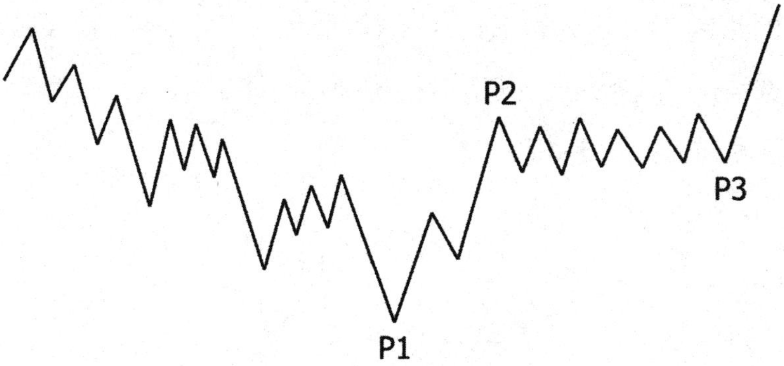

图 6-11　高档扩底型进货的模型图

P1～P2 这一段属于初升浪，P2～P3 这一段属于第二浪，在调整过程中，成交量会出现至少一次的谷底量，以突破平台的颈线为形态完成的观察点。

主控盘洗盘模式

主力在进货过程或是拉抬股价过程中，为了保持掌握筹码的优势与稳定度，自然会进行所谓的洗盘动作，其目的大致上有三点：

(1)压低股价，赚取短线价差，并吸纳一部分浮动的筹码。

(2)减轻股价拉抬过程中短线获利的回吐卖压，俗称甩轿。

(3)进行主力内外围的良性换手。

而在洗盘的过程中会出现股价上下的波动与成交量的变化，这些转变是很有规律的，而且是可以认识的。通常在量的结构上，一般会出现成交量萎缩的现象，少数会出现量增结构，但是量增之后出现价的止跌，仍然要再做一个量缩的动作，所以我们可以说：量缩，是洗盘的明显特征。其洗盘模式探讨如下。

小波段洗盘(图 6–12)

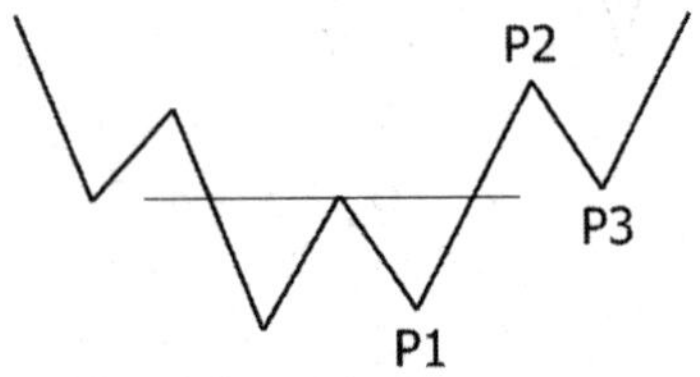

图 6-12　小波段洗盘的模型图

洗盘目的是为了洗出P1～P2这一段上涨所产生的不安定筹码，P3点最常见到凹洞量模式，随即会出现量增上涨，K线则以中长红日出的攻击走势来做洗盘结束的讯号。

波段洗盘(图6–13)

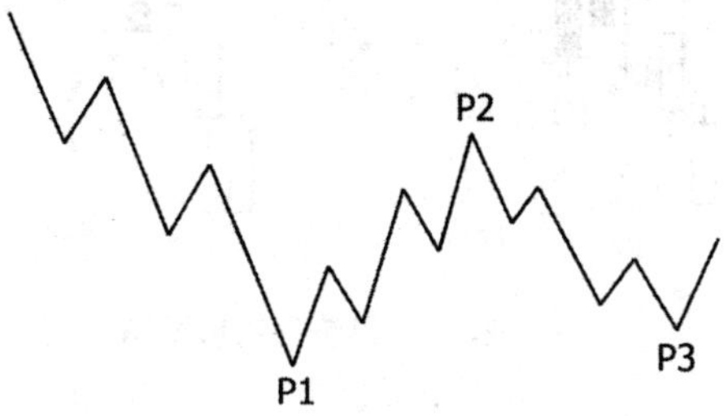

图6-13　波段洗盘的模型图

P2～P3这一段往往以量能退潮的现象最多，修正接近结束时，量能会缩到极限，接着呈现波段起涨讯号，并突破P2～P3这一个区域的下降压力线。

盘坚型洗盘(图6–14)

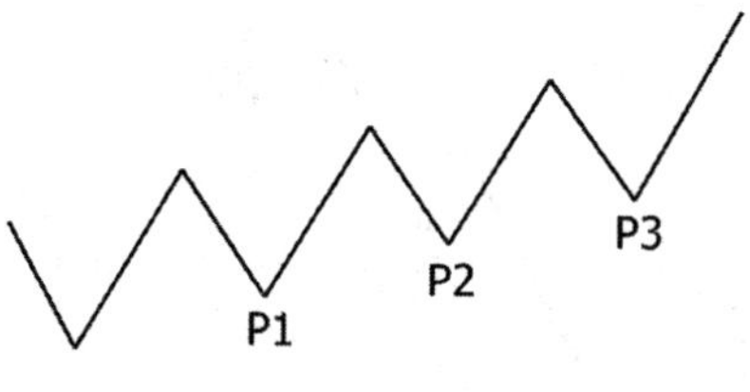

图6-14　盘坚型洗盘的模型图

会呈现低点垫高、高点创高的特性，且量增、量缩的过程相当规律，以前波谷底为停损观察点，或是等待最后洗盘点出现多头进行攻击时再切入。

一日洗盘(图 6–15)

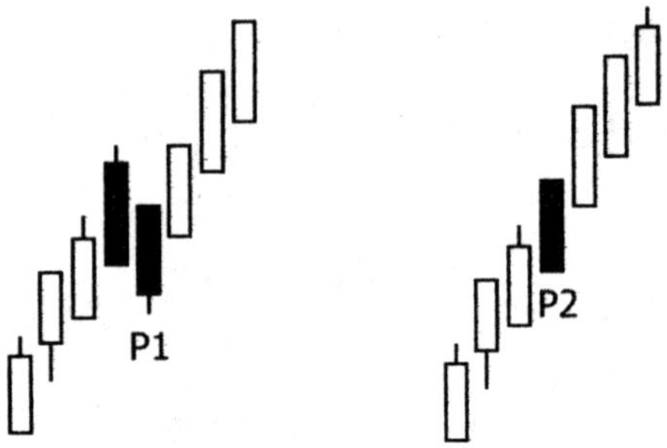

图 6-15 一日洗盘的模型图

P1 和 P2 便是短线的洗盘点，其特性都会量缩以呈现价跌量缩的稳定，当出现一日洗盘时，即代表该波段为一个攻击段，未来波段起涨低点与 P1、P2 的洗盘点理应有短线支撑。

振荡洗盘(图 6–16)

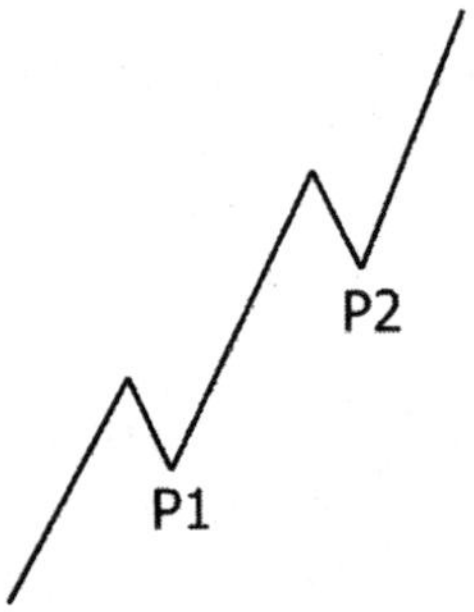

图 6-16 振荡洗盘的模型图

振荡洗盘是股价在高角度上攻的过程中，顺势做拉回的洗盘动作，其目的是为了缓和当时指标过热的现象，一般发生在主要攻击波段的延伸走势当中，多以 3～5 天的拉回为标准形态。

强悍型洗盘(图 6–17)

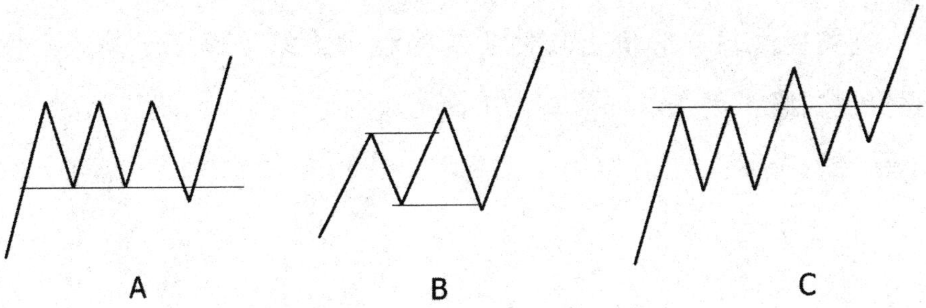

图 6-17　强悍型洗盘的模型图

形态 A：先跌破整理形态的水平支撑，当出现量缩洗盘点后形态才算完成。

形态 B：出量拉高过前波高点水平颈线，紧接着再跌破前波低点水平颈线，跌破水平颈线时会出现明确的止跌讯号。

形态 C：先针对整理形态的平台高点进行拉高突破的动作，再止涨拉回修正，修正时的幅度会相当深，但是不会跌破前波低点，振荡进入尾声时会以量缩的技术面来呈现。

过关前后洗盘(图 6–18)

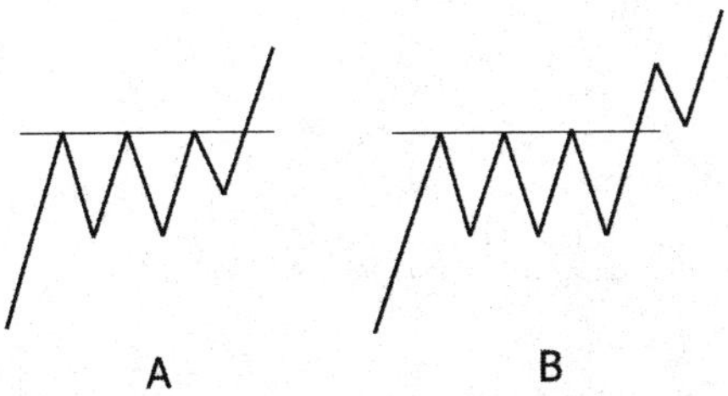

图 6-18　过关前后洗盘的模型图

(1)关前洗盘：股价上攻使K线的上影线穿越过该水平颈线，接着股价拉回修正洗盘。

(2)关后洗盘：股价上攻使K线的收盘价站上该水平颈线，接着股价拉回修正，在水平颈线之上洗盘。

平台型洗盘

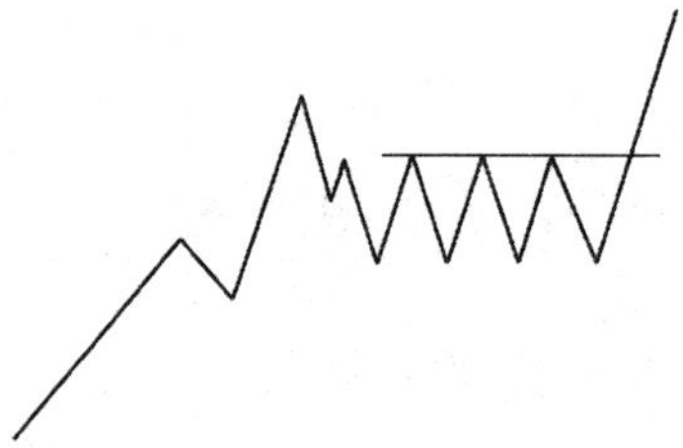

图6-19　平台型洗盘的模型图

当主力做最后一段拉高进货之后，股价先拉回测试支撑并不破最后一段拉抬的起涨低点，接着便进行箱形走势的洗盘。

盘跌型洗盘

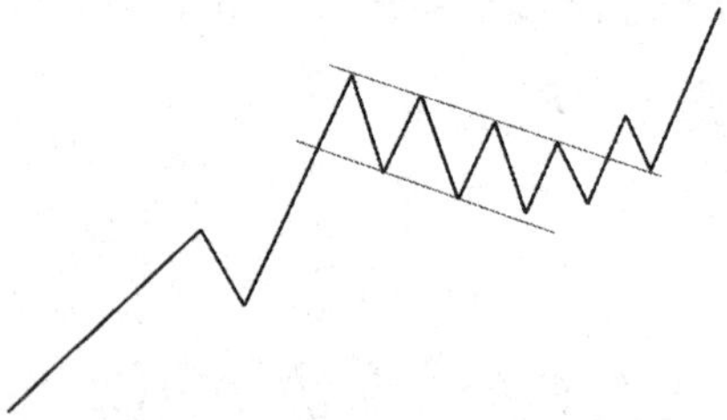

图6-20　盘跌型洗盘的模型图

盘跌洗盘特性是创新低会量增，拉高时出量止涨，走势类似道氏理论中的下降形态，下降压力线被有效突破时是最佳的介入时机。

等高点洗盘(图 6–21)

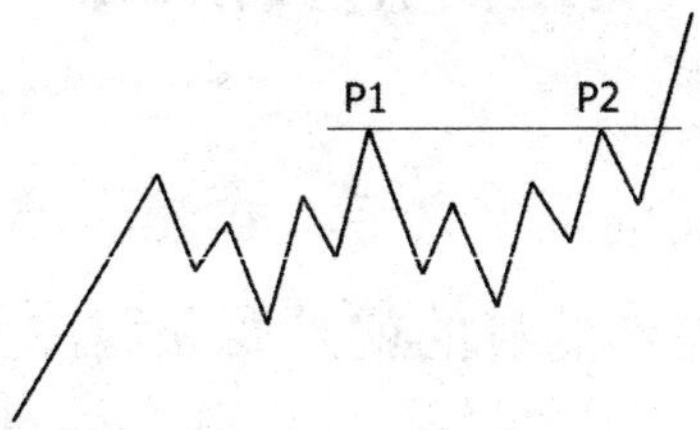

图 6-21　等高点洗盘的模型图

整理时会出现两个等高点，且 P1 和 P2 有等大量的惯性，当形成等高点止涨拉回时呈现量缩的洗盘点，并以中长红棒线收高表态，为量增价涨组合时，便可以设好停损，介入做多。

等低点洗盘(图 6–22)

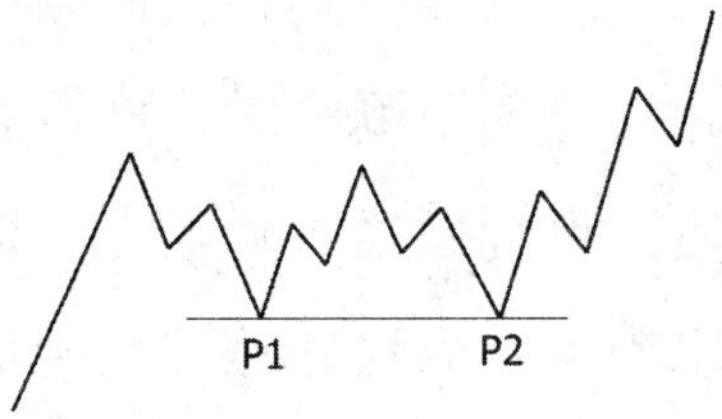

图 6-22　等低点洗盘的模型图

等低点洗盘一般有两种切入的方法：

(1)逢低买法：当股价拉回测试表态棒线支撑时，便可以逢低酌量买进，停损点即为等低点。

(2)攻击买法：股价从低点向上攻坚并做一个小波段拉回修正，当修正结束并出现中长红棒线的日出攻击时为多头做多点，停损点设在攻击棒线低点。

主控盘出货模式

当股价上涨到相当的幅度之后，自然会浮现获利回吐的卖压，一般投资人买进股票操作的目的就是要获利，主力更是如此。又因为主力所掌握的筹码较多，在出货的时候需要相对较多的时间与空间，而在出货时，必须视手中筹码多寡与当时的时空背景，搭配不同的消息面释放利多，并制造出容易出货的技术线形。

一般人对于出货与中级整理颇不易辨别，其实我们只要从主力的角度进行思考，不难分辨出其中的差异。既然股价千拉万拉就为出，主力也想赚钱，他所掌握的筹码又多，自然不可能在布局完后，就会急着要出货，至少也要拉到相当的幅度后，才能有价差与顺利出货的空间，因此只要善用测量学，即可以分辨出何处是容易出货的相对位置。当然，也有做线不顺的主力会认赔退出，但是这会在拉抬不易时就出现迹象，而这些迹象会从成交量透露出来，最显著的就是“草丛量”。

那么我们如何知道主力有出货的嫌疑呢？出货时量能变化一定会出现异常的现象与形态，而在股价方面，当进入有可能出货的高档时，短线中如果出现任何技术面的轧空点被跌破，均视为短线出货，亦即，当股价处于高档可能出货的位置时，跌破技术面的轧空点时，短线操作者的多单宜先逢高退出。此时再将格局拉大，观察整个股价波动的模式就几乎可以认定；而中长线操作者，则宜于出货模式进行中或是完成时将持有的多单全部退出。兹将出货形态叙述如下。

反转型出货(图 6-23)

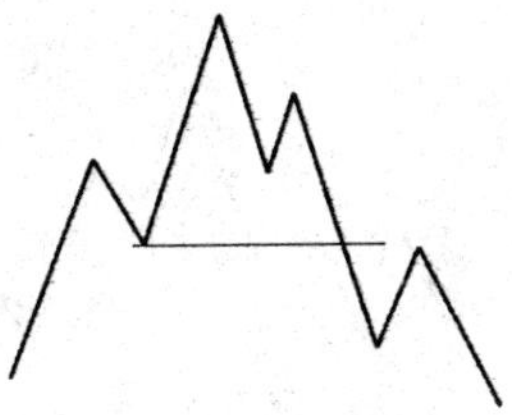

图 6-23　反转型出货的模型图

此出货形态包含了两种出货手法，一种是短线拉高出货，一种是短线压低出货。而根据主力出货程度的不同，会出现不同幅度的反弹，如果是股本较大的股票，通常可以反弹约 1/2 以上。

解套型出货(图 6-24)

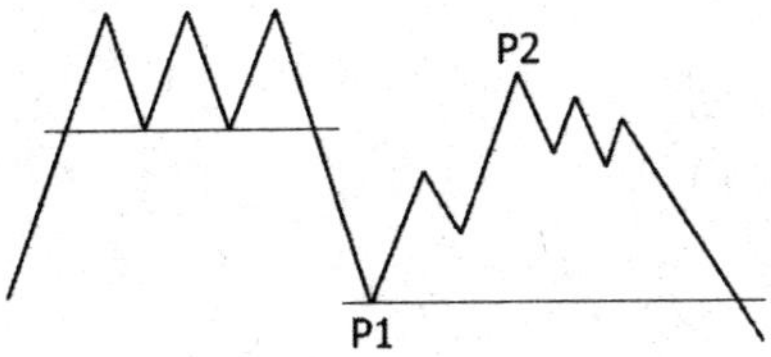

图 6-24　解套型出货的模型图

前波利用种种不同模式出货之后，股价修正到支撑位置开始出现反弹 1/2 以上的走势即是。P2 点往往是主力大户长期做线后的结束点，也是主力弃守点，我们称为波段诱多，诱多结束后股价将会呈现自由落体的命运。

末升段出货(图 6-25)

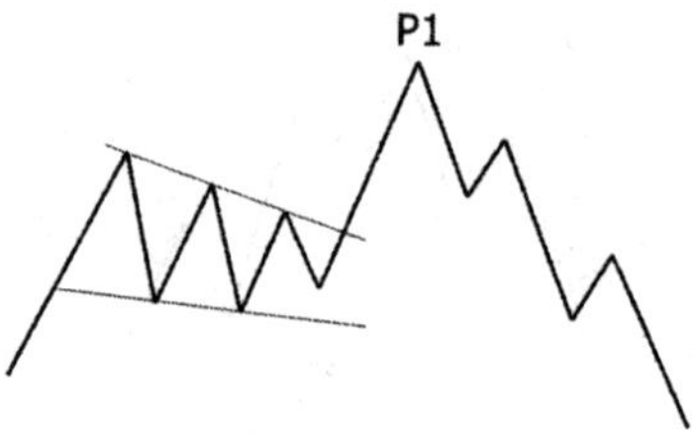

图 6-25　末升段出货的模型图

股价进行三角形的中段整理结束后上涨，主力往往利用此末升段行情的走势来进行出货。市场上会同时释出利多消息，进行边拉边出的动作。

急拉型出货(图 6-26)

图 6-26　急拉型出货的模型图

急拉型出货之前股价会先进行时间周期很长的调整，拉高出货过程属于多头陷阱，当时的时空背景，往往是加权股价指数在做逃命波动或是解套型出货的模式。

盘跌型出货(图 6–27)

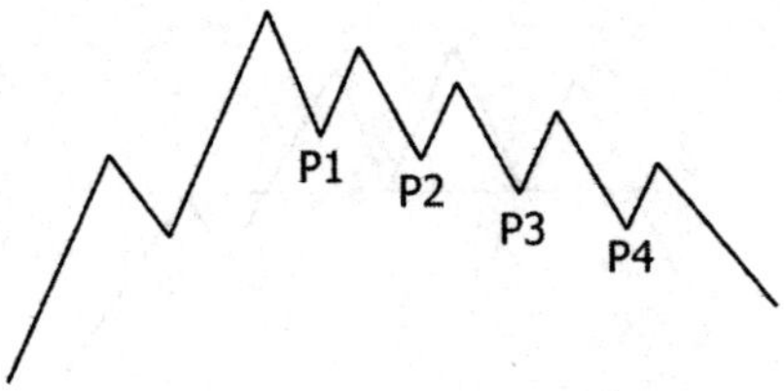

图 6-27　盘跌型出货的模型图

其特性是成交量呈现不规则变化，或是在量能退潮的现象之后发生，标准模式是低点会越来越低，即 P1＞P2＞P3＞P4，且创下低点时会量增。

盘坚型出货(图 6–28)

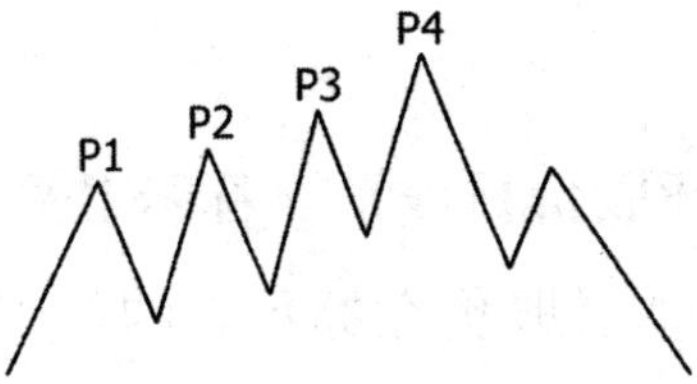

图 6-28　盘坚型出货的模型图

拉高出货过程中常以顺势量结构表现，或是已经转成退潮走势，而当出现爆出前一日约两倍左右的大量，是主力一次倒货的特征，投资人宜于当时任何属于短线轧空点被跌破后，逢反弹高点尽快退出。

盘头型出货(图 6–29)

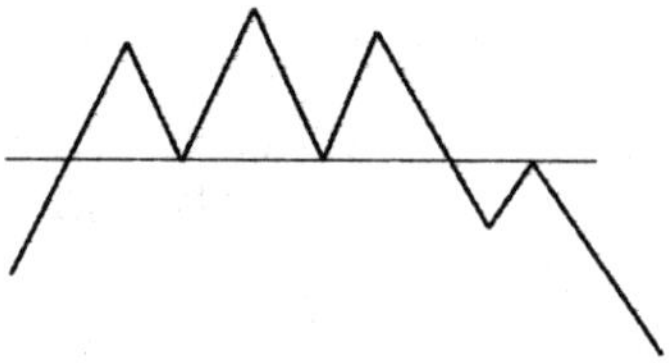

图 6-29　盘头型出货的模型图

形态中任何头部的行为均视为出货的动作。在疑似盘头过程中，下跌出现逆势量，或是形成的波段起涨讯号无效，无法使 21 日均量线转折向上，若疑似第二头附近的轧空点被跌破，宜先退出观望。

实战范例

请看图 6-30 中环股价日线图，标示 L 到标示 H 可以视为中短期的波段型进货模式，当股价在标示 A 的位置突破水平颈线后，以上升楔形的整理形态向上攻坚，在标示 B 的量能变化则是先呈现洗盘讯号后，再出现“波段起涨”讯号，同时股价也越过上升楔形的上限，随后技术现象以价量齐扬的方式使股价一路急攻，最后在标示 C 的位置穿越以标示 L～H 为测幅，所计算的黄金螺旋比例 6.854 倍，同时爆出当时相对大量。

在满足测幅 6.854 倍之后，以测量学之观点，技术现象出现止涨讯号且被确认，正常会出现修正走势，甚至出现反转走势。故在当时最高点 19.9 元之后，除了测幅满足之外，股价与 65MA 之间的正乖离过大，将受到惯性作用的牵引，使走势出现急速修正。而在滚量、爆量之后出现急速修正，在某种程度上已经吻合反转型出货的模型，随后在股价反弹并于标示 D 的位置量增止涨，暗示反弹结束，更能确定先前走势属于反转型出货。

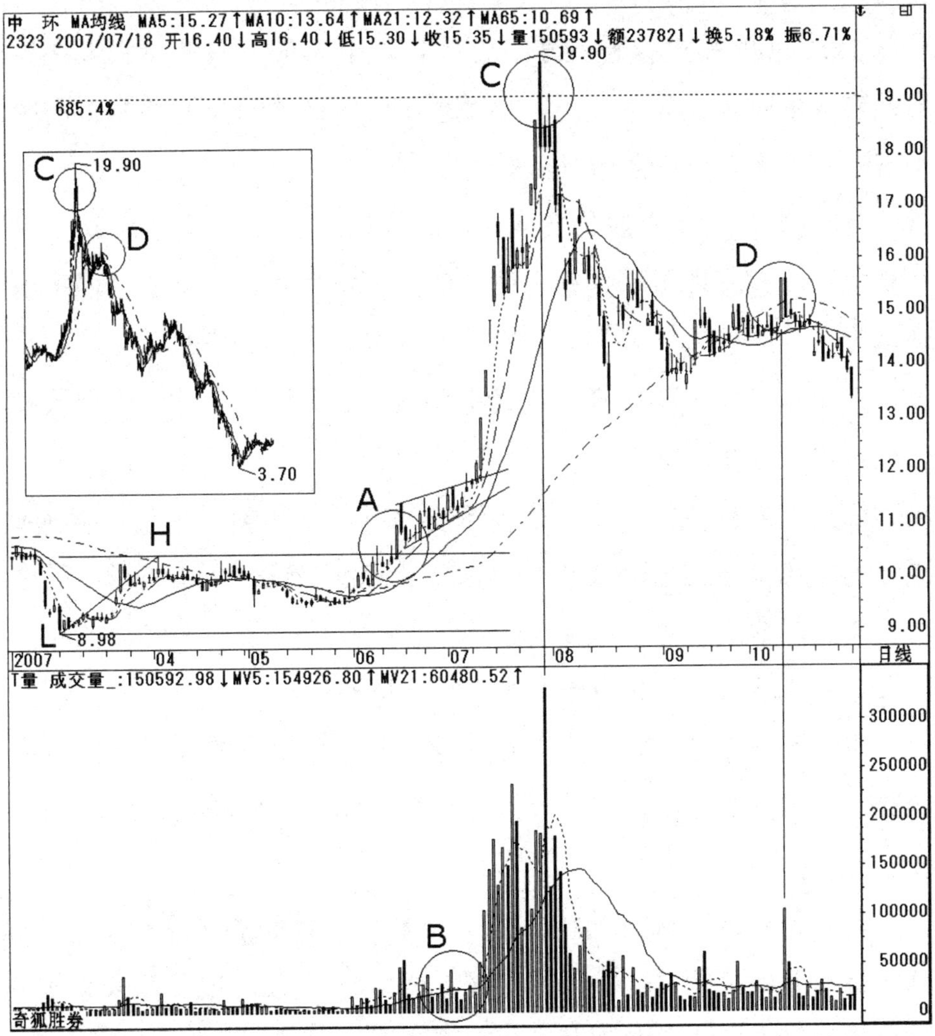

图 6-30　中环股价日线图(资料来源：奇狐胜券)

投资人在操作时，并非等到反转型出货被确定时，才警觉要将手中所持多单退出，而是在满足目标爆量不涨之后就应先行落袋为安，空手者则不宜再继续追逐，必须等到走势表达下一步可能的意图时，才考虑切入操作。在图 6-30 中有张小图，可以清楚看见股价从 19.9 元的高点修正到 3.7 元才告一个段落，假使投资人在技术面有疑虑时未能先行退出，仍受惑于营收或是消息面等利多而续抱股票，那么风险将会如影随形。

请看图 6-31 华泰股价日线图，股价在标示 A、B 的位置均呈现爆量止涨的技术现象，这在上涨走势尚未结束时，于调整过程中出现属于正常的现象，但在标示 C 的位置满足 2.618 倍的幅度之后再度出量止涨，所呈现的修正意义将会相对较为强烈，甚至有导致股价反转的可能性。

实际走势将会告诉我们比较可能的方向，从图形观察，标示 C 之后的走势呈现三角形整理的形态，当股价突破下降趋势线，以整理形态的观念进行走势的定位，应先假设是末升段的上涨。在标示 D 的位置穿越 3.236 倍的幅度后，股价虽然于标示 E 再度创高，但成交量已经开始递减，并有“草丛量”与量增止涨的技术现象，走势颇符合末升段出货的形态，后续股价则从 17.3 元修正到 2.52 元才暂时告歇。

请看图 6-32 国扬股价周线图，在标示 A 的位置爆量盘头下跌，并于标示 L 处开始反弹，反弹幅度以标示 L～H 进行测量，在标示 B 的位置穿越 2.618 倍且爆量止涨，K 线形态呈现回转线的组合，故整体出货走势包含盘头型出货与解套型出货。

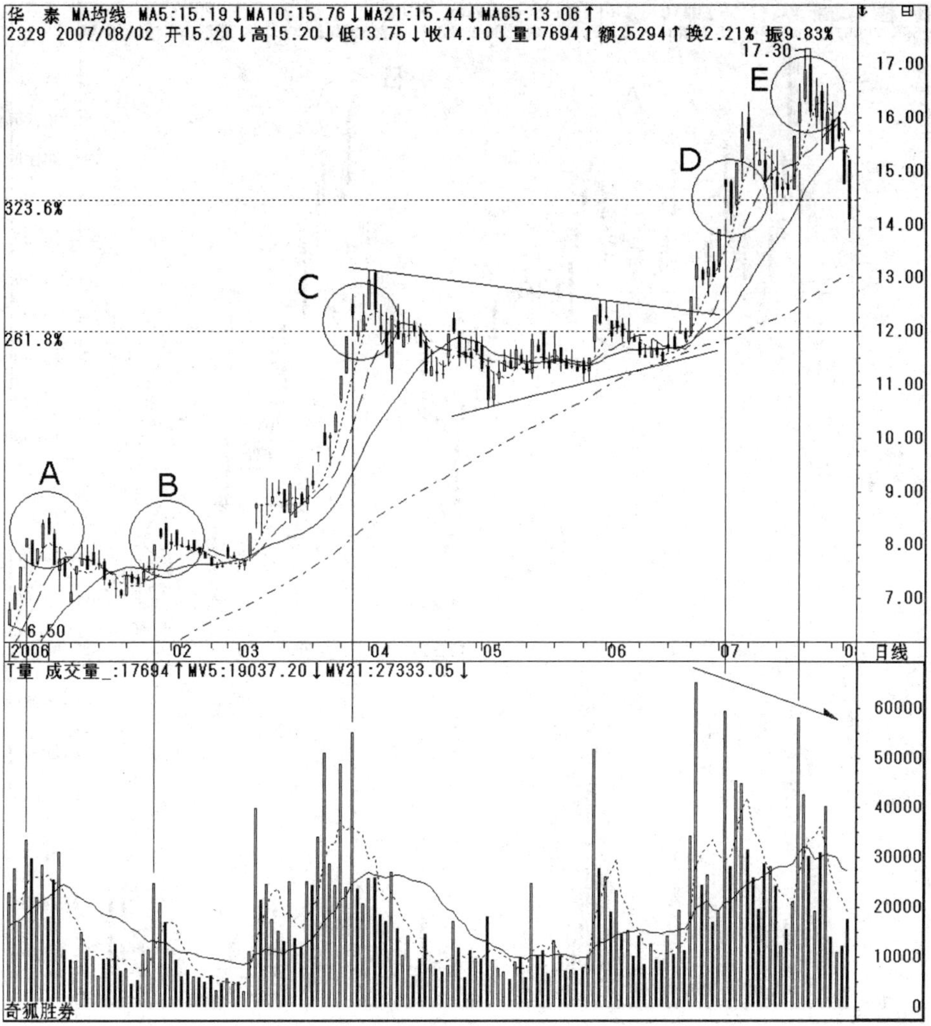

图 6-31　华泰股价日线图(资料来源：奇狐胜券)

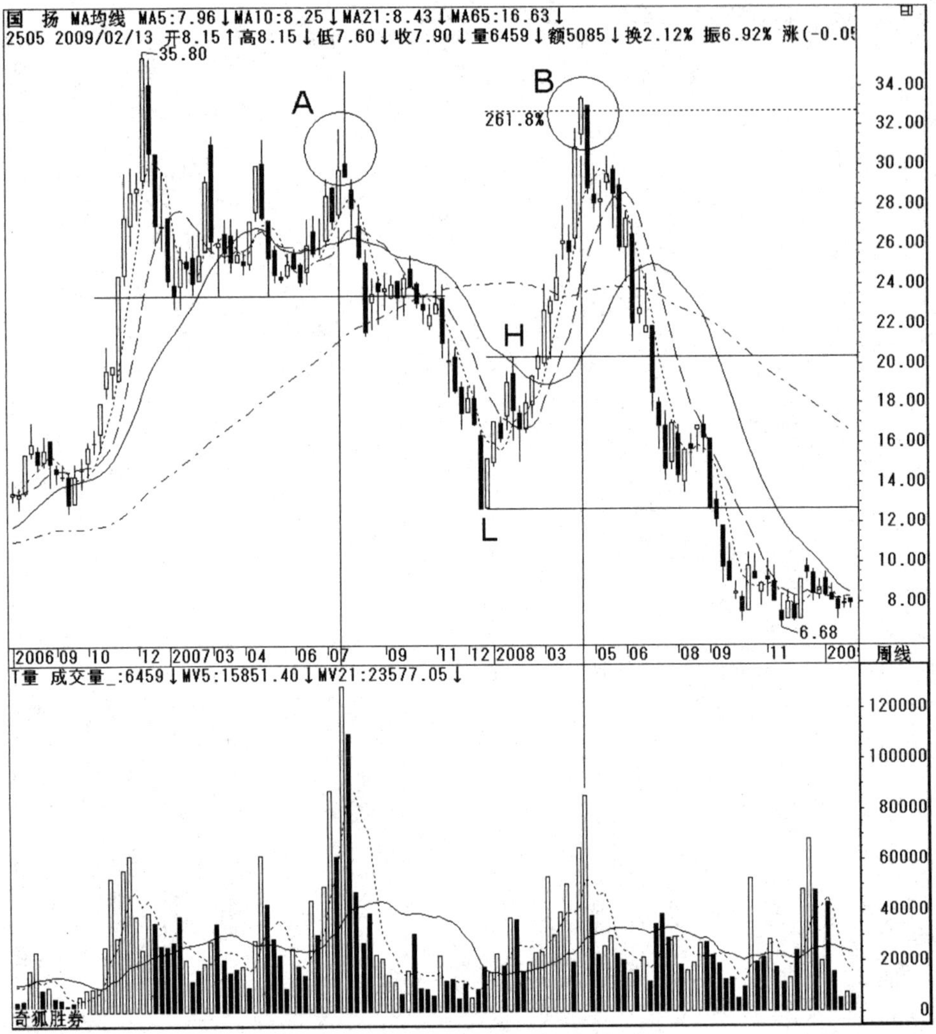

图 6-32 国扬股价周线图(资料来源：奇狐胜券)

请看图 6-33 联华股价日线图，走势从标示 L 处开始上涨，在标示 A 的位置止涨后股价再度上攻，之后走势分别在标示 B、C、D 的位置出现爆量止涨，股价并没有强攻意图，仅属于盘坚走高模式。若辅以目标测量，采标示 L～H 进行计算，于标示 C 的位置满足 1.618 倍的幅度(属于弱势上攻的格局)，同时也满足之前上涨波段测量的 2.618 倍幅度，因此该形态将被怀疑是盘坚型出货，且在后续跌破季线等技术讯号出现后得到确认。

请看图 6-34 东元股价日线图，标示 A 的走势其实已经造成股价反转的疑虑，标示 B 的爆量在当时将被定位是压低与短线拉高出货。而从 14.2 元开始的上涨，当时正逢加权指数的逃命波动走势，对照到东元股价的上涨情形，颇符合急拉型出货的形态。又因为在标示 C、D、E 的位置分别出现爆量止涨的技术现象，更加深此为出货波段的疑虑，并且在走势盘头下跌后得到确认。

请看图 6-35 中达股份股价日线图，当股价在标示 A 的位置穿越 4.236 倍的测幅后，开始进入振荡的走势，最后在标示 B 的位置穿越 5.236 倍的幅度，创下 10.5 元的高点止涨后反转向下，并在标示 C 的位置跌破最后上涨的起点，因此标示 A～B 这一个段落将有机会成为盘坚型出货。接着再取下跌段进行黄金分割的空间评估，股价在标示 D 的位置穿越 0.5 倍且爆量止涨，所以可以假设从 10.5 元的高点开始下跌到反弹结束的这一段，完成了反转型出货的形态。

请看图 6-36 ST 东北高股价日线图，在标示 A 的成交量结构属于草丛量形态，暗示有量能凌乱的现象，股价则是在标示 B 穿越 6.854 倍的测幅后，开始进入盘坚振荡走高的格局，以形态学观察颇有扩张反转楔形的模样。在标示 C 的位置跌破形态的上升趋势线，应假设反转形态成立，并且在股价后续的反弹过程中观察黄金分割空间。最后股价在标示 D 的位置呈现量增止涨，同时也穿越黄金分割的 0.5 倍幅度，搭配当时中期量能趋势向下，故整体出货模式将被定位是盘坚型出货与反转型出货。

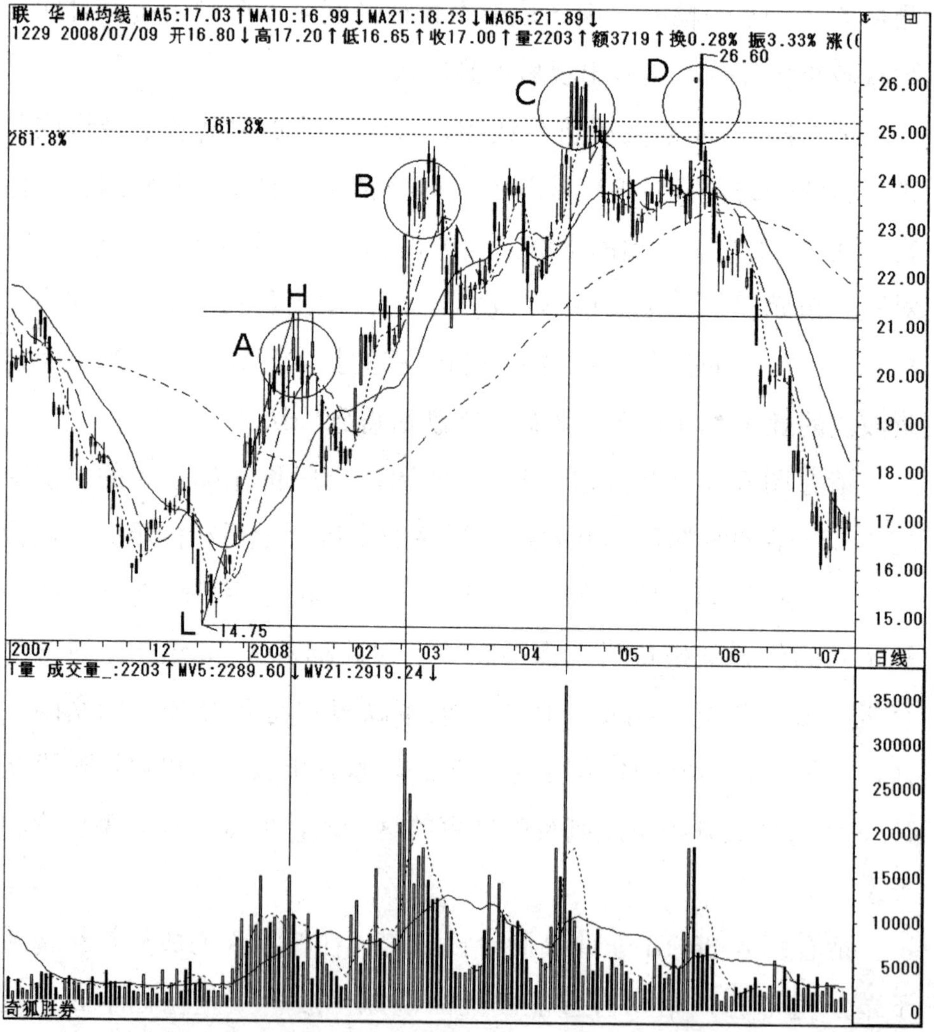

图 6-33 联华股价日线图(资料来源：奇狐胜券)

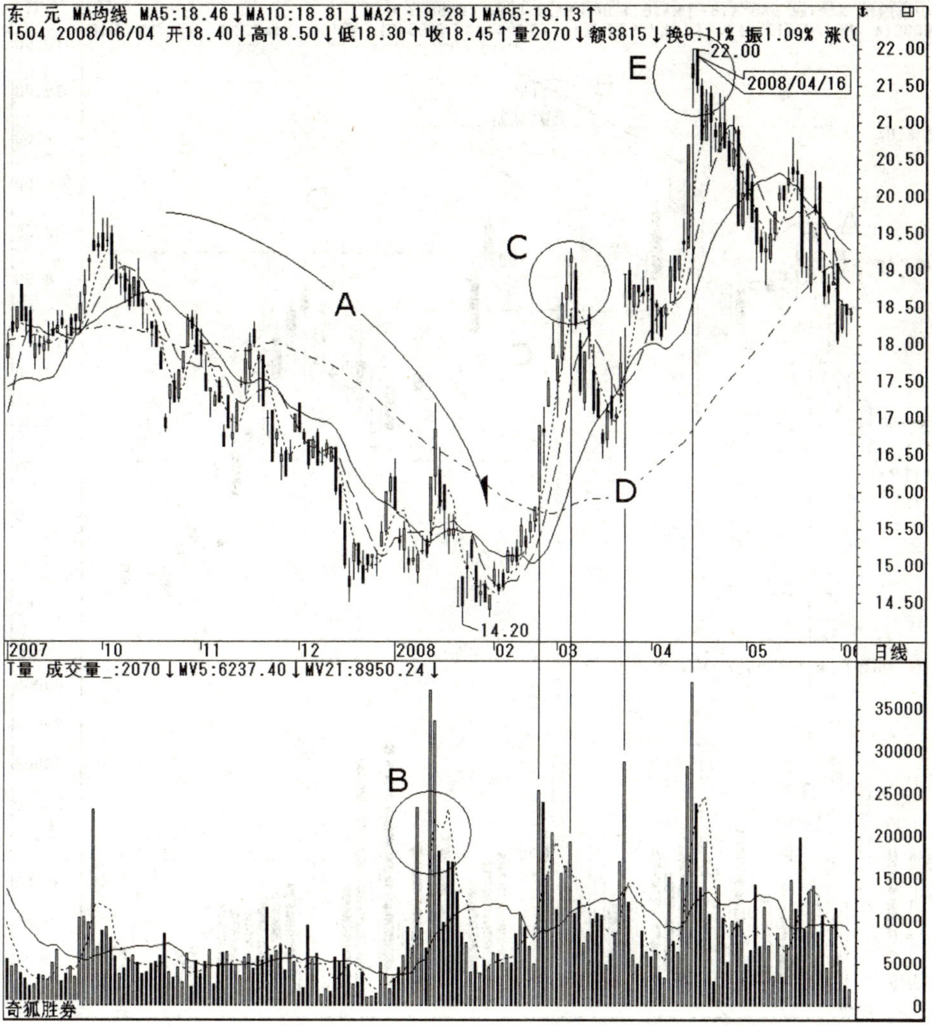

图 6-34　东元股价日线图(资料来源：奇狐胜券)

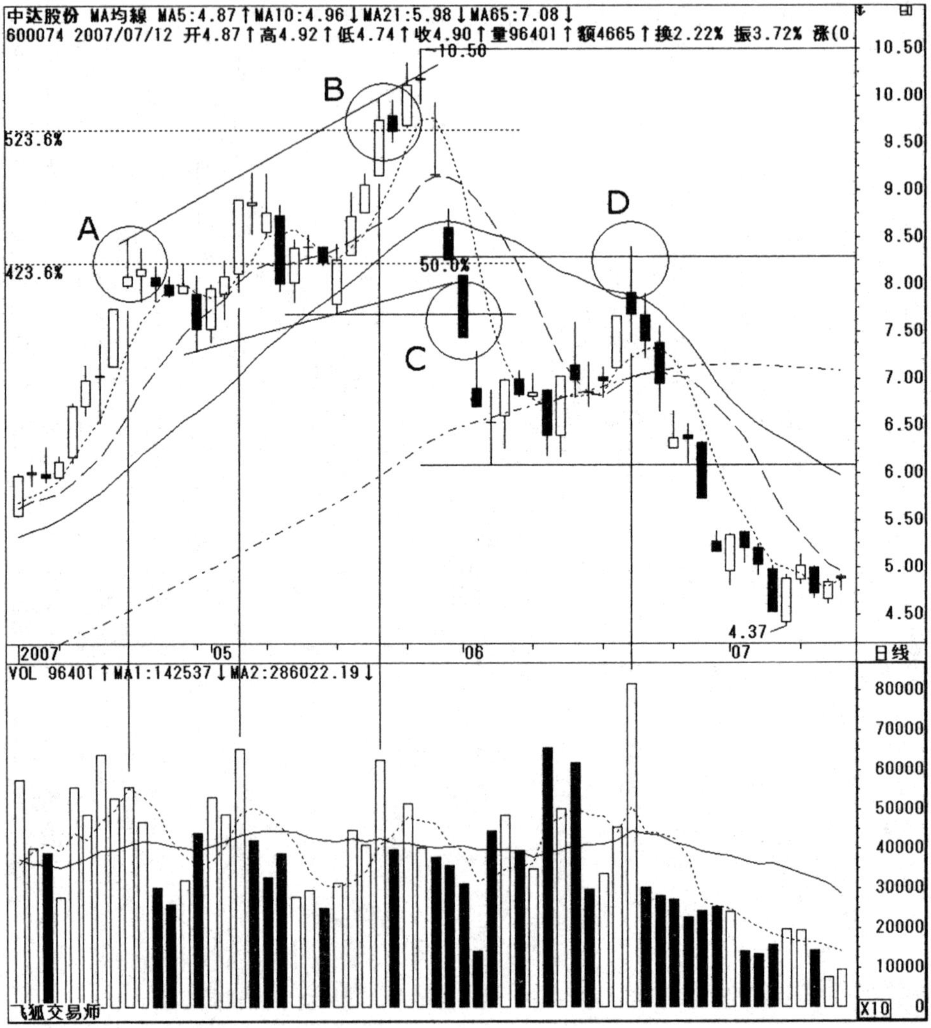

图 6-35　中达股份股价日线图(资料来源：飞狐交易师)

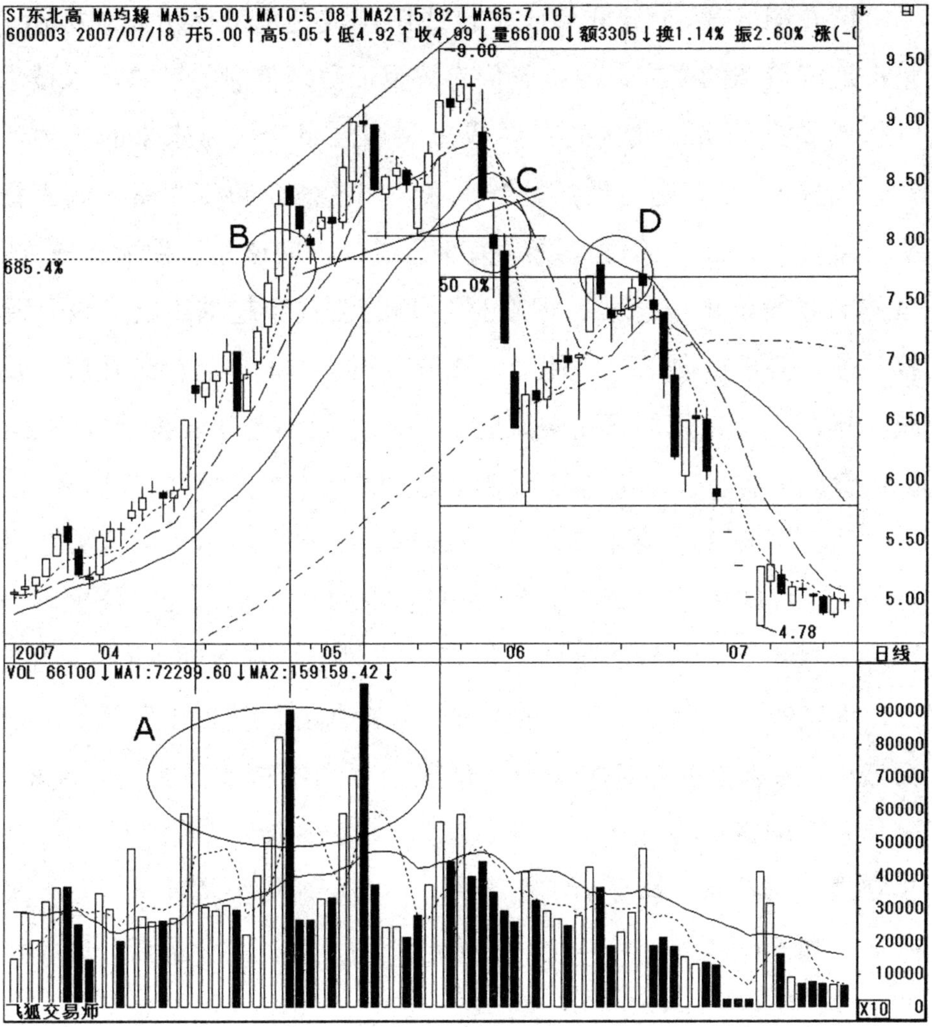

图 6-36　ST 东北高股价日线图(资料来源：飞狐交易师)

请看图 6-37 宁波联合股价日线图，成交量从标示 A 到标示 B 呈现连续量增的模式，但是股价走势反而呈现停滞的迹象，以技术分析的观点分析，此区间已经成短头，且将会成为未来的压力所在。而标示 C、D 则是反弹量增止涨，以形态学角度观察，颇有盘头之疑。当标示 E 的位置跌破头部颈线时，应该先假设形态成立。虽然后续股价出现急涨，但在标示 F 的位置穿越季线之后进行除权，使走势再度向下，假使当时该股具有实质利多且尚未在股价反映完毕，应该出现填权走势来进行表态，而不是让股价一厥不振，因此整体走势将被定位是盘头型出货与解套型出货。

请看图 6-38 中国医药股价日线图，走势在标示 A 的位置穿越 2.618 倍测幅，同时出现爆量止涨的技术现象，标示 B 的位置则是再度出量止涨，导致股价向下修正。当时上证指数创下 6124 的高点，而该股上涨到 29.48 元的时候，上证指数则是做出所谓的“逃命波”，就两者走势对照来看，是属于“高档背离”的技术现象，而标示 D 的量能变化属于“草丛量”，对应到标示 C 的股价变化却是穿越 3.236 的倍幅且呈现涨势停滞，在标示 E 的位置呈现量增攻坚后，却量能萎缩无力再攻，造成股价的反转，因此最后一段拉抬的上涨波段将被定位是急拉型出货。

请看图 6-39 卧龙地产股价日线图，其成交量走势整体呈现急速增缩的现象，暗示该股投机性较高，股价走势在呈现下降楔形后，突破下降压力线，因此后续的上涨波段将被定位是末升段走势。股价分别在标示 A、B、C 的位置爆量并且呈现止涨，因此最后一段的上涨走势将会被定位是末升段出货。

请看图 6-40 佳能股价日线图，标示 A 的股价波动被归类为反转旗形，随即进行盘坚向上的走势，标示 B 这一笔 K 线出现量价齐扬，暗示多头已经发动，故整个形态属于盘坚型进货，最后股价推动到 71 元的高点才结束。

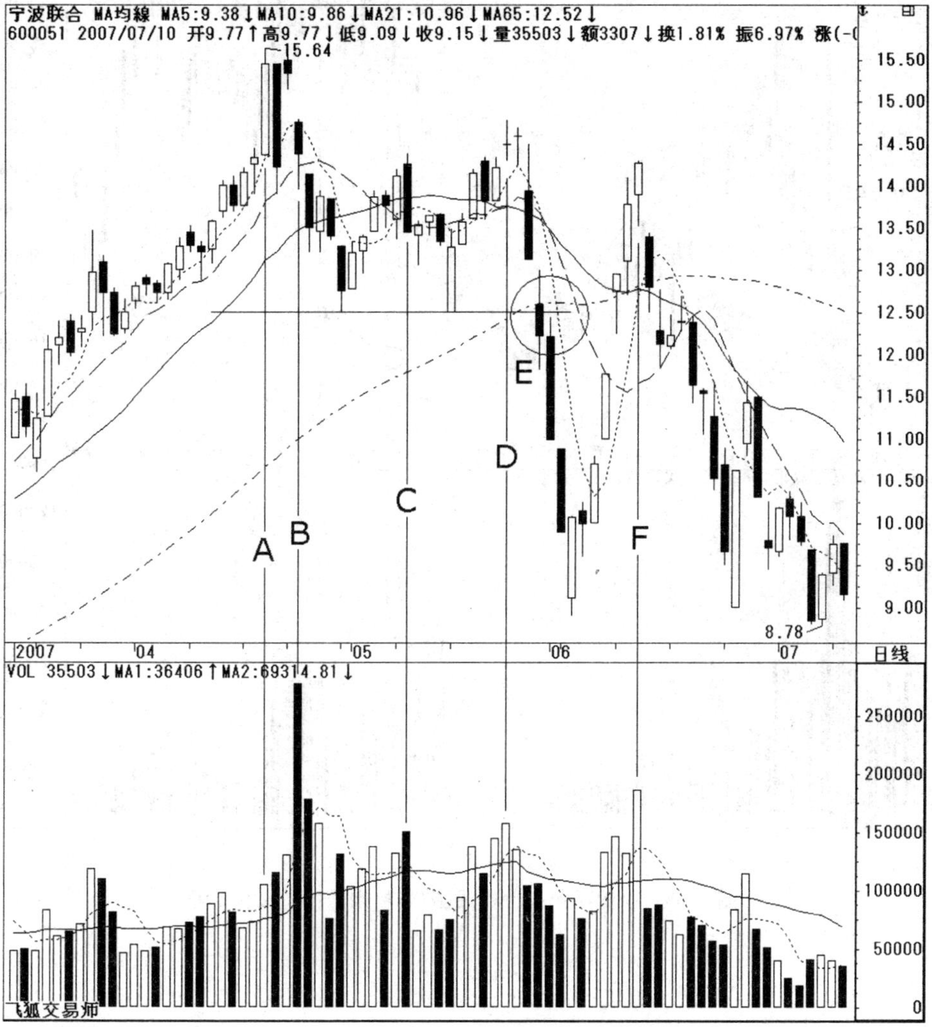

图 6-37　宁波联合股价日线图(资料来源：飞狐交易师)

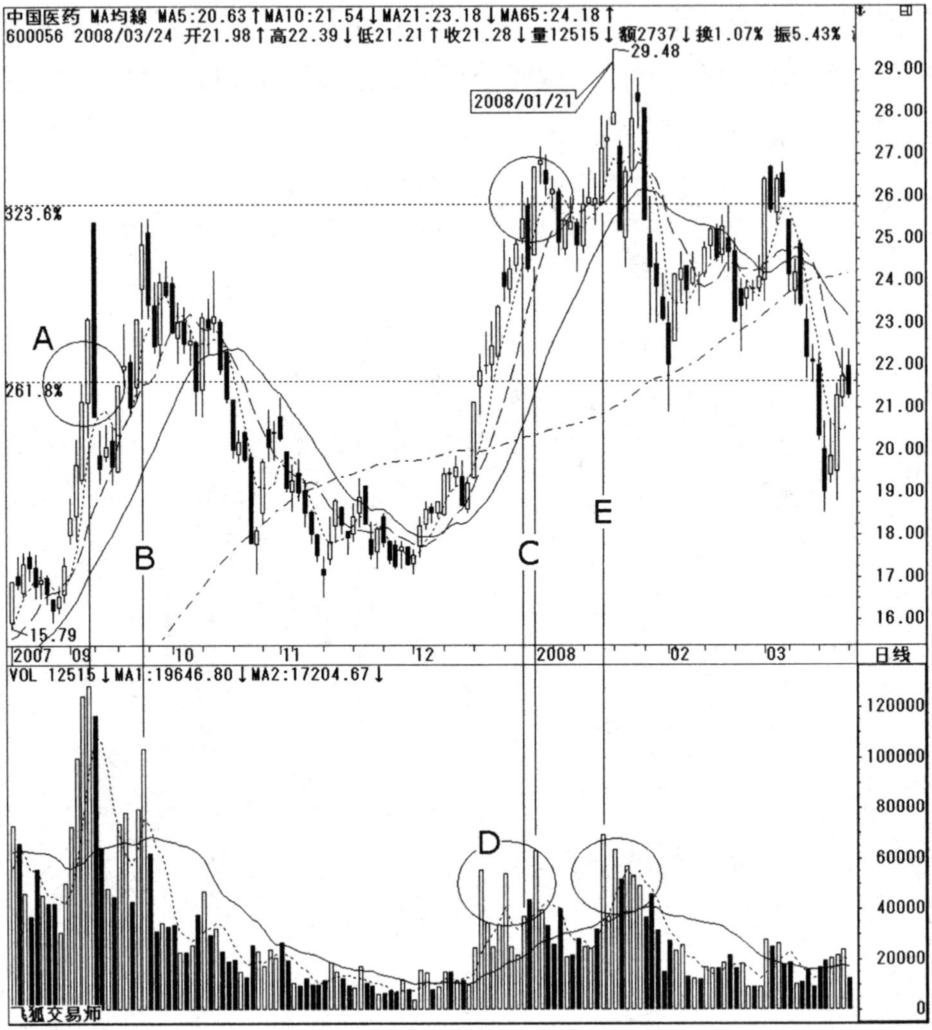

图 6-38　中国医药股价日线图(资料来源：飞狐交易师)

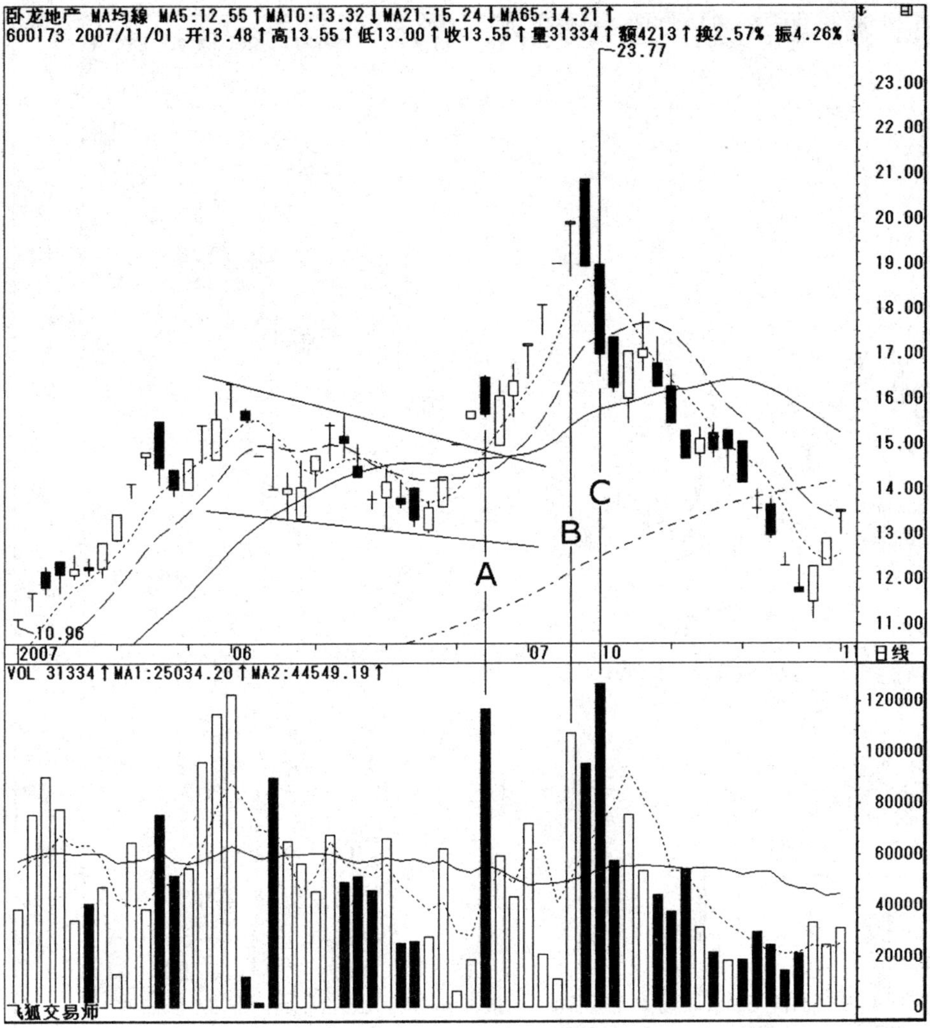

图 6-39 卧龙地产股价日线图(资料来源：飞狐交易师)

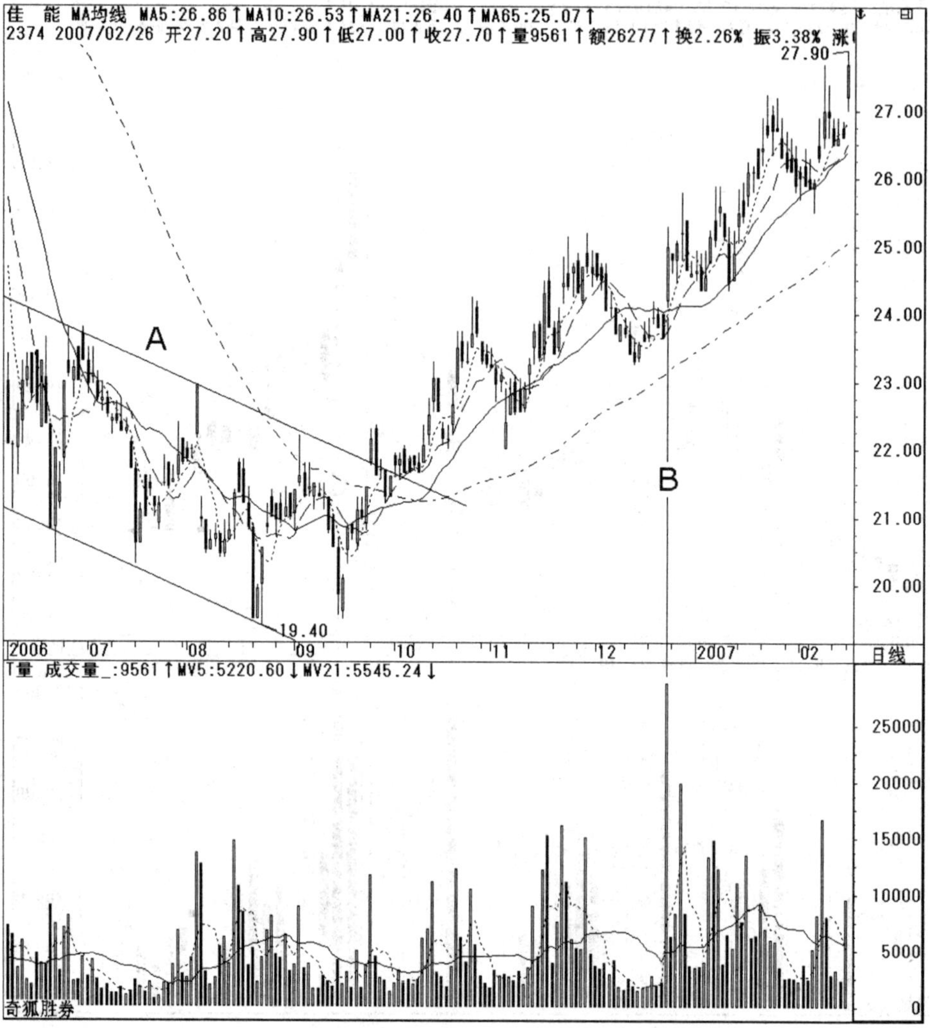

图 6-40 佳能股价日线图(资料来源：奇狐胜券)

请看图 6-41 国硕股价周线图，走势先在标示 A 的位置突破压力之后，却在 B 的位置再度创下新低点，随即在标示 C 的位置呈现价量齐扬的上涨走势突破标示 A 的水平颈线，到此已经有肩头型进货的形态，又当时因为量增速度较快，在量能萎缩之后股价便随势进行修正。在标示 D 的位置因为量能极度萎缩，因此只要再出现多头攻击表态，此处便可以视为修正低点。当走势在标示 E 的位置再度攻坚之后，应采用第一段上涨为测幅，评估未来可能的上涨目标，股价最后在标示 F 的位置满足 2.618 倍，并在 17.3 元高点结束整个波段的涨势。

请看图 6-42 全懋股价日线图，从标示 P1 的位置上涨到标示 P2 的位置，整体的量能结构是增加的趋势；从标示 P2 的位置修正到标示 P3 的位置，量能的结构与前一个段落比较，却呈现相对明显的萎缩；当股价从标示 P3 的位置上涨时，是以 V 形反转的走势呈现攻坚，量能也随着增加，因此 P1 到 P3 的区间将被定位是波段型进货。

请看图 6-43 中联重科股价日线图，从标示 P1 的位置上涨到标示 P2 的位置，可以明显地区分出是三波上涨结构，对应到的上涨波段均是呈现量增的结构；从标示 P2 的位置修正到标示 P3 的位置，有明显的头部，且量能结构与前一个段落比较呈现相对明显的萎缩，在修正末端则出现反转楔形的形态，当股价从标示 P3 的位置上涨时，于标示 A 的位置确认反转楔形完成，上攻的走势是以 V 形反转的形态来呈现；在标示 B 的位置，其量能走势属于波段起涨的技术现象，因此 P1 到 P3 的区间将被定位是波段型进货。

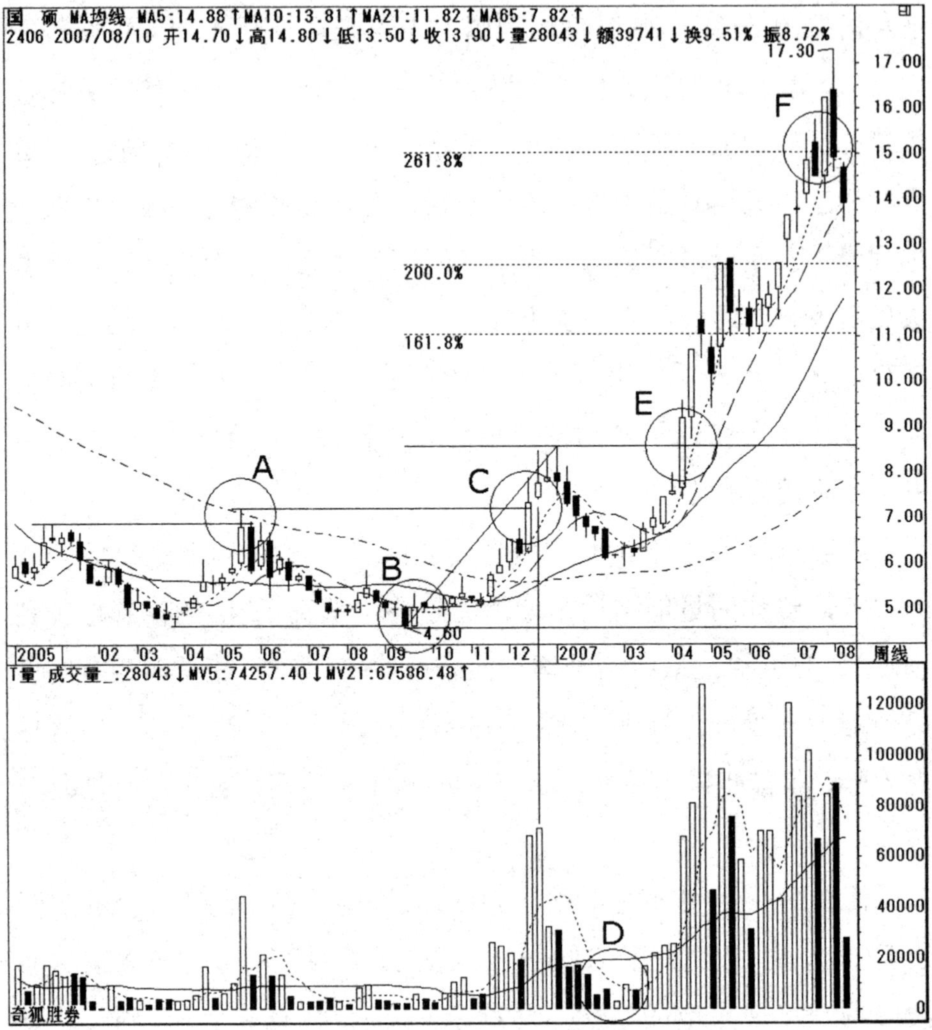

图 6-41 国硕股价周线图(资料来源：奇狐胜券)

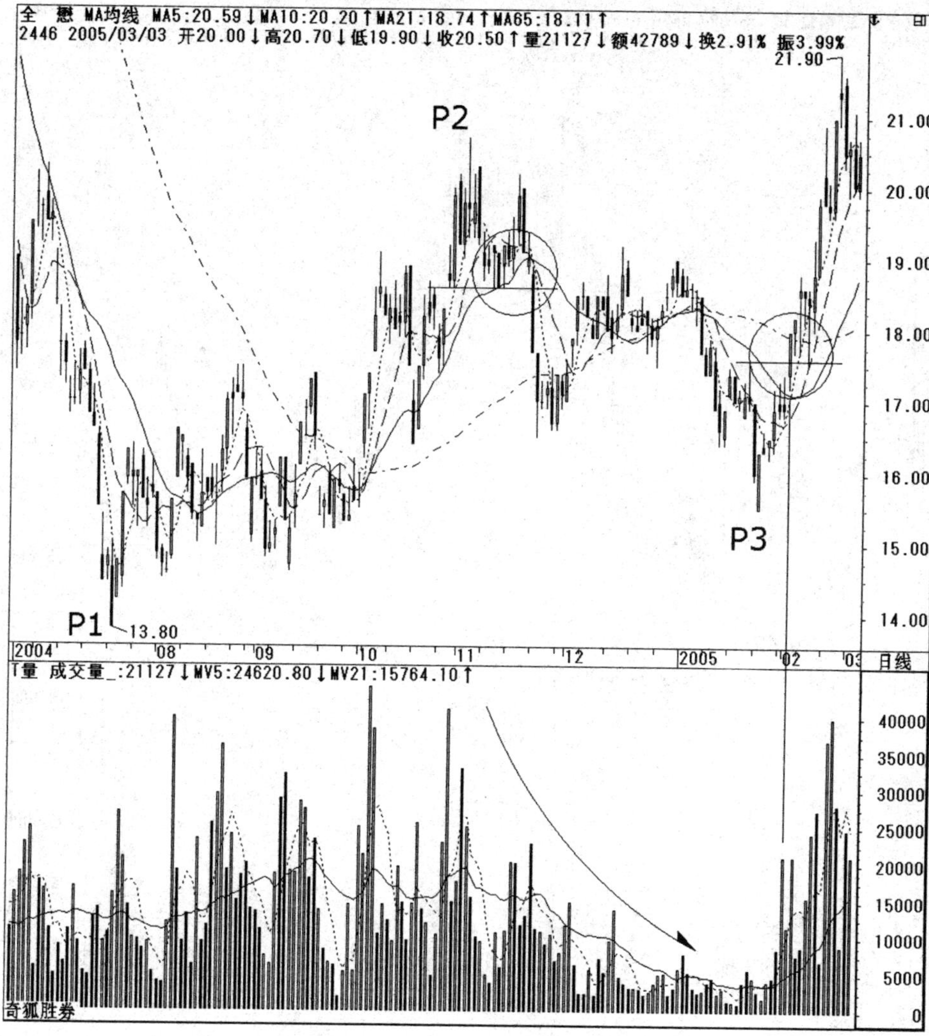

图 6-42　全懋股价日线图(资料来源：奇狐胜券)

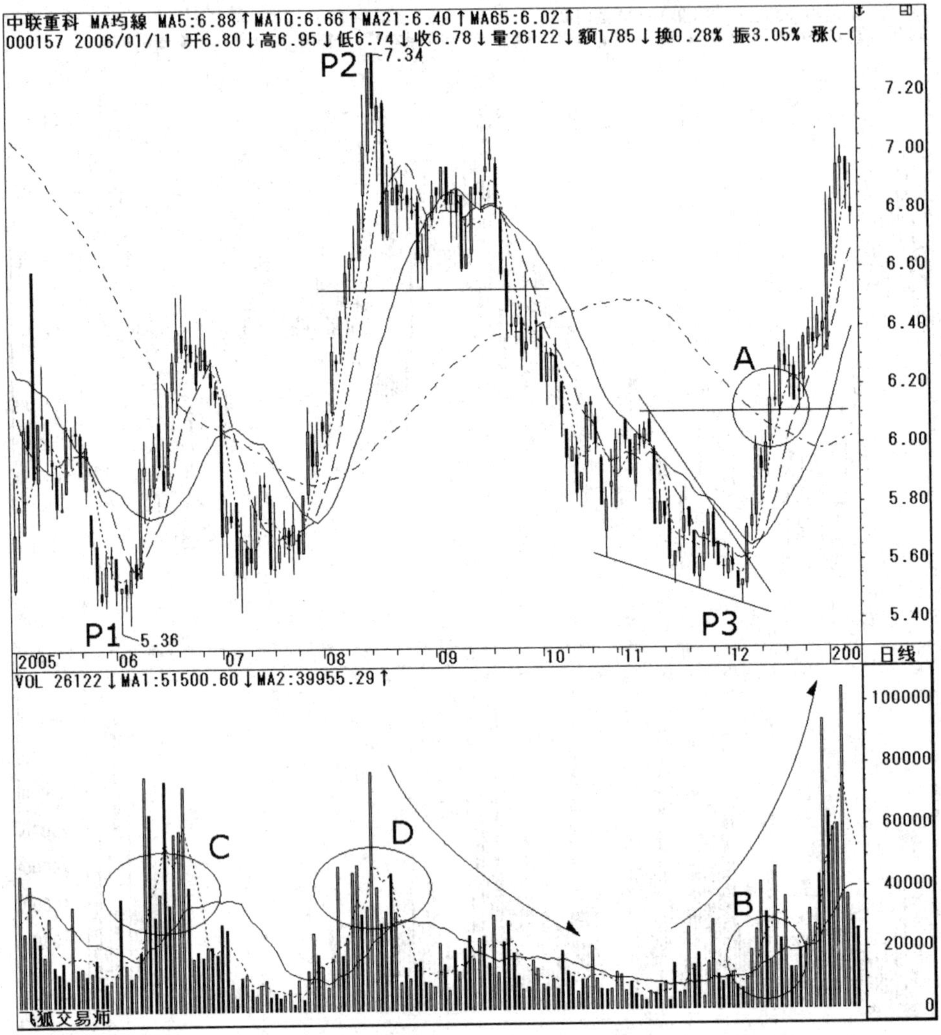

图 6-43　中联重科股价日线图(资料来源：飞狐交易师)

请看图 6-44 富龙热电股价日线图，走势在标示 A 的位置呈现量增止涨，股价压回时量能急速萎缩，接着创高后在标示 B 的位置再度呈现量增止涨、股价压回时量能急速萎缩的技术现象，标示 C 的位置其技术现象的分析相同。此时股价的走势属于低档位置呈现盘坚向上，因此已经具有盘坚进货的雏形，等到标示 D 的位置股价再度向上攻击，且走势看回不回时，便应假设进货已经完成。

请看图 6-45 金宇集团股价日线图，走势从标示 A 上涨突破前波的压力之后，在标示 P2 的位置盘头止涨并进行修正，成交量在标示 A 的位置出现类似多头上涨的量丛，但股价在标示 P3 的位置跌破前波低点，到此已经有肩头型进货的形态。接着股价进行一个格局较小的波段型进货后，才上涨到 7.55 元高点进行除权的动作。请投资人注意，该股于除权后并未呈现破底，而是在振荡后填补除权缺口，随后便发挥长线攻击力道，最后上涨到 20.4 元才宣告整个走势结束。

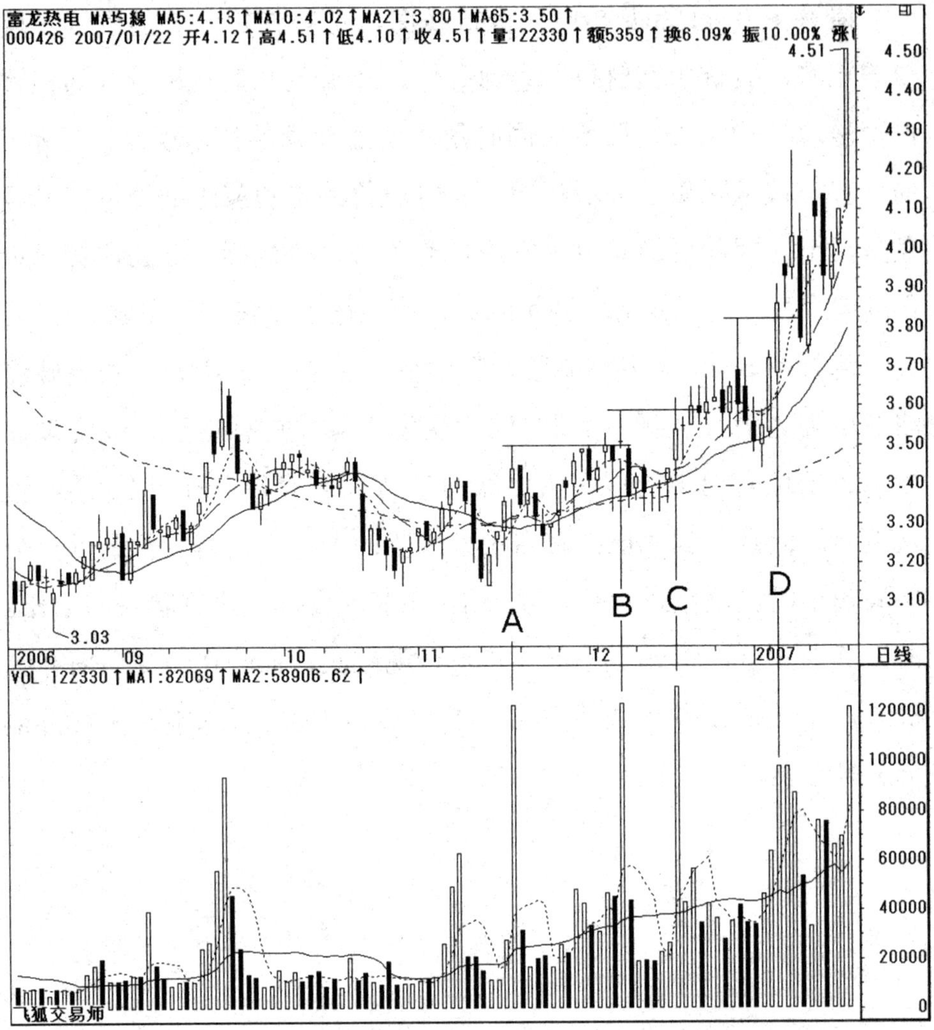

图 6-44 富龙热电股价日线图(资料来源：飞狐交易师)

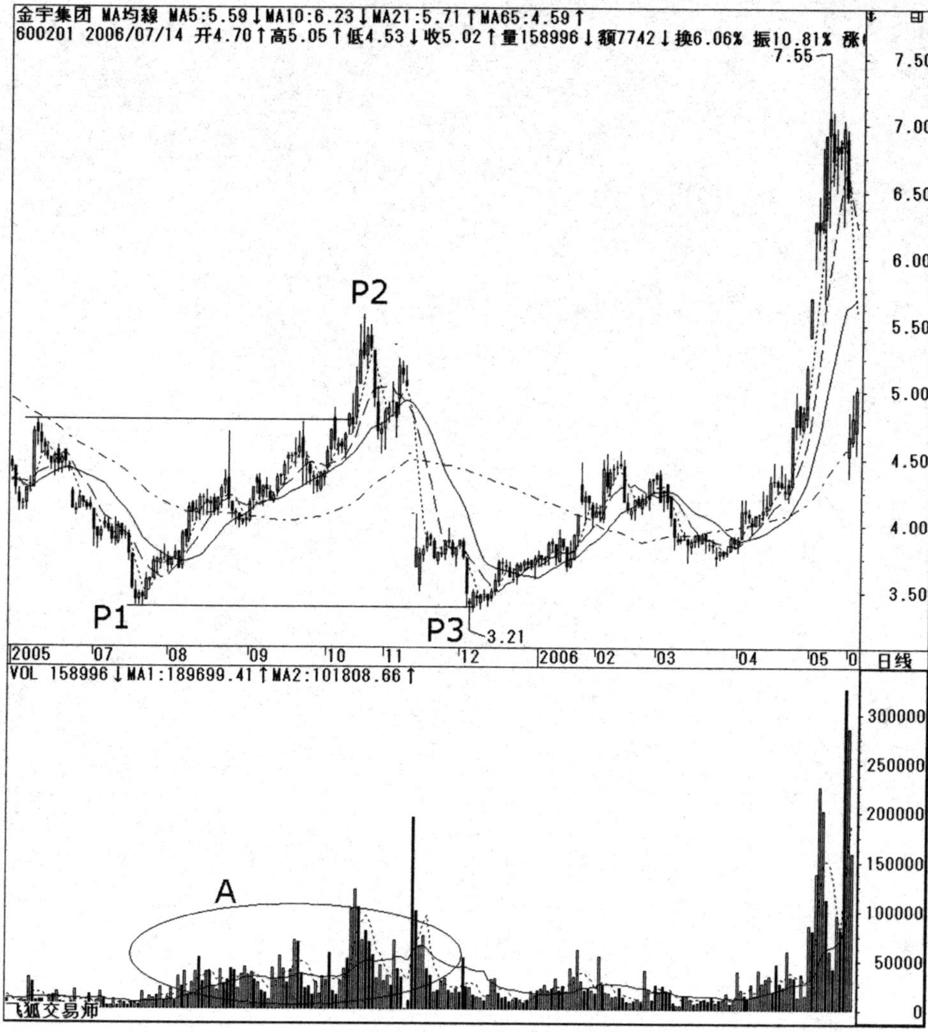

图 6-45　金宇集团股价日线图(资料来源：飞狐交易师)

第七章　开盘法的运用

开盘法为早期日本股市技术分析研究者，观察指数股价波段位置与开盘形态的相互关系，用以分析当日多空变化的趋势分析方法。早期从日本传入中国台湾，在股市中亦有许多喜好研究技术分析者采用这种方法分析加权股价的趋势，在初期搭配买卖均张分析其准确度颇高，后来因为加权指数的变化日趋复杂，交易环境也大为改变，传统之“开盘八法”已经略嫌粗糙，因此必须将股价多空位置、K 线趋势、浪潮变化与开盘盘态综合运用，并搭配开盘量分析多空力道，如此系统化之后才能得到精确之分析。然而仅单纯地使用前三盘走势，就想要完全掌握一天的变化，在现今的市场中显得相对困难，必须在利用前三盘方向定位之后，再根据实际走势进行调整，调整的诀窍仍然是根据 K 线走势的变化。

32 种基本盘型

有关于开盘法当中基本盘型的辨识，是进入这一个技术分析领域的基础，先认识、分辨这些盘型，才有办法在盘中变化的瞬间迅速地进行分析。这些盘型虽然是针对走势的 5 分钟线加以定位，但是只要能够运用得宜，可以扩大到月线格局来进行使用，且不限制在指数类上，其中运用的关键，留待本章进阶运用技巧这一个单元再进行讨论。

这里所列出的32种基本盘型的走势图，为笔者整理归纳并于《主控战略开盘法》一书首度披露，若以台湾加权股价指数而言，是采用5分钟为一个单位的收盘价来画出折线图，标示O代表的是昨天日线的收盘价，标示A代表的是9点5分的收盘价，标示B代表的是9点10分的收盘价，标示C代表的是9点15分的收盘价，每一种模型的意义、压力支撑关卡、关键点的提醒分述如后。请投资人注意，三盘以后的其他变化并没有列入讨论范畴。

一、涨跌涨的一高盘之一

盘态模型：请看图7-1。第一盘涨幅较大，第二盘跌幅较小，第三盘涨幅更大。

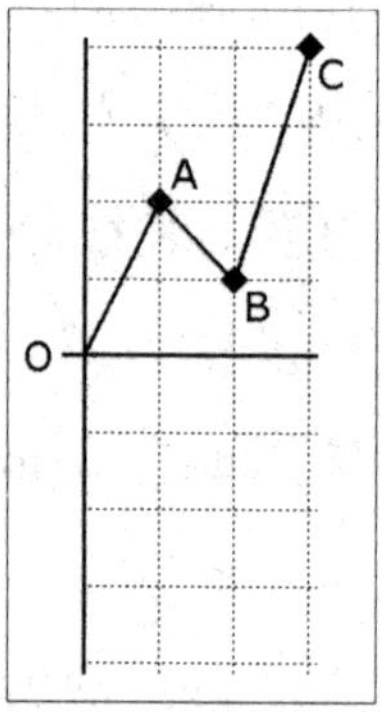

图7-1

形态意义：上涨的幅度变大，代表上涨力道增强，因此代表的是能够持续上涨。

压力关卡：当日无，可参考前一日的走势是否有重要压力。

支撑关卡：以B点为第一观察点，O点为第二观察点。

关键观点：若以盘差观点来看，C点宜大于A点7点以上，而B点的压回不宜跌破A这一段涨幅的1/2。只要后续没有跌破B点，就有机会形成强一高盘或是强双星盘。

二、涨跌涨的一高盘之二

盘态模型：请看图7-2。第一盘涨幅较大，第二盘跌幅有扩大的情形，第三盘涨幅缩小且未过 A 点。

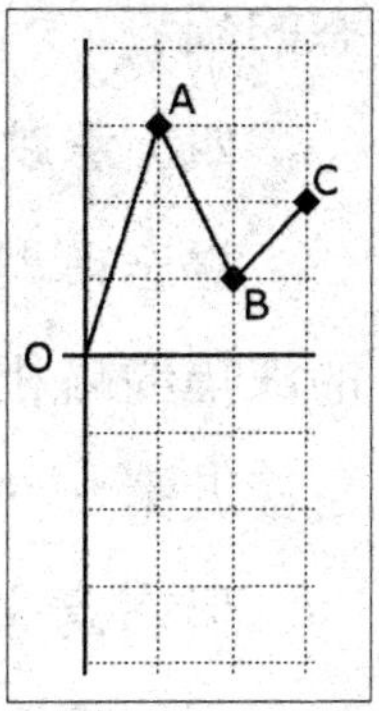

图 7-2

形态意义：当第二盘回落的幅度较大时，代表上涨力道被压制，接着第三盘上涨幅度过小，导致未能突破 A 点，代表多头力道不足，所以这一个盘态暗示尚在振荡盘整过程，不幸将转换成为下跌走势。

压力关卡：最起码要突破 A 点才能化解多头疑虑，若能转成轧空盘或是强一高盘，则对多头较为有利。

支撑关卡：以 B 点为观察点，跌破多头不利，跌破 0 点更弱。

关键观点：B 点的回档以跌破第一段的 1/2 以下为标准，未转成强一高前多头暂勿躁进。后续走势跌破 B 点之后压力下移到 C 点，未过前多头没有看好的机会。

三、涨跌涨的一高盘之三

盘态模型：请看图 7-3。第一盘涨幅较大，第二盘跌幅缩小，第三盘涨幅较第一盘涨幅略小。

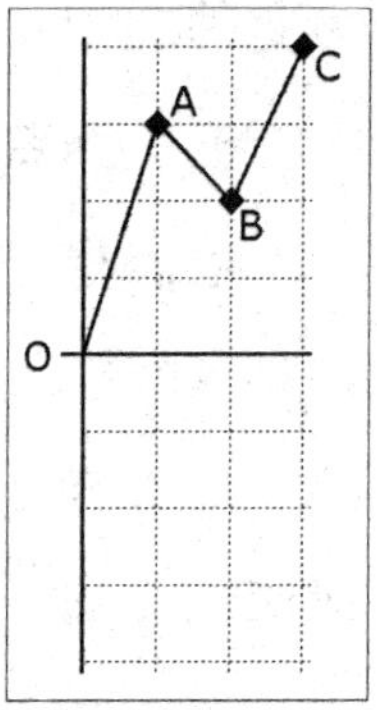

图 7-3

形态意义：上涨的力道减缓，为多头力竭的现象，有反转的疑虑。

压力关卡：当日无，可参考前一日的走势是否有重要压力。

支撑关卡：以 B 点和 O 点为观察点，跌破 B 点多头确定转弱。

关键观点：如果 C 点大于 A 点 7 点以上且从 C 压回时不跌破 B 点则多头暂无危机，跌破 B 点必须以强一高盘或是强双星盘化解盘态的颓势。

四、涨跌涨的一高盘之四

盘态模型：请看图 7-4。第一盘涨幅与第三盘的涨幅约略相等，第二盘跌幅虽然比第一盘小，但是接近第一盘的幅度。

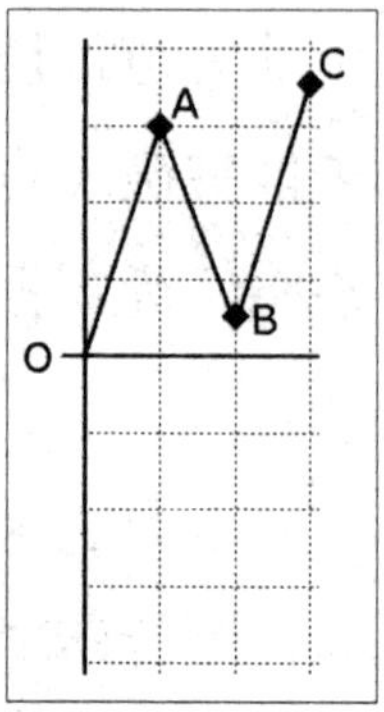

图 7-4

形态意义：上涨的幅度相同代表上涨力道尚存，回落幅度过大代表卖出力道已经增加，属于调整待变。

压力关卡：当日无，可参考前一日的走势是否有重要压力。

支撑关卡：以 B 点为观察点，跌破 B 点多头确定转弱。

关键观点：如果 C 点大于 A 点 7 点以上且从 C 压回时不跌破 B 点则多头暂无危机，跌破 B 点必须以强一高盘或是强双星盘化解盘态的颓势。如果是弱一高盘或是弱双星盘，则注意转折，出货盘多为此种类型。

五、涨跌涨的一高盘之五

盘态模型：请看图 7-5。第一盘涨幅不大，第二盘跌幅扩大，第三盘涨幅与第一盘接近。

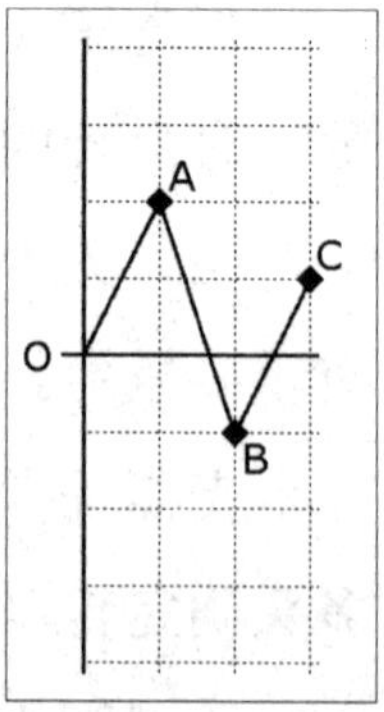

图 7-5

形态意义：上涨与反弹的力道不足，下跌的力道增加，因此代表的是下跌走势。

压力关卡：以 A 点为观察点。

支撑关卡：以 B 点为观察点。

关键观点：这种盘势不看强一高盘或是双星盘，在当下反弹未过 A 点时，没有看好多头的理由，最怕再形成趋势杀盘。

六、涨跌涨的一高盘之六

盘态模型：请看图 7-6。第一盘涨幅不大，第二盘跌幅扩大，第三盘反弹涨幅更大。

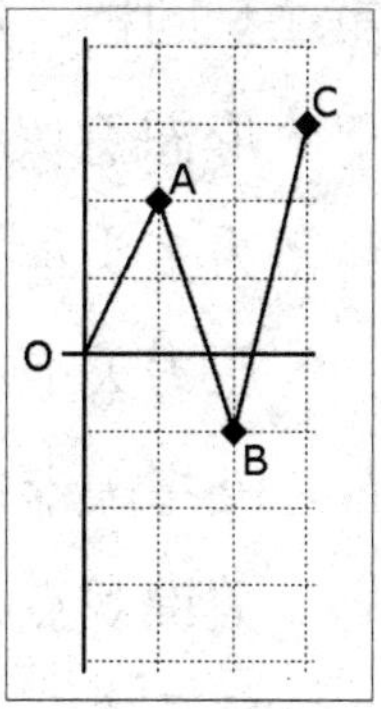

图 7-6

形态意义：上涨的力道不足，下跌的力道增加，而反弹的力道更强，暗示多头企图心强烈，因此代表的是有机会持续向上挑战压力。

压力关卡：当日无，可参考前一日的走势是否有重要压力。

支撑关卡：以 B 点为观察点。

关键观点：因为短线多头已经表态，故 B 点不宜跌破，跌破之后将对多方相当不利。这种盘势不看强一高盘或是双星盘。

七、涨跌涨的一高盘之七

盘态模型：请看图 7-7。第一盘涨幅不大，第二盘跌幅扩大，第三盘反弹幅度较第一盘缩小。

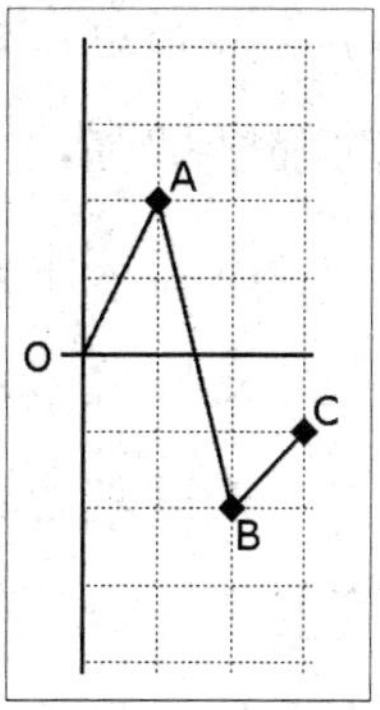

图 7-7

形态意义：上涨的力道不足，下跌的力道增加，而反弹的力道更弱，暗示为一高转折盘，属于反转盘态或下跌盘态，将向下测试支撑。

压力关卡：以 O 点和 A 点为观察点。

支撑关卡：以 B 点为观察点。

关键观点：未过 O 点多头没有机会，未过 A 点不必看好，除非后续的走势出现趋势攻击来化解多头颓势。

八、涨跌跌的一高盘之一

盘态模型：请看图 7-8。第一盘涨幅相对较大，第二盘回档，第三盘的跌幅较第二盘缩小。

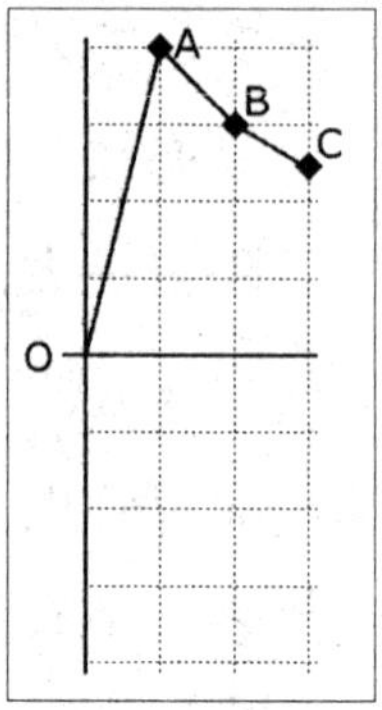

图 7-8

形态意义：上涨的力道够强，下跌的力道减缓，为多头承接盘，仍有力道向上续创新高。

压力关卡：以 A 点为观察点，压力并不重。

支撑关卡：以 0 点为观察点。

关键观点：当 C 的回档没有跌破第一段幅度的 1/2 时最佳，而突破 A 点时观察是否出现攻击盘，最好能够形成强一高盘或是强双星盘。

九、涨跌跌的一高盘之二

盘态模型：请看图 7-9。第一盘涨幅相对较大，第二盘回档，第三盘的跌幅较第二盘增加。

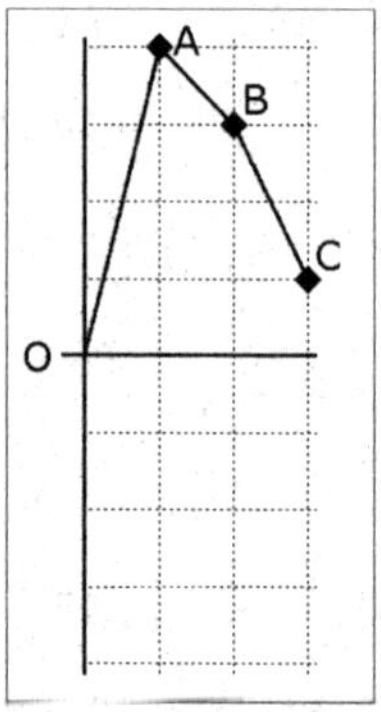

图 7-9

形态意义：上涨一段之后出现下跌，而且下跌的幅度增强，为转折盘态，暗示多头力尽。

压力关卡：以 A 点为观察点，压力相当重。

支撑关卡：以 0 点为观察点。

关键观点：这种盘态以 C 的回落跌破第一段幅度的 1/2 以下时最佳，而突破 A 点时观察是否出现攻击盘，最好能够形成强一高盘或是强双星盘。

十、涨跌跌的一高盘之三

盘态模型：请看图 7-10。第一盘涨幅相对不大，第二盘回落幅度超过第一盘，第三盘的跌幅与第二盘相当。

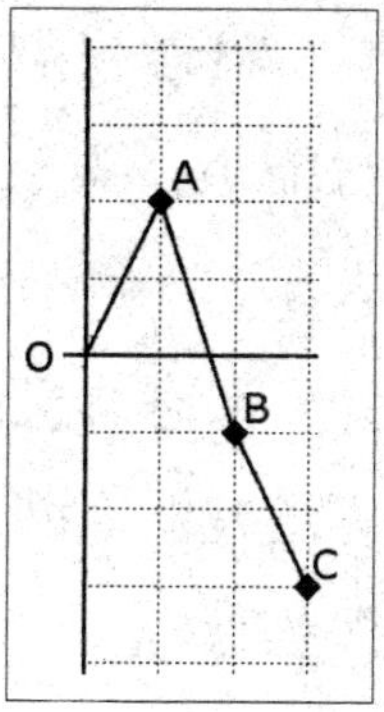

图 7-10

形态意义：上涨一段之后出现下跌，而且下跌的幅度增强，为转折盘态，暗示多头力尽。

压力关卡：以 0 点和 A 点为观察点，A 点的压力相当重。

支撑关卡：当日无，可参考前一日的走势是否有重要支撑。

关键观点：这种盘态对多头相当不利，在时空背景不佳下，反弹到 0 点就相当艰难，若不立刻反弹突破 A 点，就没有看好多头的理由。此盘态不看强一高盘或是双星盘。

十一、涨涨跌的二高盘之一

盘态模型：请看图 7-11。第一盘涨幅与第二盘相当，第三盘回落幅度相对较小。

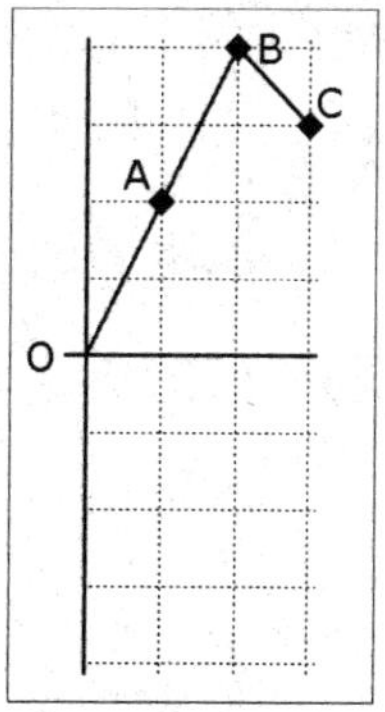

图 7-11

形态意义：连续上涨两盘为多头表态，回落幅度不大代表空头气势较弱，所以盘势属于多方有利，股价将持续向上挑战。

压力关卡：以 B 点为观察点。

支撑关卡：以 A 点和 0 点为观察点。

关键观点：此盘态有机会形成强双星盘。第一段上涨和第二段上涨的比较以增加为宜，C 点不破 A 点最强，正常是防守到上涨整段的 1/2。

十二、涨涨跌的二高盘之二

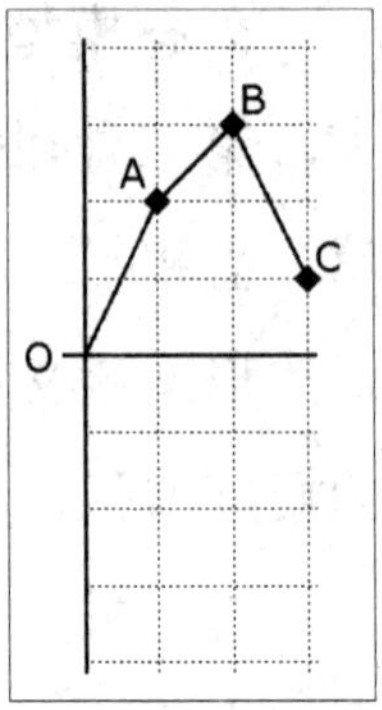

图 7-12

盘态模型：请看图 7-12。第二盘涨幅较第一盘缩小，第三盘回落幅度较第二盘或第一盘都要大。

形态意义：连续上涨两盘但涨幅缩小暗示多头力道减弱，回落幅度增大为空方表态，因此为多头弱势盘。

压力关卡：以 B 点为观察点。

支撑关卡：以 0 点为观察点。

关键观点：通常 C 点会跌破上涨整段的 1/2 以下。此盘态宜转成强双星盘或多头趋势攻击化解多头颓势，并在后续不破关键支撑点。

十三、涨涨跌的二高盘之三

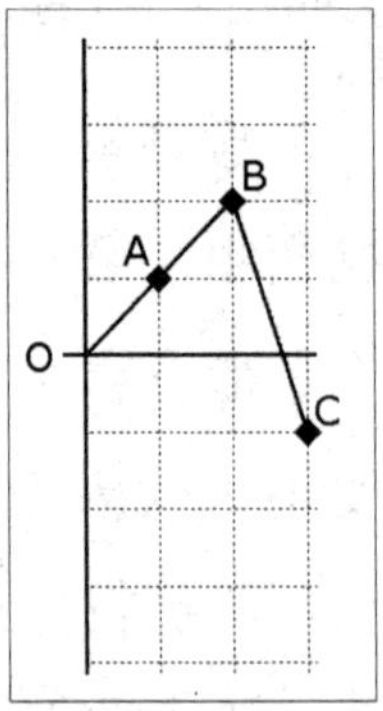

图 7-13

盘态模型：请看图 7-13。第一盘涨幅与第二盘涨幅不大，第三盘的跌幅扩大并将前两段涨幅吃掉。

形态意义：连涨两盘之后被一盘跌幅吃掉，代表空头的力道渐渐增强，暗示空头胜出。

压力关卡：以 0 点和 B 点为观察点，B 点的压力相当重。

支撑关卡：当日无，可参考前一日的走势是否有重要支撑。

关键观点：这种盘态对多头相当不利，在时空背景不佳下，反弹到 0 点就相当艰难，若不立刻反弹突破 B 点，就没有看好多头的理由。此盘态不看强双星盘。

十四、涨涨涨的三高盘之一

盘态模型：请看图 7-14。第一盘涨幅较大，第二盘的涨幅与第三盘的涨幅递减。

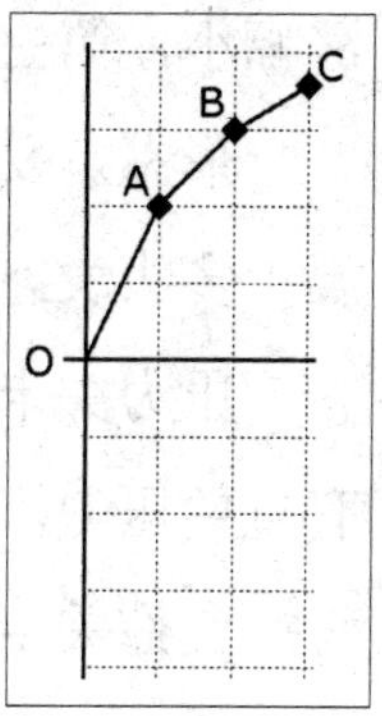

图 7-14

形态意义：上涨的幅度越来越小，代表多头的力道渐渐消失，不小心就会让空头趁虚而入。

压力关卡：当日无，可参考前一日的走势是否有重要压力。

支撑关卡：以 A 点和 O 点为观察点。

关键观点：只要回档不破 A 点都算是一个强势盘态，万一压回幅度超过整段涨幅的 1/2，就必须以强双星盘或多头趋势攻击来化解。

十五、涨涨涨的三高盘之二

盘态模型：请看图 7-15。第一盘涨幅相对较小，后续涨幅递增。

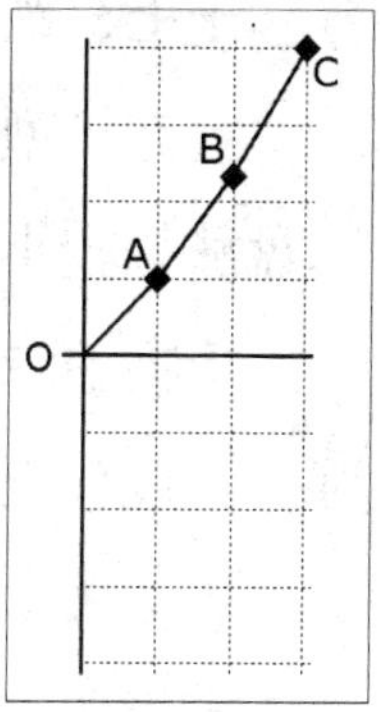

图 7-15

形态意义：连涨三盘且涨幅递增为多头力道渐增，属于多方攻击盘。

压力关卡：当日无，可参考前一日的走势是否有重要压力。

支撑关卡：以 B 点为观察点。

关键观点：这种盘态对多头相当有利，只要回档没有跌破 B 点和整段涨幅的 1/2 以下都属多头强势，盘势仍会继续上涨，当出现强双星盘时为另一个关键的开始，只要没有破坏趋势，这是一个对多头有利的盘态。

十六、涨涨涨的三高盘之三

盘态模型：请看图 7-16。第二盘涨幅较第一盘涨幅小，第三盘的涨幅扩大并为三盘最大。

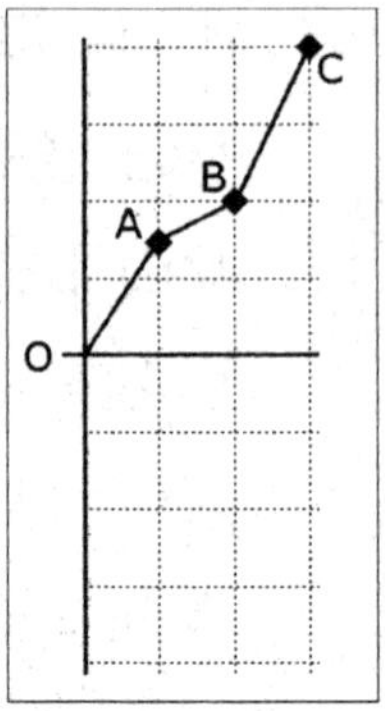

图 7-16

形态意义：涨势略为停滞之后再出现攻击，仍属于多头表态盘，多头仍会持续向上挑战。

压力关卡：当日无，可参考前一日的走势是否有重要压力。

支撑关卡：以 A 点和 B 点形成的支撑带为观察点。

关键观点：这种盘态对多头相当有利，只要回档没有跌破 A 点和 B 点形成的支撑带都属强势，盘势仍会继续上涨，当出现强双星盘时为另一个关键的开始，只要没有破坏趋势，这是一个对多头有利的盘态。

十七、跌涨跌的一低盘之一

盘态模型：请看图 7-17。第一盘跌幅较大，第二盘涨幅较小，第三盘跌幅更大。

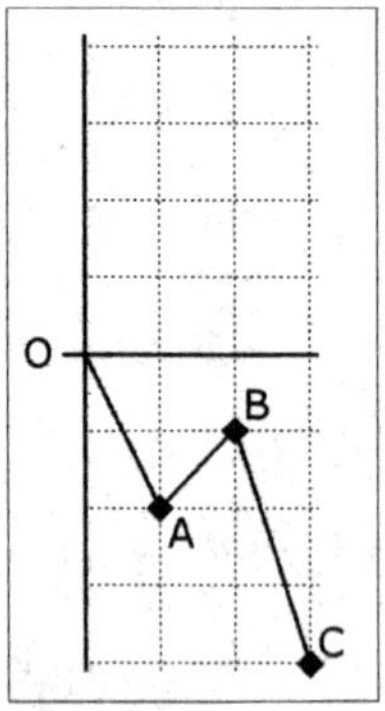

图 7-17

形态意义：下跌的幅度变大代表下跌力道增强，因此代表的是会持续下跌。

压力关卡：以 B 点和 O 点为观察点。

支撑关卡：当日无，可参考前一日的走势是否有重要支撑。。

关键观点：若以盘差观点来看，C 点宜小于 A 点 7 点以上，而 B 点的反弹若没有超过 A 这一段跌幅的 1/2，则下跌的幅度与力道将会较重，从 C 点反弹未过 B 点时不必看好多头。

十八、跌涨跌的一低盘之二

盘态模型：请看图 7-18。第一盘跌幅较大，第二盘反弹有扩大的情形，第三盘跌幅缩小且未破 A 点。

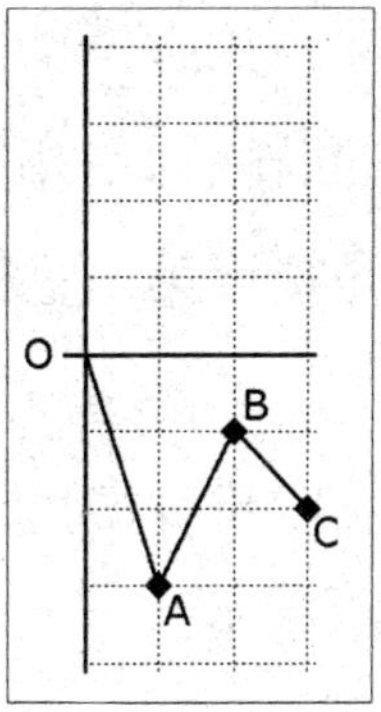

图 7-18

形态意义：反弹的幅度扩大代表下跌力道减缓，下跌未创低代表下跌力道不足，所以这一个盘态暗示尚在盘整过程。

压力关卡：以 B 和 O 点为观察点，过高之后形成轧空才能化解多头疑虑。

支撑关卡：以 A 点为观察点，跌破多头不利。

关键观点：反弹 B 点以弹至第一段的 1/2 以上为标准，未过平盘前多头暂勿躁进。突跌破 B 点之后支撑上移到 C 点，未破前仍在调整过程当中。

十九、跌涨跌的一低盘之三

盘态模型：请看图 7-19。第一盘跌幅较大，第二盘涨幅缩小，第三盘跌幅较第一盘跌幅略小。

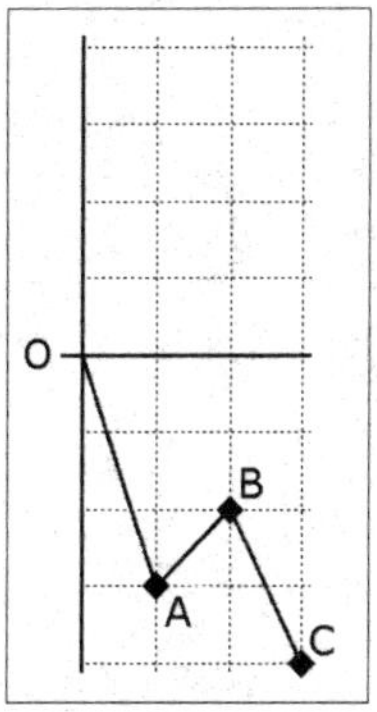

图 7-19

形态意义：下跌的力道减缓，为空头力竭的现象，有反转的疑虑。

压力关卡：以 B 点和 O 点为观察点。

支撑关卡：当日无，可参考前一日的走势是否有重要支撑。

关键观点：C 点与 A 点的差距越小越好，此时能够反弹突破 B 点则多头就有机会，未过 B 点以前暂勿看好多头。

二十、跌涨跌的一低盘之四

盘态模型：请看图 7-20。第一盘跌幅与第三盘的跌幅约略相等，第二盘涨幅虽然比第一盘小，但是接近第一盘的幅度。

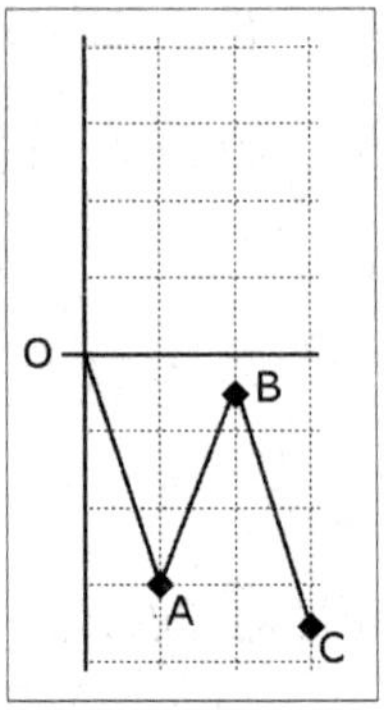

图 7-20

形态意义：下跌的幅度相同代表下跌力道尚存，反弹幅度过大代表买进力道已经增加，属于调整待变。

压力关卡：以 B 点为观察点。

支撑关卡：当日无，可参考前一日的走势是否有重要支撑。

关键观点：B 点越接近平盘越好，如果 C 点与 A 点很接近则更佳，这样对多头有利。但是 B 点未突破前多头暂勿看好，后续盘势如果跌幅持续扩大则对空头有利。压低进货盘多为此种类型。

二十一、跌涨跌的一低盘之五

盘态模型：请看图 7-21。第一盘跌幅不大，第二盘涨幅扩大，第三盘跌幅与第一盘接近。

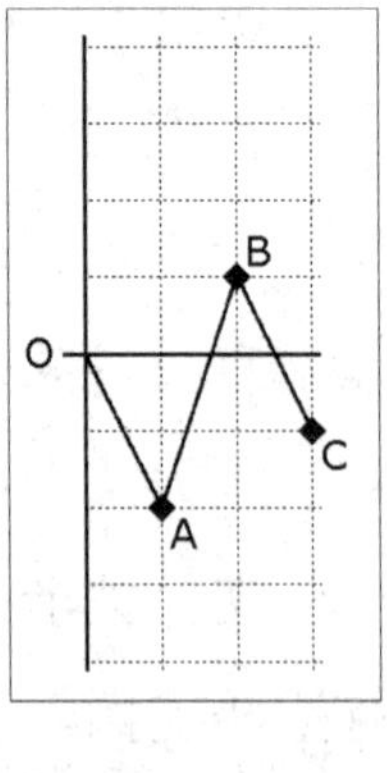

图 7-21

形态意义：下跌的力道不足，上涨的力道增加，因此代表的是反弹走势。

压力关卡：以 B 点为观察点。

支撑关卡：以 A 点为观察点。

关键观点：这种盘势只要不破 A 点，最好是在 C 点止稳，则多头在突破 B 点时轧空就会上涨。若不过 B 点却跌破 A 点，则会形短线套牢，此时未过平盘前，没有看好多头的理由，且容易再形成趋势杀盘。

二十二、跌涨跌的一低盘之六

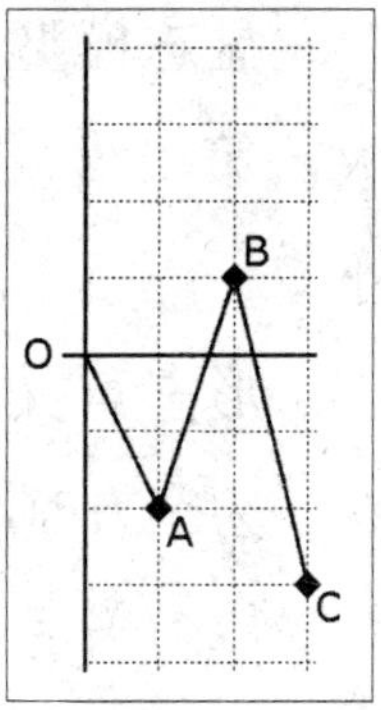

图 7-22

盘态模型：请看图 7-22。第一盘跌幅不大，第二盘涨幅扩大，第三盘跌幅更大。

形态意义：下跌的力道不足，反弹的力道增加，而再下跌的力道更强，暗示空头企图心强烈，因此代表的是有机会持续向下测试支撑。

压力关卡：以 0 点和 B 点为观察点。

支撑关卡：当日无，可参考前一日的走势是否有重要支撑。

关键观点：因为短线空头已经表态，所以 B 点未突破前多头不必看好，能够反弹到 0 点已经相当不易。

二十三、跌涨跌的一低盘之七

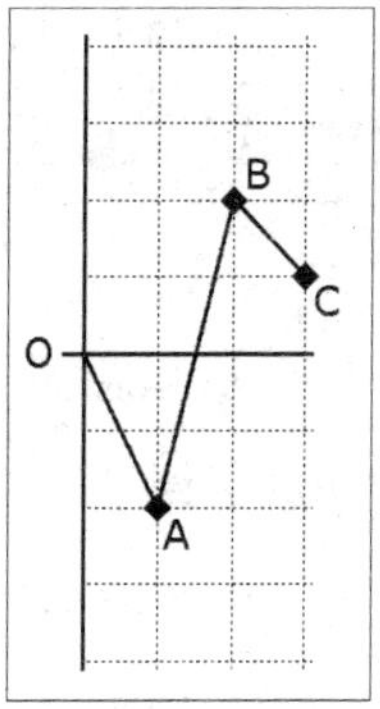

图 7-23

盘态模型：请看图 7-23。第一盘跌幅不大，第二盘涨幅扩大，第三盘跌幅较第一盘缩小。

形态意义：下跌的力道不足，上涨的力道增加，而再下跌的力道更弱，暗示为一低转折盘头，属于反转盘态或上涨盘态，将向上挑战压力。

压力关卡：以 B 点为观察点。

支撑关卡：以 A 点为观察点。

关键观点：未破 0 点前不必看坏多头，突破 B 点以轧空表态则注意压回的买进讯号，除非后续再出现空头趋势攻击，不然此盘对多头有利。

二十四、跌涨涨的一低盘之一

盘态模型：请看图 7-24。第一盘跌幅相对较大，第二盘反弹，第三盘的反弹幅度较第二盘缩小。

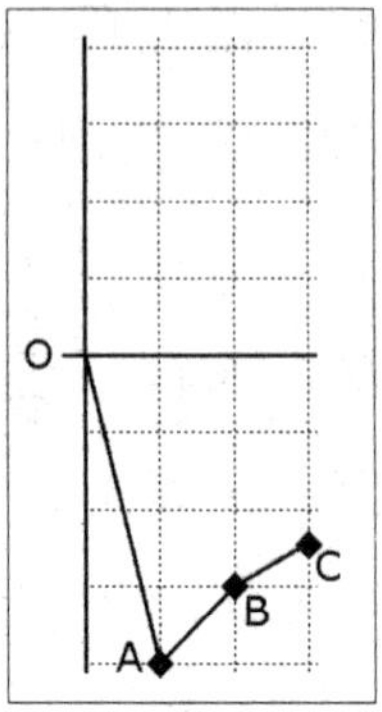

图 7-24

形态意义：下跌的力道够强，反弹的力道减缓，为空方有利，仍有力道向下持续探底。

压力关卡：以 0 点为观察点。

支撑关卡：以 A 点为观察点。

关键观点：当 C 的反弹没有突破第一段幅度的 1/2 时最弱，盘势随时会再下探新低，因此在跌破 A 点时不止跌则将会形成短线空头趋势杀盘。

二十五、跌涨涨的一低盘之二

盘态模型：请看图 7-25。第一盘跌幅相对较大，第二盘反弹，第三盘的反弹幅度较第二盘增加。

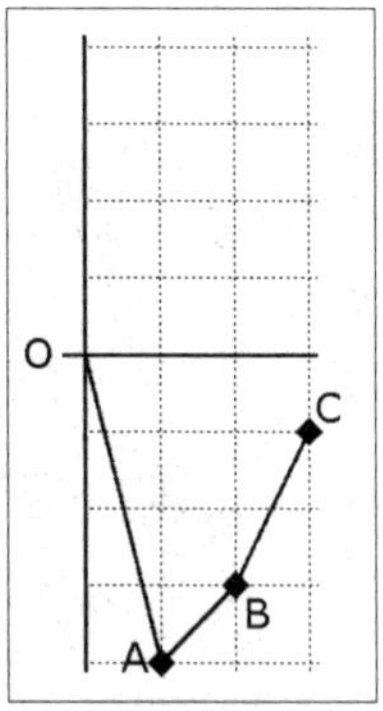

图 7-25

形态意义：下跌一段之后出现反弹，而且反弹的幅度增强，为转折盘态，暗示空头力尽。

压力关卡：以 0 点为观察点。

支撑关卡：以 A 点为观察点，支撑相当强。

关键观点：这种盘态以 C 的反弹突破第一段幅度的 1/2 以上时最佳，且越接近平盘越好，当压回不破 A 点时，就有机会持续反弹。

二十六、跌涨涨的一低盘之三

盘态模型：请看图 7-26。第一盘跌幅相对不大，第二盘反弹幅度超过第一盘，第三盘的反弹幅度与第二盘相当。

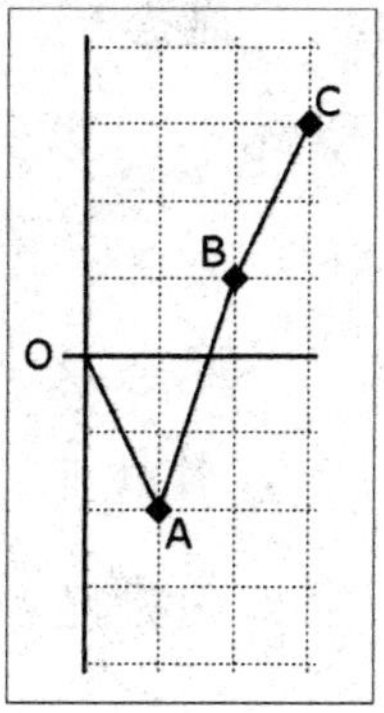

图 7-26

形态意义：下跌一段之后出现反弹，而且反弹幅度增强，为转折盘态，暗示空头力尽。

压力关卡：当日无，可参考前一日的走势是否有重要压力。

支撑关卡：以 O 点和 A 点为观察点，A 点的支撑相当强。

关键观点：这种盘态对空头相当不利，将有机会成为一低承接盘，如果压回连 B 点都没有跌破，就会形成短线轧空，未跌破 A 点前，就没有看好空头的理由。

二十七、跌跌涨的二低盘之一

盘态模型：请看图 7-27。第一盘跌幅与第二盘相当，第三盘反弹幅度相对较小。

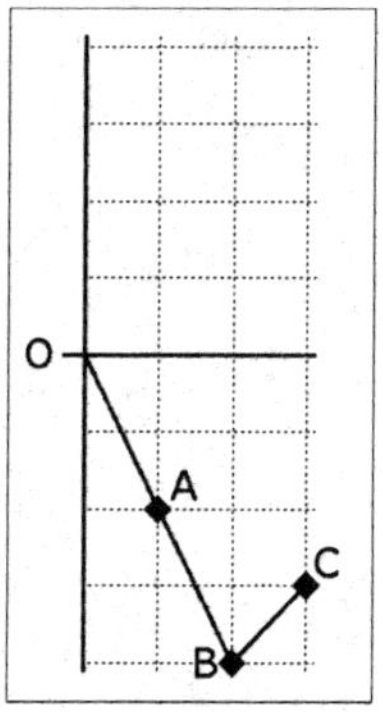

图 7-27

形态意义：连续下跌两盘为空头表态，反弹幅度不大代表多头气势较弱，所以盘势属于空方有利，股价将持续向下探底。

压力关卡：以 A 点和 O 点为观察点。

支撑关卡：以 B 为观察点。

关键观点：此盘态属多头弱势，从 C 点反弹未过 A 点最弱，弹不到下跌幅度整段的 1/2 亦同。此盘仍须注意持续探底，尤其是跌破 B 点时出现空头趋势追杀。

二十八、跌跌涨的二低盘之二

盘态模型：请看图 7-28。第二盘跌幅较第一盘缩小，第三盘反弹幅度较第二盘或第一盘都要大。

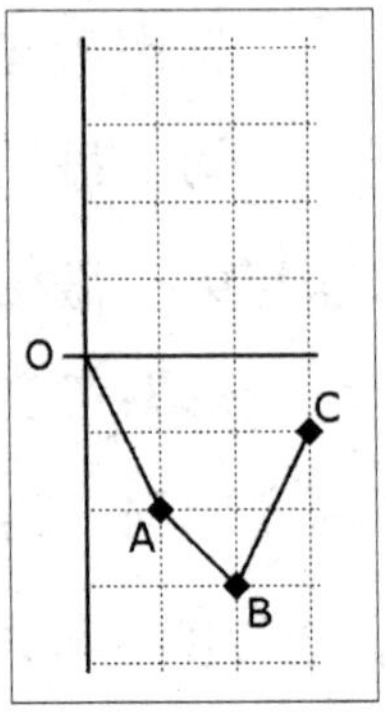

图 7-28

形态意义：连续下跌两盘但跌幅缩小暗示空头力道减弱，反弹幅度增大为多方表态，因此为空头弱势盘。

压力关卡：以 0 点为观察点。

支撑关卡：以 B 点为观察点。

关键观点：通常 C 点会反弹超过下跌整段的 1/2 以上。只要不跌破 B 点盘势就能继续反弹，但是多头要变强仍需要再突破 0 点之后呈现多头趋势攻击。

二十九、跌跌涨的二低盘之三

盘态模型：请看图 7-29。第一盘跌幅与第二盘跌幅不大，第三盘的涨幅扩大并将整段跌幅吃掉。

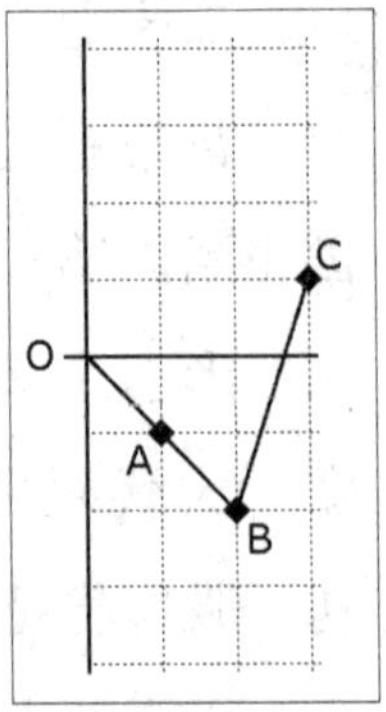

图 7-29

形态意义：连跌两盘之后被一盘涨幅吃掉，代表多头的力道渐渐增强，暗示多头胜出。

压力关卡：当日无，可参考前一日的走势是否有重要压力。

支撑关卡：以 0 点和 B 点为观察点，B 点的支撑相当强。

关键观点：这种盘态对空头相当不利，连跌两盘可以拉高，代表多头强势，尤其是不跌破 0 点更强，如果在压回之后呈现轧空则更佳。没有跌破B点以前暂勿看坏多头。

三十、跌跌跌的三低盘之一

盘态模型：请看图7-30。第一盘跌幅较大，第二盘的跌幅与第三盘的跌幅递减。

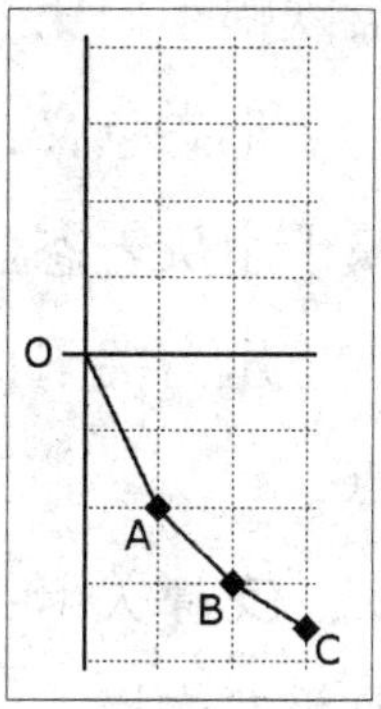

图7-30

形态意义：下跌的幅度越来越小，代表空头的力道渐渐消失，不小心就会让多头趁虚而入。

压力关卡：以A点和O点为观察点。

支撑关卡：当日无，可参考前一日的走势是否有重要支撑。

关键观点：只要反弹没有超过A点或是整段跌幅的1/2，多头仍属弱势，空头仍属有利。

三十一、跌跌跌的三低盘之二

盘态模型：请看图7-31。第一盘跌幅相对较小，后续跌幅递增。

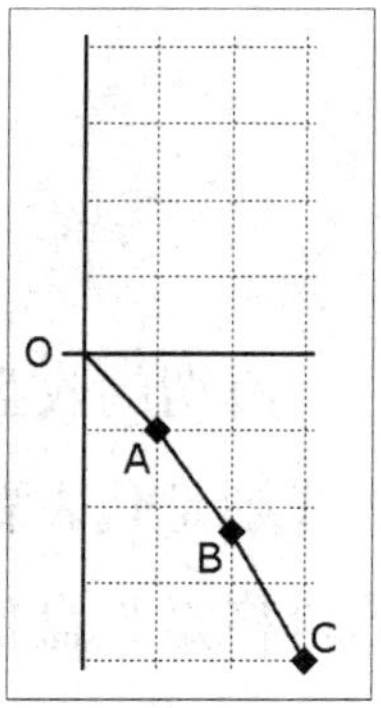

图7-31

形态意义：连跌三盘且跌幅递增为空头力道渐增，属于空方攻击盘。

压力关卡：以B点为观察点。

支撑关卡：当日无，可参考前一日的走势是否有重要支撑。

关键观点：这种盘态对空头相当有利，只要反弹没有突破B点和整段跌幅的1/2以上都属空头强势，盘势仍会继续下跌，这是一个对空头有利的盘态。

三十二、跌跌跌的三低盘之三

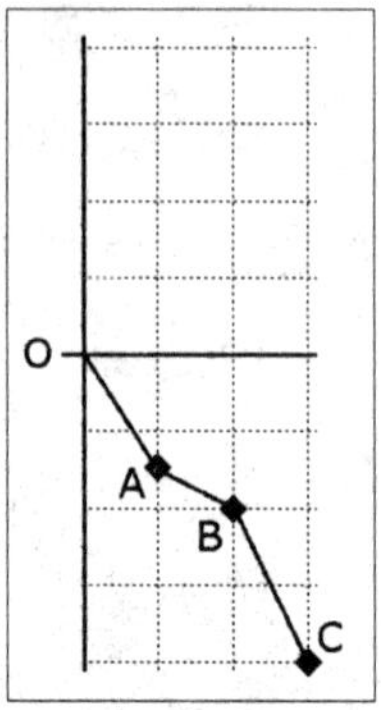

图 7-32

盘态模型：请看图 7-32。第二盘跌幅较第一盘跌幅小，第三盘的跌幅扩大并为三盘最大。

形态意义：跌势略为停滞之后再出现下跌，仍属于空头表态盘，空头仍会持续向下测试。

压力关卡：以 A 点和 B 点形成的压力带为观察点。

支撑关卡：当日无，可参考前一日的走势是否有重要支撑。

关键观点：这种盘态对空头相当有利，只要反弹没有突破 A 点和 B 点形成的压力带都属空头强势，盘势仍会继续下跌，这是一个对空头有利的盘态。

折线图力道的思考

所谓的收盘价，是指某单位时间内多空交战的最后结果，上下影线则是代表曾经进入对方阵营的迹象，因此真正具有决定性关键的价格是收盘价，就好比两路军队在攻防之间，最后能够被驻扎的地方(即收盘价)，才算是当时真正的结果。正因为如此，利用收盘价画出的折线图具有相对重要的意义，对于行情的动向也可以明确地呈现。

开盘法即是利用收盘价取出的折线图来进行分析，因为单位时间是固定的，所以折线图的强弱分析，就可以利用单位时间内的涨跌幅度进行推论，比如说 9:05 上涨 100 点，9:10 上涨 50 点，9:15

上涨 20 点，上涨力道的呈现是越来越小，暗示多头走势有越来越弱之疑。但折线图若仅止于的每一单位时间力道的比较，显然过于狭隘，应扩大到每一段折线大小幅度的比较，才更能彰显其功能。

图 7-33 是一个上涨过程中的走势折线图，当我们评估上涨力道时，会取行进间最后一段的上涨走势，即标示 CD 的线段，与前一个上涨段，即标示 AB 的线段来进行比较。在正常的情形下，CD 线段大于 AB 线段时，代表多头上涨的力涨较强，只要不是在涨势或是反弹的末端，未来尚有力道可以让下一段上升时创新高，空头方向的看法依此类推。

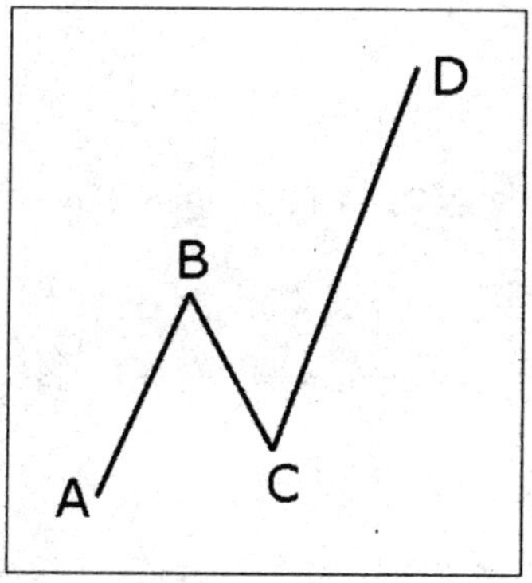

图 7-33　上涨与上涨的比较

而图 7-34 则是取行进间最后一段的上涨走势来与回落幅度的大小进行比较，即当走势行进到标示 B 的位置产生转折向下时，我们应该针对标示 AB 的段落进行回落强弱幅度的评估，未到标示 AB 线段的 1/2，则代表多头的力道较强。当走势行进到标示 D 的位置产生转折向下时，我们应该针对标示 CD 的段落进行回落强弱幅度的评估。图中标示 E 回档到标示 CD 线段的 1/2 以下，代表空方力道已经增强，纵使上涨的 CD 段其幅度大于上涨的 AB 段，仍免不了

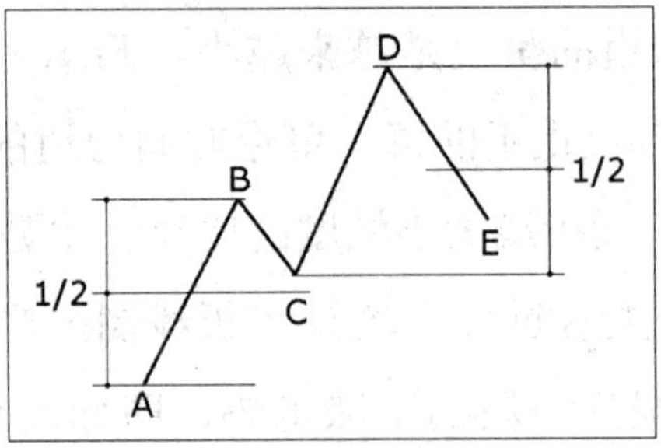

图 7-34　上涨与回档的比较

多头上涨力道减缓的疑虑。这是因为当走势越到后期，上涨的段落虽然较大，但回落幅度也对应较大，暗示获利了结的卖压已经逐渐加重，故应列入多头警戒。其余分析请仿此运用。

范例

请看图 7-35 加权指数股价周线图，利用粗实线画出的线条，代表的是以周线收盘价连接而成的折线图。标示 A 的下跌段与标示 BC 的下跌段比较，标示 BC 的下跌段较小，代表空方力道较弱，当股价从标示 C 的结束点开始上涨时，折线图只要能够大于标示 AB 的上涨段，代表的便是多头较强，而在前述利用下跌段的比较得知空方走势较弱的背景下，出现的多头强势就有机会使走势形成波段上涨。

而标示 DE 的下跌段相较于标示 BC 的下跌段大出所多，代表空方走势极为强劲，同时标示 DE 的下跌几乎将标示 CD 的上涨吃掉，暗示获利了结的卖压已经逐渐加重，故应列入多头警戒。后续从标示 E 的终点开始上涨时，其折线段落如果未能大于标示 CD 的这一段，则代表多头力道不足，在空方已经强势表态的背景下，多头力道不足就暗示走势将会反转向下。

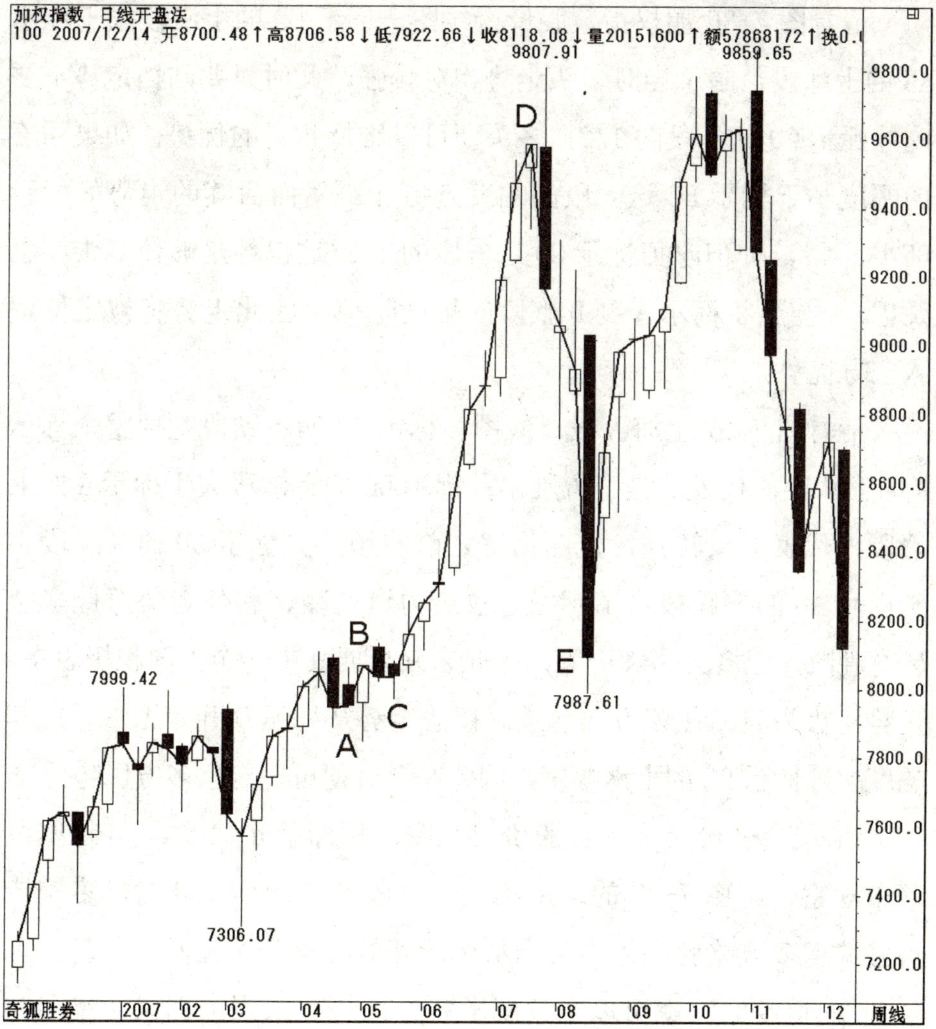

图 7-35　加权指数股价周线图(资料来源：奇狐胜券)

请看图 7-36 加权指数股价日线图，标示 CD 的上涨段大于标示 AB 的上涨段，暗示当时多头走势相对较强，此时只要回档走势不要吃掉标示 CD 这一段的 1/2，多头便可以维持相对的优势，如果回落的幅度小于标示 BC 这一段的幅度则更佳。然而后续的走势如标示 DE 这一段，非但吃掉标示 CD 这一段的 1/2(这已经足够使多头产生疑虑)，甚至将标示 A 到 D 整段的幅度吃掉，因此走势将被定位进入空方优势。

请看图 7-37 上海 A 股日线图，标示 AB 的下跌段吃掉整个标示 A 的上涨段，代表的是空方胜出；标示 BC 的上涨段大于标示 A 的上涨段，代表多头转强，企图化解之前的颓势；标示 CD 的下跌段小于标示 AB 的下跌段，暗示空方攻击力道消减，整体走势至此多空皆有胜败，但多方略胜一筹，因此未来只要其中一个方向积极表态，走势将极为容易往该方向前进。接着走势从标示 D 开始上涨时，其幅度超过标示 BC 的上涨幅度，因此在当时便可以定位多方优势。

请看图 7-38 上海 A 股股价日线图，从标示 a、b、c、d 这些段落中观察，与图 7-37 的运用相同，当股价走到标示 d 时，多空皆有胜败但多方略胜一筹，直到从标示 d 的终点开始上涨，并超过标示 bc 的幅度时，就可以定位属于多方优势，未来回档只要呈现空方弱势，暗示多头将有足够的力道可以持续再创新高。

标示 AB 的下跌幅度不但未能将标示 dA 的上涨幅度吃掉 1/2，也小于标示 cd 的下跌幅度，因此折线图容易再度创下新高点。而标示 CD 的下跌幅度吃掉标示 BC 上涨幅度的 1/2，且大于标示 AB 的下跌幅度甚多，有空头气势转强之疑虑，若未来多头上涨的气势不能表现出来，走势将有极高的几率进入反转走势。

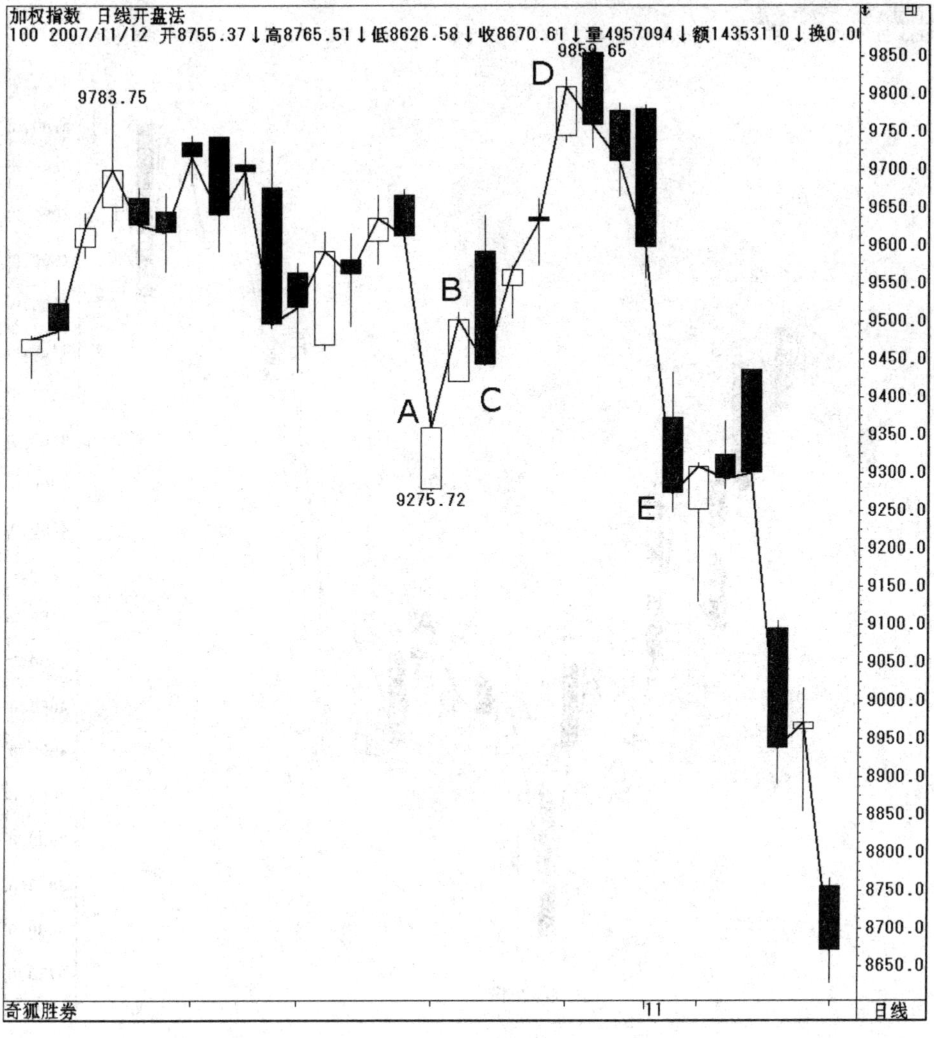

图 7-36　加权指数股价日线图(资料来源：奇狐胜券)

图 7-37 上海 A 股股价日线图(资料来源：奇狐胜券)

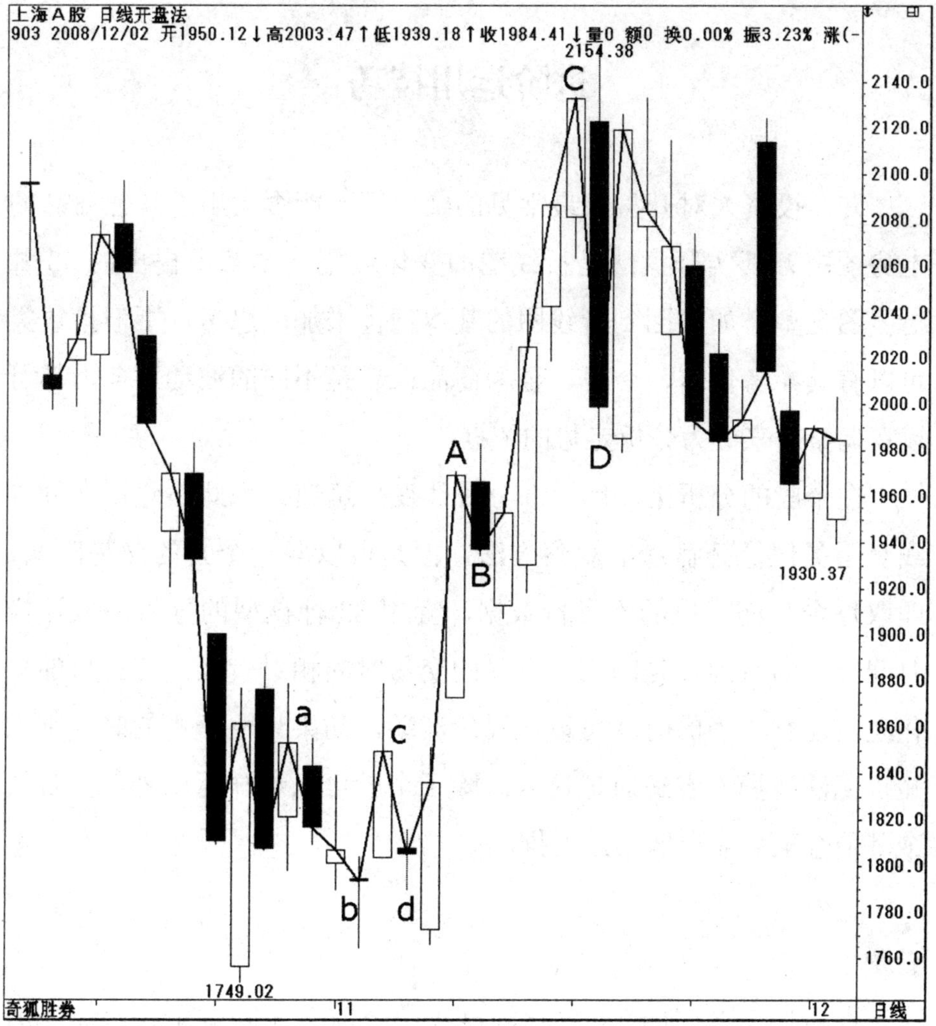

图 7-38　上海 A 股股价周线图(资料来源：奇狐胜券)

进阶运用技巧

许多投资人对开盘法最常见的疑问是：能否运用于其他商品的走势图中？其实开盘法是折线图的变化运用，本章所提出的 32 种折线图盘型，如果回到折线图的基本精神来加以思考，不但指数类可以有其参考价值，个股、金融商品或者是不同的波动周期，都可以在调整后来做为分析走势的依据。

在个股的分析上，因为 5 分钟线变化迅速，因此不建议在分钟线套用类似像开盘法的观察方法，但是可以取一个月的交易时间，即取每个月前三日的收盘价数据，套用 32 种盘型的分析。取这样时间周期的原因，是因为一个月的交易时间相对较长，前三日的变化之后还有相当的时间可以让股价波动，如果只取一周的时间则太短，无法让操作者适时地切入。除了个股可以这样运用外，指数类或其他金融商品也能依此类推。

范例

在看图 7-39 加权指数股价日线图之前，先回顾主控战略中心网站内的一篇文章。在 2008/09/01 盘后贴图与解析中说：

多头扩底走势被破坏，亦即原本有机会进行之利用形态学中的反弹形态进行扩底之模式已经宣告消失。

那么多头该如何？

因为已经跌破 6809，故只能用扭转形态才能化解。化解之法：

(1) 利用明日多头抵抗力道（正常会先穿越 6794 后才抵抗）先

做出止跌线形，但未来还需要过长黑高点 6968 表态，显然相当困难，因此唯一机会是下影线穿越 6782 以下，收盘越高越好，接下来只要利用中长红日出就有机会了。

(2)无法化解就是在进行某 C 波下跌，且有机会是 #-C-3。

(3)万一在跌破 6708 之后没有出现明显的多头表态来维持反弹的机会，就代表 #-C-3 在持续进行中。

……(略)

同时在文中亦提到：没有出现空头走势被破坏以前，宜假设进行某 C 波下跌。……真正有大利润的反弹应该落在年底……个人一直倾向于真正多头行情应该会落在下半年以后。时间推估约在 11 月 11 日前后，不幸则落在明年元月。隔日 2008/09/02 又说：仍假设目前进行 #-C-3 中……

在当时分析的方法，除了针对 K 线走势加以解读之外，也可以用折线图的变化进行运用。请看图 7-39 加权指数股价日线图，垂直的虚线代表上一个月结束的时间，当 2008/09/01 当天走势出现时，与上个月收盘价比较(相当于开盘法与昨日收盘价比较)，属于开低盘走势，这在盘局时对多方不利。接着 2008/09/02、2008/09/03 都持续走低，在开盘法中是属于跌、跌、跌的三低盘，就开盘法的分析而言，只要反弹没有超过第一盘(即 2008/09/01 的收盘价)，或是整段跌幅的 1/2(即取 2008/09/01～2008/09/03)，代表多头弱势、空头有利。

在实务上我们可以直接取折线图开始出现转折的点位来进行走势强弱的比较，即如图中标示 H～L 这一段，当折线图反弹到标示 A 的位置再度出现转折时，并未将下跌幅度的 1/2 吃掉，更何况是

2008/09/01～2008/09/03 这三天跌幅的 1/2？因此在走势反弹结束之后，股价自然会持续向下，并且往应该满足的目标前进。

请看图 7-40 鸿海股价日线图，2007 年 5 月的走势以涨、涨、涨的三高盘开出，但第一盘走势涨幅较大，第二盘涨幅递减，第三盘涨幅更少，当上涨的幅度越来越小，代表多头的力道不足，此时折线图若转折向下，多方必须守住上涨段的 1/2 以上，以维系多头气势。

后续的走势因为上涨力道减缓而呈现多日的回档修正，但最后仍守住 1/2 的价位以上，因此可以保有走势再度创高的能力。而 2007 年 6 月的走势以涨、涨、涨的三高盘开出，且走势的涨幅越来越大，代表多头的力道逐渐增强，属于多方攻击盘。

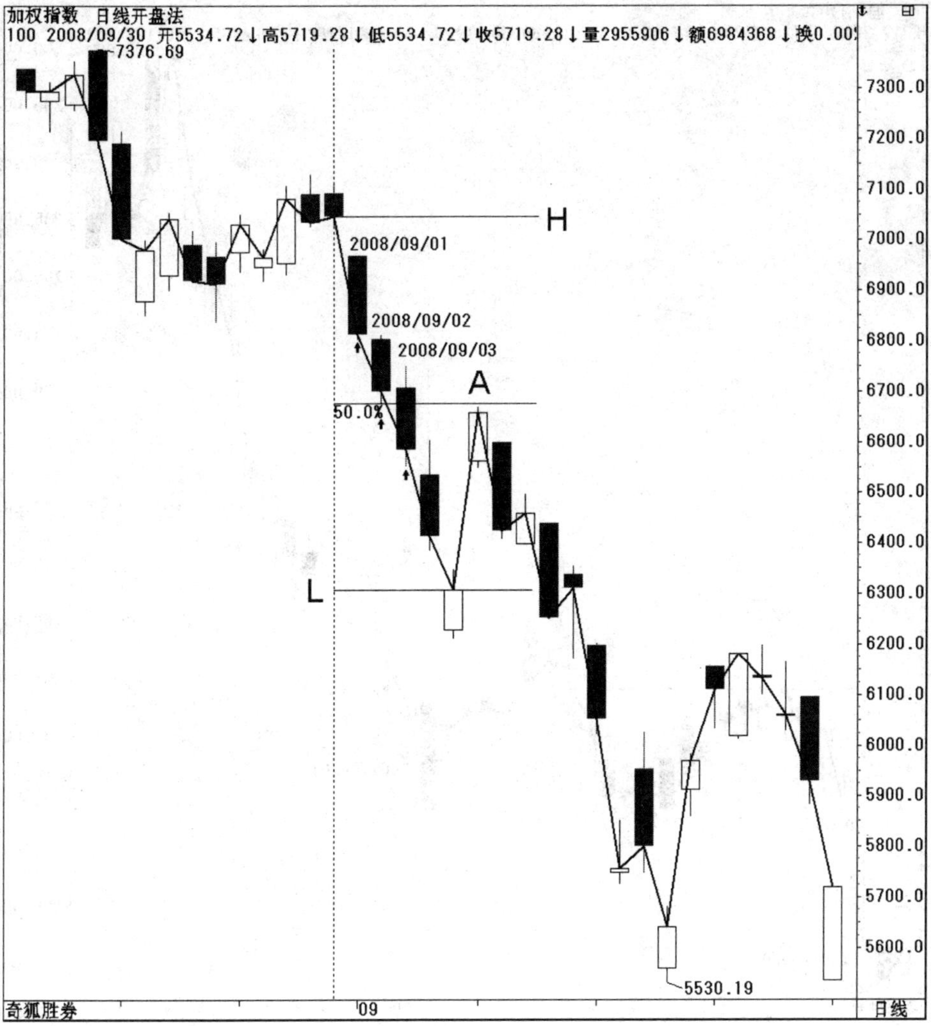

图 7-39　加权指数股价日线图(资料来源：奇狐胜券)

图 7-40 鸿海股价日线图(资料来源：奇狐胜券)

第八章　实时盘态的运用

这一个章节摆在最后，是因为这些技巧属于超短线的操作法则，建议投资人在对股价波动有一定的熟悉程度之后，再开始尝试认识它与使用它，避免因为对整个股价波动的轮廓认识不足，导致在超短线变化迅速的过程中，因为错用而产生操作上的损失。

实时走势，非常重视发生的位置。在什么相对的位置运用什么样的技巧，是必须有所认识的，好比说当股价日线格局上涨到相对高点，收盘后分析该股所得到的策略是应该准备卖出，那么在盘中实时走势图的分析上，只要注重卖出讯号的成立与否即可，当时所出现的买进讯号则无须考虑，以防主力作手利用盘中拉抬讯号来骗线。因为在相对高档的位置，在盘中出现的买进讯号往往是诱多盘或是拉高出货盘。

假设投资人非得在风险较高的位置进场操作多单不可，那么利用超短线讯号进场后，出现超短线该出场的讯号时，则应该实时退出，不宜因为高一点层级多方走势明确而忽略了当时采用超短线进场的风险，同时，在技术分析之外也应该要有与之相对应的策略搭配。

反之，当股价日线格局下跌到相对低点，收盘后分析该股所得到的策略是应该准备买进，那么在盘中实时走势图的分析上，只要注重买进讯号的成立与否即可，当时所出现的卖出讯号则无须考虑，以防主力作手利用盘中掼压讯号来骗线。因为在相对低档的位置，在盘中出现的卖出讯号往往是诱空盘或是压低吃货盘。

内外盘的技巧

内外盘观察是解析实时走势图中的重要基础，所谓的内盘价是指在实时走势中以买价成交的价格；外盘价是指在实时走势中以卖价成交的价格。而以内盘价成交的张数(量)称为内盘量，以外盘价成交的张数(量)称为外盘量。在此仅就个人实际操作经验与观察心得进行说明，如下所述：

内盘

如图 8-1 所示，最新成交价是 25.85 元，成交张数是 180 张，因为最新成交价与买 1 的 25.85 元相同，所以当时是以内盘成交，故内盘价为 25.85 元，内盘量为 180 张。由股价行进间所有用内盘价成交的张数所计算出来的内盘量总合，是另一种买卖力道的重要参考数据。

賣5	26.10		72
賣4	26.05		10
賣3	26.00		643
賣2	25.95		1
賣1	25.90		497
最新	25.85	現張	180
買1	25.85		443
買2	25.80		952
買3	25.75		43
買4	25.70		454
買5	25.65		63

图 8-1　内盘成交

根据供需法则思考，在正常的情形下，如果多数人均以内盘价成交，代表多数人以较低的价格买到该股，亦即有人供应筹码或是持股意愿降低，当内盘量的总和逐渐扩增，则暗示盘势未来容易转弱。主力圈常以盘上内盘大量成交者，称为虚卖盘，盘下内盘大量成交者称为实卖盘。

外盘

如图 8-2 所示，最新成交价是 44.70 元，成交张数是 82 张，因为最新成交价与卖 1 的 44.70 元相同，所以当时是外盘成交，故外盘价为 44.70 元，外盘量为 82 张。由股价行进间所有用外盘价成交的张数所计算出来的外盘量总合，是另一种买卖力道的重要参考数据。

賣5	44.90		154
賣4	44.85		40
賣3	44.80		230
賣2	44.75		18
賣1	44.70		39
最新	44.70	現張	82
買1	44.65		3
買2	44.60		87
買3	44.55		18
買4	44.50		171
買5	44.45		28

图 8-2　外盘成交

根据供需法则分析，在正常的情形下，如果多数人均以外盘价成交，代表多数人以较高的价格买到该股，亦即多数人愿意花较高成本买进或是持股意愿较强，当外盘量的总和逐渐扩增，则暗示盘势未来容易转强。主力圈常以盘上外盘大量成交者称为实买盘，盘下外盘大量成交者称为虚买盘。

内外盘的分析

根据内外盘的意义，在正常股价的波动过程中，我们所该有的思考方向为：

(1) 当累计的内盘量逐步增加，且明显大于累计的外盘量时，代表卖压逐渐沉重，短线股价容易向下测试支撑。这种现象在盘下出现时，尤其要注意是否会伴随着出现杀盘的现象，使日 K 线形成日落长黑。

(2) 当累计的外盘量逐步增加，且明显大于累计的内盘量时，代表买气逐渐增温，短线股价容易向上挑战压力。这种现象在盘上出现时，尤其要注意是否会伴随着出现拉抬的现象，使日 K 线形成日出长红。

(3)当日在线档有压力时，卖价的上五档出现大单高挂，但是股价却不跌，往往是起涨的先兆。这是利用虚卖的现象来进行压盘，使散户不敢进场。

(4)当日线下档有支撑时，买价的下五档出现大单低挂，但是股价却不涨，往往是起跌的先兆。这是利用虚买的现象来进行撑盘，使散户不愿出场。

(5)股价下跌到相对或是绝对满足区，成交量从萎缩开始温和放大，此时出现外盘成交且外盘量累计较内盘量大，则股价可能从此处开始起涨。应注意是否为主力试单。

(6)股价上涨到相对或是绝对满足区，成交量从爆量开始量缩，此时出现内盘成交且内盘量累计较外盘量大，则股价可能从此处开始下跌。应注意是否为主力出脱。

(7)股价上涨过程中，以外盘价成交，但是却呈现价格推升不易或是价不涨，宜提防主力拉高出货。

(8)股价下跌过程中，以内盘价成交，但是却呈现价格下跌不易或是价不跌，观察是否主力压低进货。

这些原则宜搭配《主控战略成交量》一书中所描述的进出货模式，以获得相对较佳的实际操作效果。

内外盘挂单的玄机

台湾股市属于浅碟形市场，参与买卖的的散户众多，虽然科技进步、信息发达，但是散户操作的习惯并未改变，仍然无法摆脱小道消息与第四台媒体、股友社的信息干扰。尤其是许多新进入市场的操作者，在交易与决策的过程，未能真正认清股价波动，反而与以往的菜篮族相同，无法分辨消息面的真假，更主观地认为只要运用宣称胜率相当高的程序交易，就可以摆脱散户的宿命，但结果仍然是在市场中被主力宰杀的一群。

也就是说，主力已经利用科技的便利性，扩大信息病毒的战场，举凡媒体、网络都是散播的最佳场所，更加拉开与散户间胜败的差距，以前的“二八法则”恐怕已经不适用，可能必须要扩大为“一九法则”。尤其是在实时盘中的争战，往往可以看出主力做价、骗线的关键点，投资人却因为技巧不足，或是听信明牌，导致被盘中走势的强劲所蒙蔽，进而做了错误的决策。这是因为我们对实时盘态的认识往往只思考到正常的情形，却忽略掉异常的现象，而这些异常的现象便是我们要逆向思考的重点。

什么时候需要逆向思考?

当股价在高档相对满足区出现的做多讯号就必须要怀疑，当股价在低档相对满足区出现做空讯号就必须要怀疑，任何技术分析的法则都可以适用这样的思维，比如说看见长红棒线在高档满足区出现，我们就不以攻击棒线来思考，反而要逆向思考：这可能是多头力竭的现象。

就实时盘态而言，必须要注意日线保护短线的观念，当日线已经告诉我们股价处于相对高档，在实时盘态中的买进讯号就可以忽略，反之亦然。这里尝试将一些原则整理归纳如下：

(1)低挂买单让买盘增加，再抽买单使买盘转弱，此即拉抬股价达到拉高出货的目的。当买盘挂出大单时，站在卖方的散户心里将会产生是否能多卖一档的期待，因此卖压会较轻。而站在想买的散户立场，看见卖压减轻，低档有撑自然会想要追价买进，此时主力便开始倒出筹码，因此当买单被抽掉时，实际上是买盘虚弱的证明，股价将因此而下跌，这也是主力惯用的骗线手法之一。

(2)高挂卖单让卖盘增加，再抽卖单使卖盘转弱，此即压制股价达到压低进货的目的。当卖盘挂出大单时，站在买方的散户心里将会产生是否能够再追高的疑虑，因此买气会减轻。而站在想卖的散户立场，看见卖压增加，高档有压自然会想要杀低卖出，此时主力便开始承接筹码，因此当卖单被抽掉时，实际上是卖气虚弱的证明，股价将因此而上涨，这也是主力惯用的骗线手法之一。

(3)先在上档内盘小单压低，再于下档外盘大单买进拉高，使K线价收高，隔日开盘先以外盘大单成交，倒货给追高的散户，再用掼压手法出货。这种手法通常发生在股价下跌的反弹或是盘第二头时。

(4)先在下档外盘小单拉高，再于上档内盘大单卖出压低，使K线价收低，隔日开盘先以内盘大单成交，接收杀低的筹码，再用拉高手法进货。这种手法通常发生在股价上涨的回档或是盘第二脚时。

实时走势图的分解

想要认识实时走势的路径，只要将盘中振荡的实时图适当地加以拆解，便会发现所有多空盘态只有 13 种基础模型图而已。严格来说，其中有 6 对互为倒影的状态，所以只能算 7 种模型图。在本单元中将尝试对 13 种模型图做完整的说明，似使投资人能掌握到实时盘态分析的窍门。以脱氧核糖核酸 DNA 的观念来看，这些振荡走势亦可以在调整后套用在其他层级的走势图中运用。

箱形(图 8-3)

箱形的特色是以固定价位为区间，并在此区间内进行规律性的上下振荡走势。正常而言，振荡的时间短，代表原始趋势的力道较强；振荡的时间长，代表原始趋势的力道较弱。在转折时，会先让原始趋势转弱后再让新的趋势转强；或者是转成新的趋势后，先做较长时间的振荡，再出现较短时间的振荡。

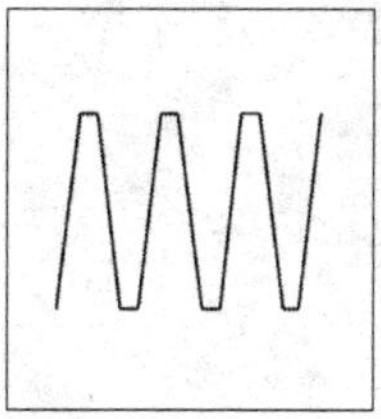

图 8-3　箱形

低反转与高反转(图 8-4)

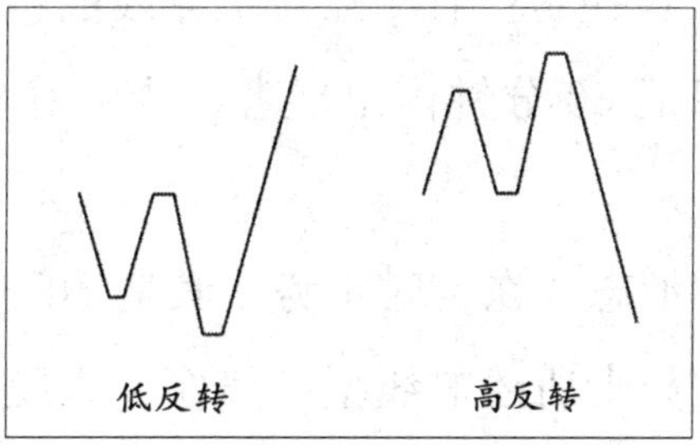

图 8-4　低反转与高反转

低反转与高反转两者互为倒影。高反转在前盘战或是开盘后 30 分钟内出现者，当天往往是留有上影线的中长黑棒线。而低反转在前盘战或是开盘后 30 分钟内出现者，当天往往是留有下影线的中长红棒线。

高反转形态在实时走势中其他的时间点出现，也有机会使当日 K 线形成中长黑的走势，但是完成度没有上述的时机明显，最好是在高反转之后能够出现掼压盘，并辅以内外盘量的观察，可靠度才会增加。同理，低反转的分析也是如此。

短底与短头(图 8–5)

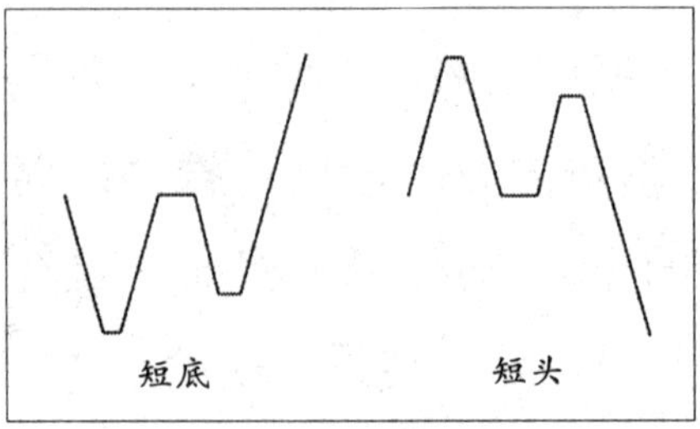

图 8-5　短底与短头

短底与短头两者互为倒影。短头如果出现在前盘战或是开盘后 30 分钟内者，当天往往是留有一点点上影线的中长黑棒线。而短底在前盘战或是开盘后 30 分钟内出现者，当天往往是留有一点点下影线的中长红棒线。

短头或短底的形态，在实时走势中其他的时间点出现，也有机会使当日 K 线形成如上所述的线型，然而完成度没有上述的时机明显，最好是在短头或短底形态之后，辅以其他盘态与内外盘量的观察，可靠度才会增加。

拉抬与掼压(图 8–6)

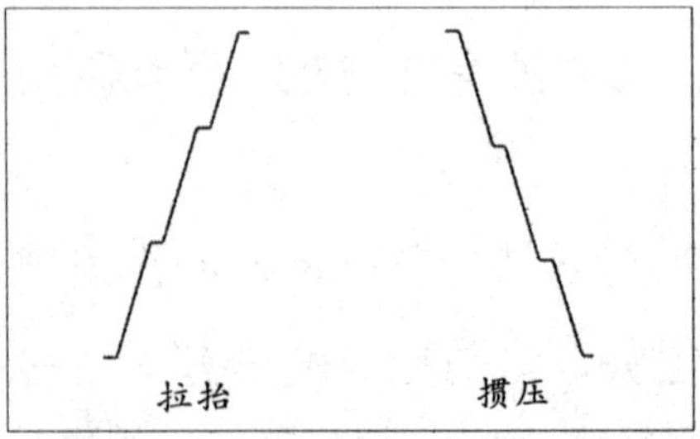

图 8-6　拉抬与掼压

拉抬的形态属于多头攻击走势，分别有多头实攻与多头虚攻这两类。实攻是多头在股价整理后，突破重要关卡时最常出现的表态行为，又可以根据时间的切割，分为积极表态、主力偷袭与主力心虚三类。而多头虚攻，是指在相对高档出现多头力竭的走法之一，暗示主力进行假攻击、真出货的做线路径。

而掼压形态与拉抬的形态互为倒影，只要将上述针对拉抬的描述倒过来运用，即是惯压的分析重点。无论拉抬或是掼压，重视的是发生的相对位置、盘态的时间点，更重要的是发生后续行为的搭配，以防主力骗线。

盘跌与盘坚(图 8–7)

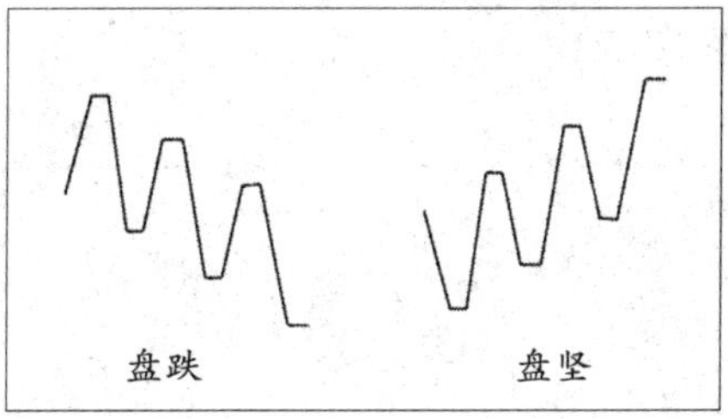

图 8-7　盘跌与盘坚

盘坚属于多头相对弱势的向上波动，盘跌与盘坚互为倒影，是属于空头相对弱势的向下波动。盘坚的走势中，可以运用高低反转、短线头底、箱形振荡与拉抬掼压的形态套入，所以是属于最复杂的波动形态，它也可以是很短期的运用，也可以是比较长期的复合形态运用。在短期运用上，我们重视它的行为是为了盘出短期底部还是高档反转后的反弹逃命？因此盘坚形态之后，必须搭配强势的表态才能确认走势的方向。

低顿与高顿（图 8–8）

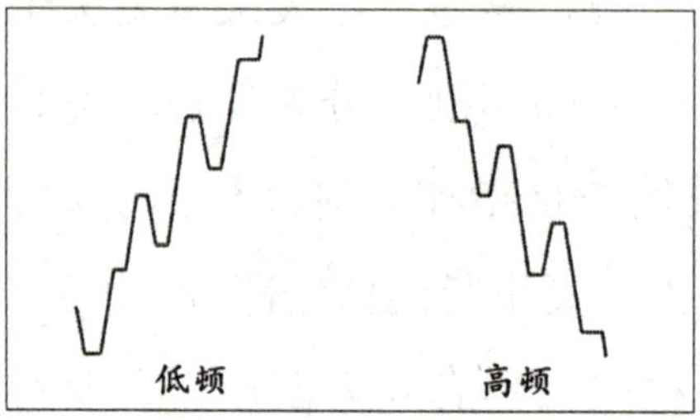

图 8-8 低顿与高顿

低顿点属于股价向上拉抬过程中出现的瞬间正反转点；高顿点属于股价向下掼压过程中出现的瞬间负反转点。顿点通常是一个超短线的换手点，在实时走势图中，具有支撑压力的效应。

测撑与测压(图 8–9)

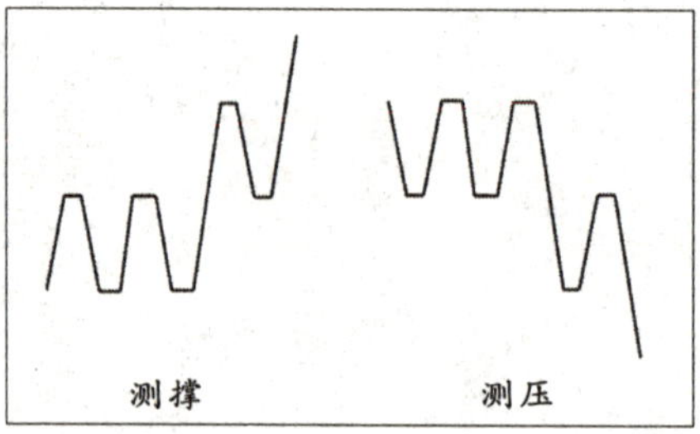

图 8-9 测撑与测压

测撑是指箱形、底部或正反转讯号完成后，压回测试支撑的动作；测压是指箱形、头部或负反转讯号完成后，反弹测试压力的动作。这一个动作是确认起涨点或是起跌点的关键讯号，后续如果可以接着出现拉抬或是掼压走势，便可以确认超短线多空方向。

做线常见手法

主力在控盘过程中，常会有一些特殊的技巧和做线手法，本单元将介绍这些特殊的关键。重点在于形态的变化和路径的走法，请投资人不必去考虑例图的涨跌幅度，实际运用时，只要将形状或是时间点能够对应起来即可。

盘软与盘坚

当股价高开后立刻形成短头，如果盘势没有在开盘30分以内越过标示B的峰位，那么股价将会向下掼压，这种手法称为不越峰下杀，又称这种走势为盘软(图8-10)。若将上述条件倒过来运用，就是盘坚”。盘软走势往往会造成当日是中长黑棒线，在日K线格局中，亦多为下跌起点讯号。

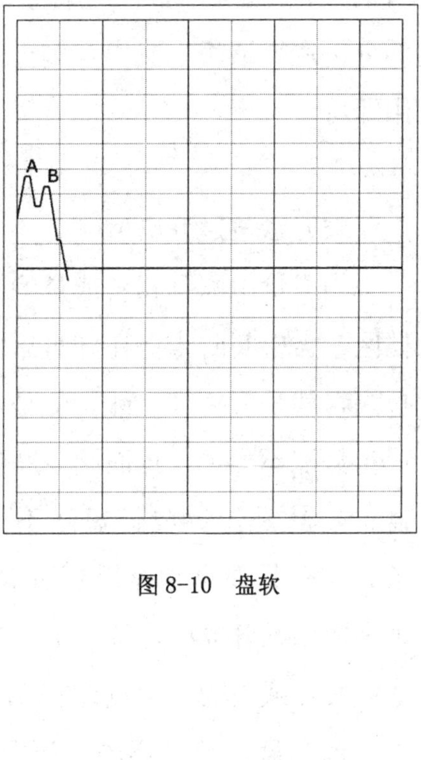

图8-10　盘软

多空反转疑虑

当在平盘上，上涨的小波段A＝下跌的小波段B，代表盘势将要进入多头反转的疑虑，当天的K线会留有上影线。假设日K线格局处于相对高档，操作者也必须怀疑是否出现多头止涨，或者是多空转折的疑虑(图8-11)。空转多疑虑的分析逻辑请将上述内容倒过来运用即可。

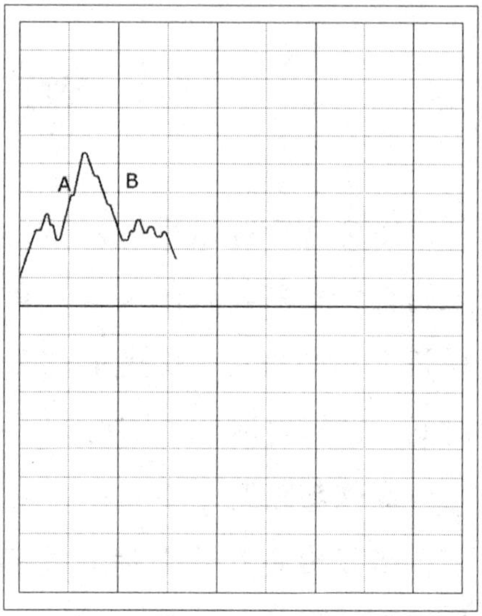

图8-11　多转空疑虑

破开盘与过开盘

当股价上涨到相对或是绝对高档区，盘中实时走势在开盘后向上拉高，就是要持续上涨。但是却发现走势涨不上去，反而回头跌破开盘价，就是告诉我们短线不想涨了。此时只要盘中振荡超过30分钟不能站回开盘的位置之上，就是多单卖点或是融券空点(图8-12)。

过开盘也是一样的分析方法，出现过开盘时，代表盘势跌不下去了，是短线的买点或是融券回补点。

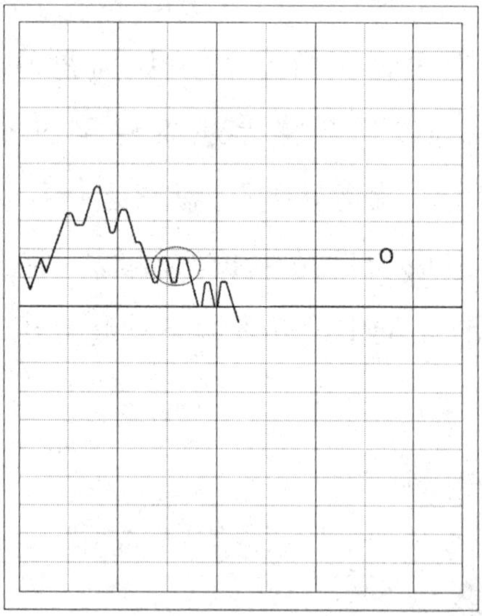

图8-12　破开盘

跌势与涨势

在盘中实时走势图的任何阶段，只要发现某一个下跌段B的幅度比前一个下跌段A的幅度还要大时，我们定位此时是极短线的跌势(图8-13)。

通常跌势会伴随内盘价成交，且内盘量的总和大于外盘量的总和。如果是涨势，则是上涨的幅度会越来越大。涨势的分析方法请将上述原则倒过来运用。

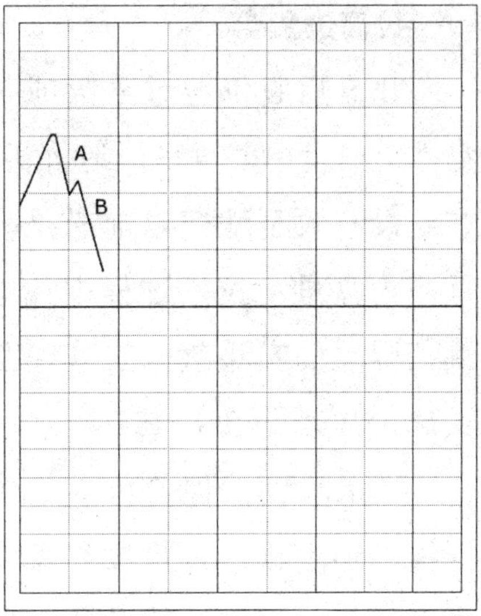

图8-13　跌势

压低进货盘

当盘势低开后先向下掼压一段跌势，忽然出现大单成交并使短线拉高突破开盘价，那么就有压低进货的可能(图8-14)。

盘势在下杀后，追杀卖盘消失，反而出现大单敲进，用大量止跌的模式进行反手拉抬，技术现象即为实卖盘＜虚买盘，而盘势在拉过平盘之上后，虚买盘转为实买盘则更为准确。

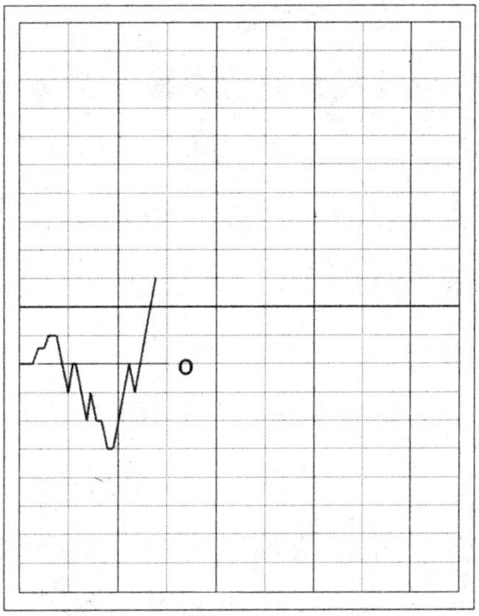

图8-14　压低进货盘

拉高进货盘

开盘后股价拉过平盘或是开盘之上，盘中一直呈现追价买盘，在还没有攻至涨停以前必是外盘量＞内盘量。拉抬过程中往往以跳档强攻的实买盘来呈现，且实买盘＞虚卖盘(图 8-15)。

当上攻到涨停价位后，会打开涨停出现顿点，再度出现实买盘进行另一次进货的动作。此即拉高进货的惯用手法。

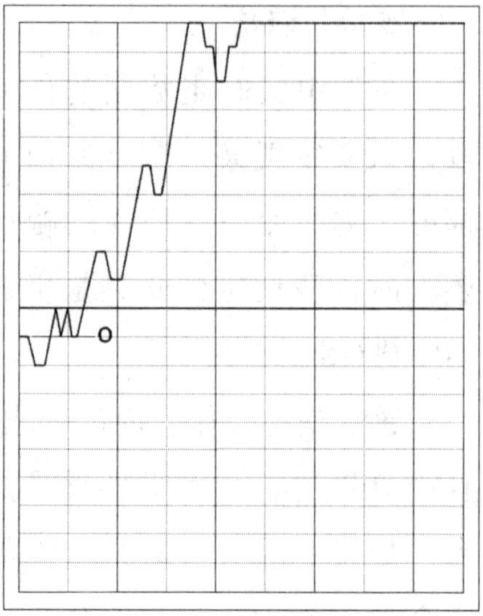

图 8-15　拉高进货盘

压低出货盘

开盘后股价杀破平盘或是开盘之下，盘中一直呈现追杀卖盘，在还没有攻至跌停以前必是内盘量＞外盘量。掼压过程中往往以跳档杀多的实卖盘来呈现，且实卖盘＞虚买盘(图 8-16)。

当下杀到跌停价位后，会打开跌停出现顿点，再度出现实卖盘进行另一次出货的动作。此即压低出货的惯用手法。

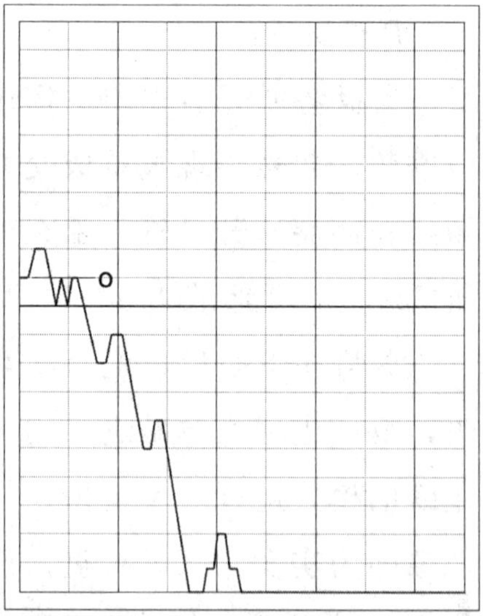

图 8-16　压低出货盘

拉高出货盘

当盘势高开后先向上拉抬一段涨势，忽然出现大单成交并使短线压低跌破开盘价，那么就有拉高出货的可能(图 8-17)。

盘势在上涨后，追价买盘消失，反而出现大单敲出，用大量止涨的模式进行反手掼压，技术现象为实买盘＜虚卖盘，而盘势在跌破平盘之下后，虚卖盘转为实卖盘则更为准确。

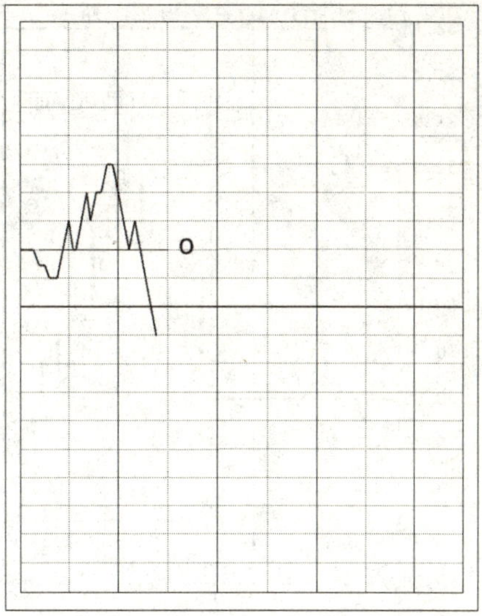

图 8-17　拉高出货盘

范例

请看图 8-18，亚泥股价在 2009/01/07 当天的 K 线形态，是中长红日出 K 线且收在最高点，正常而言下一笔 K 线应该还要持续创高才符合多头惯性。但在 2009/01/08 当天，股价却呈现低开，10 点以前呈现狭幅振荡后再向下掼压，故判定为开低走低盘，即在中长红日出的下一笔 K 线出现这样的实时走势，意味着走势拉不过开盘价(即 K 线没有办法翻红)，超短线就不需要看好多头。

而实时走势在一路走低的情形下，临近终场时掼至跌停价位，并如标示 A 所示爆出一笔大量，在当时日 K 线的相对位置与 K 线组合(为回转线)的分析上，应定位是超短线压低出货，股价要暂时进入短线修正，亦即针对前一个短线上涨波段进行涨多压回的修正走势。

图 8-18 亚泥股价实时走势图(资料来源：奇狐胜券)

请看图 8-19，联电股价在标示 2009/02/02 的前一笔 K 线已经修正到当时短线的相对低档，并出现阳子母 K 线组合，暗示修正走势有机会在这里暂时结束，虽然对 K 线的判读是如此，但仍不建议投资人在当日就积极介入，仍须等待明确的讯号再切入较为妥当。

而在 2009/02/02 的当日，实时走势先出现拉抬，接着再出现盘软、跌势与多转空疑虑的实时走势，最后持续走低使盘态成为吊高盘，即日 K 线为类似“墓碑”或是“避雷针”K 线形态。这种线形态在相对高档往往是主力出货的线形，在低档区却可能是压低进货或是洗盘的行为，确认的方法是等待下一笔 K 线的行为表现。所以在下一笔再度出现中长红母线的 K 线形态时，即为短线多单的讯号，如此 2009/02/02 当日的 K 线才可以被定位成短线压低进货或是洗盘的行为。

请看图 8-20，环科股价在标示 2008/12/01 前几日的日线走势技术面上有两点重要暗示：利用滚量方式的上攻;接近前波的压力带。意思是当股价突破压力时，如果爆量不涨，就容易成为短线出货的前兆，后续量缩则代表短线出货顺利。因此当 2008/12/01 高开高走之后，盘中成交量宜温和增加，甚至出现量缩惜售的现象为宜。

然而在 2008/12/01 当日，走势先攻至涨停后爆量，但是却无法锁住涨停，暗示追价力道不足或是主力有出脱筹码的嫌疑。接着盘短头下杀，成交量增加如标示 A 之处所呈现，接着大部分时间维持在开盘价之上，即 K 线当时收红,股价也是上涨的。其实这是短线迷惑散户的手法，让人误以为走势尚未转弱。

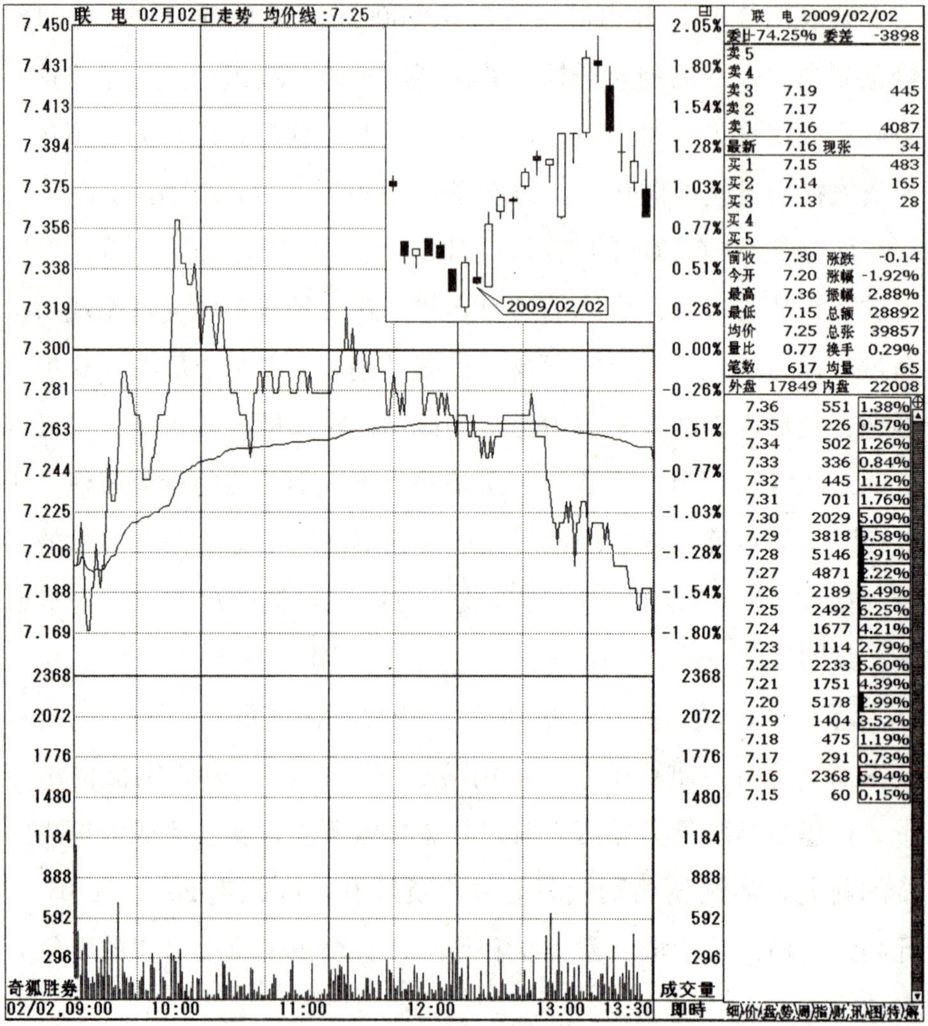

图 8-19 联电股价实时走势图(资料来源：奇狐胜券)

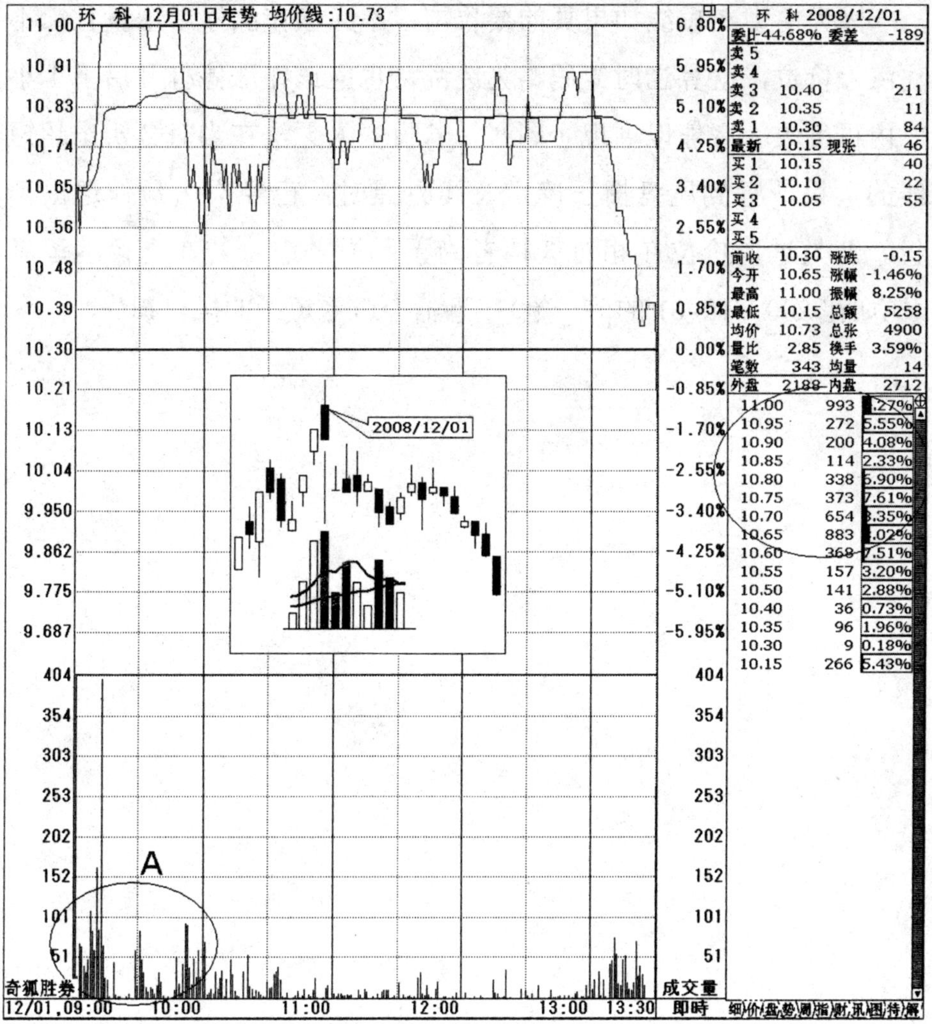

图 8-20　环科股价实时走势图(资料来源：奇狐胜券)

因为主力在短线如果真的要攻击，不应该在涨停后爆量且锁不住涨停价位，就算当时筹码略为凌乱，也应该在涨停打开后于1小时内再度攻上涨停以展现企图心，若投资人无法在当时分辨出超短线的危机，等到尾盘摜压确定K线收黑时，已经失去最佳退出契机。若是进场价位在相对低档者尚无亏损之虑，若在高档追逐者(比如在2008/12/01的前一笔)，恐怕会遭受短线的操作损失。

结　论

由于知识的传播无边无际，使投资人对于市场的认识也大为增加，一些操作观念也都能朗朗上口，比如要危机入市、要懂得停损、要顺势操作、要资金控管、该多就多、该空就空……。这些道理大家都懂，也无须他人多嚼舌根，问题是能不能做到，或者是能做到多少程度。

以顺势操作为例，当我们认为这是一个多头行情时，我们愿意投入多少资金？

如果真的非常看好，或者是技术分析能力真的很有自信，那么应该赌身家才对，经过几次的复利下来，早就成为富裕的人了，但这个市场中有多少人可以做得到？原因在于市场看似单纯，却并不单纯，操作看似简单，其实并不简单。

如果有一笔资金，每一次进场都是全额买足，成功的过程可能会让人非常兴奋，可是却不容许一次的翻船，尤其是杠杆倍数越高的操作，有时候连停损的机会都没有，只要一次就可以在市场中毕业，这就是风险之一。

风险是一种非常微妙的概念，且因人而异，没有哪一次的操作是绝对没有风险的，但是有多寡高低的分别，更何况它完全无法正确地评估，仅能以操作经验或者是技术分析等工具，简陋地加以描述，也因为如此，部分投资人的操作原则倾向于保守，希望在金融市场中的获利维持稳定的成长即可，笔者就是属于细水长流的这一个族群，因为我害怕在操作生涯中遇到了“黑天鹅”。

不少人认为采用大开大阖的操作手法才是赢家与高手，更有人认为我既然写了几本书，应该属于技术分析的高手，怎么操作起来一点名家风范都没有？在此不得不借此书之末加以说明，我自省自己不是万能的，不可能每次都分析正确，更何况正确与否都要走势告一个段落才能知道梗概，分析的经验还需要不断累积与精进，因此仅用自己可以负担的损失去操作，甚至在认为有风险的时候先获利了结、落袋为安，毕竟成为高手或是名家不是我进入市场中的目的。我开车只要能安全到达目的就可以，不想抄快捷方式或者是过程惊险刺激，而且途中有不少风光明媚的景色，偶而停下脚步，又有何妨？

检讨以前常做错的位置，大多发生在我自己认为的风险区还积极操作，或者是认为风险已经很低了，却还没有等到讯号出现就急着进场。虽然有时候做对了，但不过是运气好，偏偏操作不能仅凭运气。后来渐渐明白，最初的段落与最后的段落，虽然还有利润，但实际上是不容易评估的，再加上操作的是自己的血汗钱，既然那一段不好掌握，就不应该勉强，事实上鲜少听闻散户会在主要波段赔钱，被坑杀最严重的不就是在那些高风险的段落？有时候，笨一点或保守一点的操作观念，可以帮助我们避开一些未知的风险，以前的经验是这样，我相信未来也是这样。

我总是不停的警惕自己

不要因为这一次操作成功就志得意满，风险仍然在我的身边围绕

不要因为这一次没有介入操作而感到灰心，只要等待就还有机会

不要急

愿与阅读这一本书的朋友共勉。